エコシステム・ディスラプション

業界なき時代の競争戦略

ロン・アドナー 著

中川功一 監訳　蓑輪美帆 訳

Winning the Right Game

How to Disrupt, Defend, and Deliver in a Changing World

Ron Adner

東洋経済新報社

世界をより良くしようと奮闘する、すべての人へ

WINNING THE RIGHT GAME:
How to Disrupt, Defend, and Deliver in a Changing World
by Ron Adner

Japanese translation published by arrangement with Ron Adner
c/o Aevitas Creative Management
through The English Agency (Japan) Ltd.

解説

破壊的イノベーションから、エコシステム・ディスラプションへ

中川功一

「誤ったゲームでの勝利は、敗北を意味する」

"Winning the Wrong Game Means Losing."

これが本書の基本メッセージである。この一文を見てピンと来た人は、この世界の本質というものをよく見抜いているといえるだろう。

私たちが取り返しのつかないミスをしてしまうのは、誤った道を全力で進んでしまったときだ。さながら月面図を持って地球上を旅するようなもの。サッカーでパスを何本つなげるかという競技だと捉えていたならば、試合には絶対に勝つことはできない。

たとえば、任天堂はソニーと戦っていると捉えたならば、市場をごっそりとスマートフォンゲームに取られてしまうだろう。成功の鍵は「正しいゲームに勝つ」ことである。"Winning the Right Game"——これが本書の原題である。

思えば近年、日本企業が手痛い敗北を喫した事例の多くは、「誤ったゲームをプレーしてしまった」ことに原因があるのではないだろうか(表1)。

表1　誤ったゲームと正しいゲーム

出来事	誤ったゲーム	正しいゲーム
カメラ業界のデジタル化	良いデジタルカメラ＋デジタルプリントを創る	デジタル空間で撮影・編集・鑑賞・交流を楽しむ
スマートフォンの登場	良いスマートフォンを創る	総合的な情報プラットフォームを提供する
スマートスピーカーの登場	音質や操作性に秀でたスピーカーを創る	家電を総合制御するシステムを提供する
オンライン映像配信サービスの始まり	インターネットでテレビ放送を行う	誰もが自由に映像を配信し、自分の好きなコンテンツを視聴できる場を提供する

出所：中川作成。

スマートフォンを「操作感が変化した携帯電話端末」と捉えていては、とてもではないが競争には勝てない。見ているものが全く違うからだ。正しいゲームは、アプリマーケット、音楽ストア、位置情報を用いたナビゲーション・システムなどを総合的に用いた、コミュニケーションとコンテンツのプラットフォーム競争だ。アップルとグーグルがその雌雄を争う中で、メーカー的な「良い携帯電話端末を創る」発想では、勝負にならなかったのも無理はない。

ＹｏｕＴｕｂｅが勝利を収めたインターネット映像配信もそうかもしれない。実は日本でも、ＮＴＴドコモが二〇一二年に開始した「ＮＯＴＴＶ」など、以前からオンラインテレビの試みはあった。しかし、既存のテレビ局の発想から広がらず、過去にテレビで放送した番組の再放送と、少額の制作費用で作られたオリジナル番組が流れるだけのサービスに、顧客はつかなかった（二〇一六年に放送終了）。誰もが自由に映像を配信でき、自由に交流ができ、あまつさえＹｏｕＴｕｂｅｒという新しい職業を生み出したＹｏｕＴｕｂｅとは、やはり、戦っているゲームからして違っていると言わざるをえない。

そして今、この「ゲームチェンジ」を仕掛けるプレイヤーは、あらゆる業界に登場している。ほんの数年前まで盤石と見られた自動車業界ですら、その例外ではない。テスラを「自動運転のＥＶ」として捉えてしまったとしたなら、日本の産業界は再び、取り返しのつかない過ちを繰り返してしまうことになるのではないだろうか。

業界の非連続的変化「ディスラプション」は、イノベーションではなく、エコシステムによって起こされる

こうして、本書が日本の産業界に鳴らす警鐘は、実にタイムリーで、実に真摯なものだと私は思う。しかし、本書のすごいところはそこではない。その真価は、今日のゲームチェンジが、もはやイノベーションによるものですらなく、本書で「エコシステム」と呼ばれるものによってもたらされることを論じた点にある。

「正しいゲーム」「間違ったゲーム」という抽象表現を用いてきたが、要するに、顧客にとって本当に価値のあることは何かという問いに照らして、適切な財・サービスを総合提案するの

が、正しいゲームである。

かつて業界のゲームチェンジは、製品・サービスのイノベーションによってもたらされると考えられてきた。クレイトン・クリステンセンによる著名な「イノベーションのジレンマ」の議論だ。[1] 既存のゲームを誤ったものとし、新たに正しいゲームを提案する手段は、もっぱら新機軸を打ち出した製品・サービスによってであった。

各社が記録容量を競っていた中で、(記録容量の低下を伴う)小型化という新しい競争軸が持ち込まれ、既存企業が敗北を喫したハードディスクドライブ業界。小型・省エネを競っていた掃除機業界で、パワフルな吸引力が変わらないという新しい軸を持ち込んだダイソン。価値の転換をもたらす製品イノベーションは、業界の序列を塗り替える。クリステンセンは、そうした価値次元の転換をもたらした新製品・新サービスを、「ディスラプティブ(破壊的)・イノベーション」と呼んだ。

今日、ゲームチェンジは、企業間連合による総合的な価値提案として行われる。理由の一つ目は、現代の顧客は、単独のモノとしてではなく、総合的な経験を重視するようになったこと(モノからコトへ)。そしてまた、かつては単独で存在していたモノが、デジタル技術によって他のモノやサービスとつながり合うことができるようになったことが、もう一つの理由だ。

かつては単独のモノとしての価値を提案することが、企業競争のゲーム構造の基本だった。しかし今日では、総合的な体験を求める顧客に、企業が手を組んで「エコシステム」として価値を提供することが、正しいゲームになろうとしている。

こうして、クリステンセンの唱えた破壊的イノベーションの議論を発展・継承させたものとして、「エコシステム・ディスラプション」が現代の競争戦略の焦点となってくるのである。

典型的には、本書で中核的に取り上げている写真業界の事例がわかりやすい。フィルムカメラの時代、カメラは単独のモノとして、その性能や操作性、画質のきれいさなどを競っていた。そこに起こったのが、デジタル化である。

かつて破壊的イノベーションというものの見方が支配的だった時代、既存のカメラ・フィルムメーカーであるコダックがデジタル化に対応できなかったのは、このフィルムカメラからデジタルカメラへという既存技術の転換をうまく果たせなかったためだと説明されていた。

しかし、本書の著者であるロン・アドナーは、よくよく研究をしてみるとコダックはデジカメで十分にシェアを獲得していた、という事実を私たちに突きつける。そればかりか、コダックはデジタル化を見越してデジタルプリントにも乗り出し、確固たる地位を築いていたのだ。決して、デジタル化に対応できていなかったわけではないのだ。


［1］一九九七年にハーバード・ビジネススクール教授のクレイトン・クリステンセンが提唱したイノベーション理論。巨大企業が新興企業に敗退するメカニズムを描いた著書『イノベーションのジレンマ』は、世界中の産業界にも大きな影響を与えた。

図1　エコシステムの新旧比較（写真業界の例）

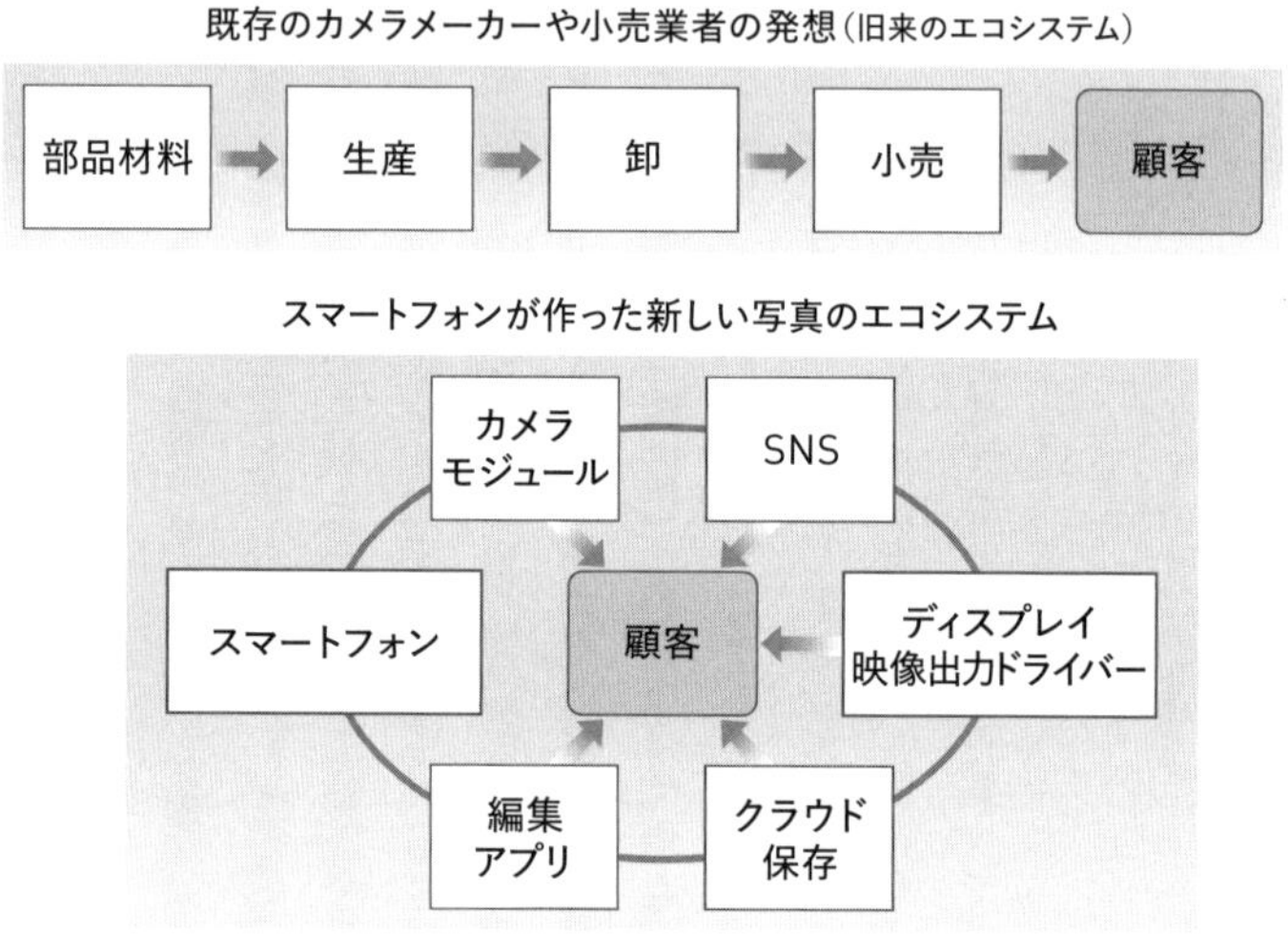

出所：中川作成。

それでもコダックは倒産する。その理由は、コダックがまさしく誤ったゲームを戦っていたからにほかならない。

デジタル化は、顧客の「写真を楽しむ」体験を本質的に変化させたのだ。写真をめぐる顧客体験は、撮影することに始まり、それをストックし、編集し、鑑賞し、共有することまでが含まれる。スマートフォンはそれを、企業間連合として総合提案した。カメラモジュール生産者、クラウド保存サービス、編集アプリ開発者、ディスプレイや映像出力ドライバーの生産者、SNSなどの共有アプリなどとの連携の下に、一台の端末で、その顧客体験のすべてを完結させている。そんな総合的な価値提案の前に、単独のカメラがいかに高性能であっても、とてもではないが太刀打ちできなかったのである(図1)。

こうして今日、「ゲームチェンジ＝顧客価値の転換」は、企業が手を携えて行う、総合的な価値提案によって実現される。

①製品・サービスを単独で見るのではなく、顧客の体験を基点に、全体としてどういう価値構造となっているのかを捉える。

②その価値構造のすべてを一社で完結させることは不可能に近いため、企業間連合「エコシステム」として顧客に製品・サービスを複合的に提供していく。

この二点が、エコシステム・ディスラプションの本質である。

要するにGAFAの話？

ここまで読んだ皆さんは、大きなゲームチェンジの構想を描いて、業界の全体構造をひっくり返そう、という話だと思われたのではないだろうか。そして、人によっては、「詰まるところ、GAFAやテスラが今、何をしているのかっていう話ですね」という、傍観者的な立場で、他人事のように捉えてしまったのではないかと、私は一抹の不安を覚える。

率直なところ、著者ロン・アドナーの意図は、その逆である。アドナーは、誠実なる学者の態度として、誰しもに開かれた知として、エコシステム・ディスラプションの実現方法を平易に解説する。その方法を理解すれば、どんな企業でも、エコシステム・ディスラプションを実現できる、そうした確信を持って本書は執筆されている。もし、GAFAのような巨大企業に攻められたときにはどうしたらよいか、「対ディスラプター戦略」まで記述している用意周到ぶりだ。

そもそも経営学の研究は、多数のサンプルを厳密に検証して、ようやく学術研究として認められる。多数のサンプルが検証されるとは、つまり、その経営策が実行されたならば、狙ったような結果が得られる可能性が高い、ということだ。学者の仕事とは、GAFAの観察記録を書くことではない。多くの企業の助けになる、少なくともある程度の一般性がある理論を生み出すことだ。

そして本書は、過去に世界の名だたる学術誌に掲載されてきたアドナーの論文の中で、厳密に実証してきた事項で構成されている。本書の議論を適切に使えば、どんな企業にとっても新しい事業の展望が開ける可能性があるものだ、ということである。

実際のところ、本書を彩るのは、巨大IT企業ではなく、むしろその侵攻に対して上手に企業間で手を携えて反撃した事例だ。

たとえば、家具のネット通販業、ウェイフェアの事例。皆さんはこの会社をご存じだろうか。「知らない」ということが、まさにここでは大切なことだ。世界に名だたる企業ではないにもかかわらず、見事にアマゾンの侵攻から自社の市場を守ってみせたのである。

そのやり方はこうだ。アマゾンが家具販売に積極攻勢をかけてくるのに際して、ウェイフェアは「単品の良い家具を買う」のではなく、「自宅のコンセプトに合致した家具を探し、部屋のレイアウトを考える楽しみ」を価値として提案した。家具を買うという体験を構成している価値は、安くて良い品を選ぶことはもちろん、コンセプトやレイアウトを考えることにもあるとみたのである。

そして、それを実現するために、同社は家具メーカーと連携して、顧客の居間が再現されたバーチャル空間上に3Dモデリングされた商品をレイアウトするシステムを作り出し、顧客を獲得することに成功した。顧客の価値構造を理解し、パートナー企業と共に総合的にそれを提案するというエコシステム・ディスラプションを、見事にやってのけたのだ。

家具分野に特化し、さらに商品数も絞り込んだセレクトショップであったからこそできた、家具メーカーとの密なウィン・ウィンの関係を描ける上手なエコシステムだ。誰もが出品でき、アイテムが無数にあるアマゾンには模倣が難しいサービスなのである。

本書ではこの他、グーグルと戦ったトムトム、アップルと戦ったスポティファイ、テレビパーソナリティーから総合メディア企業の経営者となったオプラ・ウィンフリー、ごく普通の鍵メーカーだったアッサ・アブロイを取り上げ、一貫して強くはない側にこそ心を寄せ、いかにしてエコシステム・ディスラプション（あるいは、対ディスラプター戦略）を実現したかを解説している。

それらの企業や人が実際に何をしたのかという具体的手法からも多くのヒントが得られるだろうし、改めて自社に置き換えて、まだまだできることはあるはずだ、と勇気づけられもするだろう。

既存のエコシステムを継承し、段階的に発展させる

事例紹介だけでなく、エコシステム・ディスラプションの進め方についても、本書はかなり詳細に解説をしている。詳しくは本文を読んでいただくとして、ここでは「既存のエコシステムを継承し、小さいところから、試しながら変革を始める」という、誰にとっても始めやすいスタートの切り方が提案されていることを紹介しておきたい。

大それたことを一気にやり遂げようなどと思わなくてもよいのだ。製品やサービスを磨くのと同様に、試行錯誤の中から改善を積み重ねていけばよい。今風の言葉を使うなら「アジャイル」である。既存のエコシステムを土台に、小さな変革を積み上げて、事業を新しい時代に向けて修正していく。

図2　エコシステム・ディスラプションは小さなところから段階的に進める

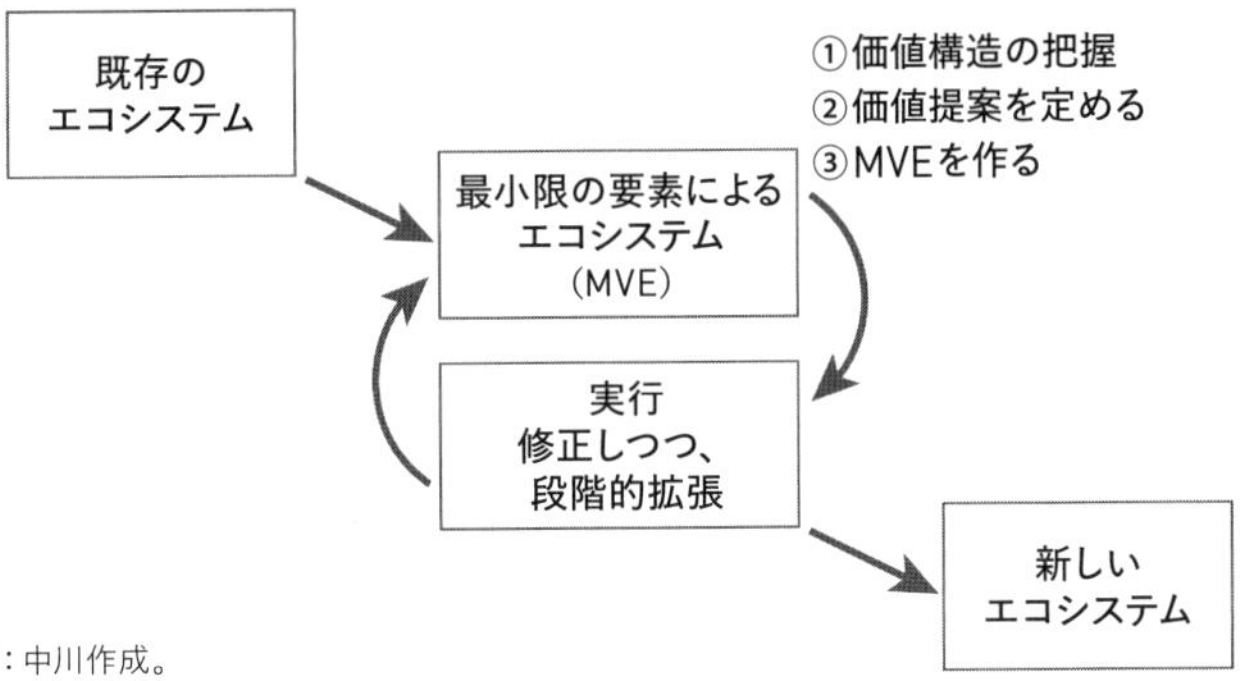

出所：中川作成。

既存のエコシステムだって、これまで十数年、時には数十年とうまく機能してきたのだから、全くの的外れというわけではない。カメラは当然ながらカメラとして機能し、きれいな記録を残すという価値を顧客に提供できている。そこには、画像の編集ソフトを作っていた人々もいれば、写真の共有システムやクラウド保存システムを提供していた業者だっていたのだ。そうした、有用な部分を最大限に生かしながら、変化していく顧客の価値構造に合わせてエコシステムを再編していく。

まず最小限の構成要素からなるエコシステムのプロトタイプであるＭＶＥ（Minimum Viable Ecosystem）を作る。ＭＶＥに沿って事業活動を行う中から、修正しつつ段階的に発展させていくのである（図2）。

ロン・アドナーという人

著者についても、そろそろ興味が湧いてきた頃ではないだろうか。ここで、ロン・アドナーについて紹介しておこう。ただし、いわゆるプロフィール情報は、本書の巻末に譲り、差し当たって、ここでは米国のトップ経営学者の一人であるというところから話をスタートする。

アドナーがいかなる人物であるかは、二〇一五年に彼が授与された「マネジメント研究における学術的厳格性と実務的適合性に対するスマントラ・ゴシャール賞」(Sumantra Ghoshal Award for Rigor and Relevance in the Study of Management) に象徴されている。

スマントラ・ゴシャール[2]は、一九八〇年代から活躍した伝説的な経営学者である。彼の名を冠したこの賞には、年間一名が選出され、過去には「両利きの経営」で著名なマイケル・タッシュマン[3]、「心理的安全性」の研究で知られるエイミー・エドモンドソン[4]など、一〇名程度が選出されている。

要するにエコシステム・ディスラプションは、それくらい重要な業績だとされているわけだが、私が言いたいのは「この人すごいんだぜ」ではない。注目してほしいのは、同書のタイトルにある「学術的厳格性と実務的適合性に対する (for Rigor and Relevance)」という部分である。

経営学の世界では近年、とみに学者が苦労している問題がある。それが「学術的厳格性か、それとも実務的適合性か (Rigor "or" Relevance)」という問いである。[5]

学術的な厳密性を追求しようとすれば、膨大なデータ、きわめて高度で複雑な分析手法、複雑に練り上げられた理論が必要となってしまう。そうして得られる結論は、科学的に確からしいことであったとしても、非常に陳腐であったり、実務的には全く使えない、重箱の隅をつつくようなものになってしまったりする。

逆に、実務的に役立つものを提供しようとすれば、科学的な厳密さは二の次になってしまうこともある。たとえば「SWOT分析」や「3C分析」「カスタマージャーニー」などは、実務的には非常に使いやすい手法だが、それが科学的に根拠があるのかと問われれば、非常に苦

---

〔2〕インド出身の経営学者で、ロンドン・ビジネススクール教授などを歴任。多国籍企業の国際戦略研究で「トランスナショナル経営」概念の提唱など、多くの業績を遺した。主著に『地球市場時代の企業戦略』などがある。

〔3〕ハーバード・ビジネススクール教授。専門は、技術経営、リーダーシップ、組織変革など。主著に『競争優位のイノベーション』『両利きの経営』などがある。

〔4〕ハーバード・ビジネススクール教授。専門は、リーダーシップ、チーム、組織学習。主著に『恐れのない組織』『チームが機能するとはどういうことか』などがある。

〔5〕Gulati, R. (2007) "Tent Poles, Tribalism, and Boundary Spanning: The Rigor-relevance Debate in Management Research." *Academy of Management Journal* 50(4): 775-782.

しい。

こうして、科学と現実の乖離問題を表す言葉として、「Rigor “or” Relevance」問題は、二一世紀に入ってから長らく経営学の課題とされてきた。そんな中で、「Rigor “and” Relevance」であった研究こそを、正しく評価していこう、として設立されたのが同賞である。そして、その眼鏡にかなったのが「両利きの経営」や「心理的安全性」であり、アドナーの「エコシステム・ディスラプション」なのである。

アドナーは、研究者としても世界トップクラスであるばかりか、学界では長らく「優れたビジネスの教育者」として評価され続けてきた人物である。要するにアドナーの中では「科学と現場」がきちんとつながり合っている。彼の研究には、常に実務の視座があり、「どう現場に生かすのか」を欠いたことがない。学問のための学問など決してしないのが、アドナーの学者としてのスタンスなのである。

そうした彼の基本的姿勢を知った上で本書を読んでもらえば、本書がひたすらにアドナーの願う「実務の役に立つような理論、使い方まで配慮された理論」として書かれているということに気づくだろう。

第四次産業革命後の社会へ

最後に、本書の時代における位置づけを明らかにするために、なぜエコシステム・ディスラプションという概念が、今こうして登場したのかについて解説しておきたい。

最大の理由は、社会を構成している基盤技術が今、急激に入れ替わろうとしているからである。私たちが生きる現代は、第四次産業革命の時代と呼ばれる。人の手作業ではなく、機械で加工を行うようになった第一次産業革命(織機など)。機械の動力源が発明された第二次産業革命(内燃機関、蒸気機関、電力)。機械の操作・制御を情報技術が行うものとした第三次産業革命(コンピューター、半導体)。これらを経て、私たちは現在、AI、ロボット、デジタル技術が主導する、思考の機械化・暮らしの電子化に特徴づけられる第四次産業革命の時代を生きている。

過去の産業革命が起こったときには、何があったか。幸か不幸か、機械は私たちから仕事を奪ってはくれなかった。私たちは進化した生活空間の中で相変わらず働き続けている。産業革命のたびに、人類は新しい暮らしと、そこで必要になる新しい事業にシフトしてきたのである。

私たちの生活空間と、そして仕事内容が、今まさに変わろうとしているのだ。産業界ではデジタルトランスフォーメーション(DX)やメタバースといった言葉が飛び交っているのも、こうした文脈の中にある出来事である。

だからこそ、エコシステム・ディスラプションが求められている。第三次産業革命に適応して生まれた各種の製品・サービスが、第四次産業革命においてはつながり合うようになり、新しい生活様式を作り出している。そんな新しい時代に際し、どうやって暮らすべきかという価値提案を行い、現実にエコシステムを作り上げることができた企業が成功を収めている。

　大きな視座で言えば、時代の変曲点にあって、第四次産業革命を各業界で主導しようとするアクションこそが、このエコシステム・ディスラプションなのである。

　どうだろうか。「パートナーたちと手を取り合って、未来社会の価値提案をする」なんて、実にワクワクする仕事ではないか。本書はそのための基本的なアプローチと、さまざまな細部にわたるヒントと、そして勇気を与えてくれる。ぜひ本書を、変わりゆく時代の道しるべとしてもらいたい。

まえがき

エコシステム・ディスラプション
ボーダレスな世界で勝ち抜くには

Ecosystem Disruption:
How to Compete When Boundaries Collapse

競争の前提条件が変わりつつある。皆さんの会社や組織はその準備ができているだろうか？　かつて企業間の競争は、ある決まった製品やサービスを提供する、境界が定まった業界内で行われていた。しかし、いまやボーダーラインは取り払われ、競争は価値提案(バリュープロポジション)を提供するエコシステム(生態系)へと移りつつある。たとえば自動車からモビリティ・ソリューションへ、銀行からフィンテック・プラットフォームへ、薬局から健康管理センターへ、工場の製造ラインからインテリジェント・ファクトリーへといった具合だ。業界の境界はどれもが崩れつつあり、そのトレンドは加速している。

本書はよくあるような、警鐘を鳴らす類のものではない。現代のリーダーたちは、ただでさえ眠れぬ日々を過ごしている。しかし、考えたからといって答えが出るわけではなく、かえって混乱することがほとんどだろう。それはなぜか？　競争が、従来の境界を超えて広がり、重要な課題が今までの戦略的なフレームワークでは収まりきらなくなっているからである。

従来の破壊は、業界構造を劇的に変えるものだった。しかし、現在起こっているのは、エコシステムを劇的に変えるディスラプション（破壊的変化）だ。

新たな価値提案が産業をまたがる競争に影響を与え、境界を取り払い、構造を覆すとき、エコシステムを変えるディスラプションが起こる。これまでの競争は、ライバル企業と共通の目的を持って競うものであり、はっきりとした勝ち負けが存在した。しかし現在では、異なる目標を掲げ、異なる指標に焦点を当てたライバル同士が競っている。これまでは、各企業がコスト効率と品質で優位に立とうとバラバラに行動していたが、今日では、これまで思いもしなかったパートナーを集め、個々の企業では実現できない方法で価値創造（バリュークリエイション）を行っている。

エコシステムを変えるディスラプションは、単に競争に拍車をかけるだけではなく、競争の基盤を根本から変えるゲームチェンジャーとなる。新しい市場に攻め入る場合でも、今いる市場で新規参入企業を迎え撃つ場合でも、競合や成長、影響力に対して、今までとは違う見方が求められる。成功は、もはや単に「勝つ」ことを意味しない。成功とは、自社にとって適切なゲームで勝つことなのである。

本書では、これまでとは異なるエコシステムの中で、どう行動し、どう勝つかについて考察する。技術やビジョン、リスクマネジメントも重要だが、競争の枠組みとルールが変化する状況においては、戦略に対する新たなアプローチ、つまり作戦が重要になる。すでに答えはわかっていると言う読者もおられるかもしれない。しかし、ここで紹介する考え方や表現は、皆さんがすでに直感で感じている点と点を結びつける助けになるだろう。それ以上に、他の誰かの点と点を結ぶことも可能にしてくれる。そうなれば自分の考えを伝え、リーダーシップを発揮できるだろう。

エコシステム戦略の中心は、パートナーとの連携にある。カスタマーインサイトを理解することや計画を完璧に実践することも必要だが、もはやそれだけでは十分な成功要因とは言えない。価値提案を実現するには、パートナーとの連携を中心とするコラボレーション（協働）が重要な役割を果たす。かつての産業の枠組みにおける協働は、サプライチェーンや流通チャネルに精通することを意味していた。そこではすべてのプレイヤーがそれぞれの役割と立場を理解していた。一方で今日のエコシステムでは、誰が何をするのかという役割に対する考え方が、パートナー間で大きく異なる。そうした中においても連携を図ることが、非常に重要となる。

言い換えれば、勝利という概念そのものに、微妙な違いが生じているのである。かつての業界の枠組みにおける勝者は、業界のトップに立ち、支配する存在だった。これに対して、エコシステムにおいては、あらゆる立場から価値を創造して自分のものにできる者が勝者となる。そこでは手段やタイミングと同じくらい、競争する場を選ぶことが重要になる。

業界という枠組みの世界で当たり前だったことの多くが、今日のエコシステムの環境で覆っている。ただし、視点を変えれば、戦いの場で今までにない側面を発見し、違った観点から新たなアプローチを創造できることにもなる。

仮に、スタートアップ企業が次のような問いを読み間違えば、致命傷となることは避けられない。

- エコシステム・ディスラプションを起こし、パートナーをライバルに変え、成功を邪魔するような変化にどう気づくか?
- エコシステム・ディスラプションを進め、境界を崩して既存のライバルに影響を与えるにはどうするか?
- エコシステムの巨人に対する自社の立ち位置を見極め、攻撃を受けても生き残るためにはどうするか?
- エコシステムの競争における、既存プレイヤーならではの強みとは何か?
- エコシステム・ディスラプションが起こるタイミング、つまり、チャンスの到来と終わりはどのように予測できるか?
- エコシステムで本来の役割を果たし、株主中心の「エゴ」システムの罠に陥らないためにはどうするか?
- エコシステムの文脈から考えて、リーダーを選び育てる方法はどのように変化する必要があるだろうか?

成功の鍵は、今までとは違う価値提案を行うことではなく、提案を実現させるためにパートナーと連携することなのに、多くのスタートアップがそれを理解せず、市場で確かなポジションを築こうと努力してしまう。その努力は、大企業がテストを繰り返すのと変わらない。つまり、新たな価値創造を図ろうとしてテストで成功しても、パートナーが思いどおりに動いてくれなければ、現実の市場では失敗してしまう。そうなれば、どんな組織が優秀な人材を投じて挑んでも、その結果が努力に見合うことはない。

より大きな視点から見た場合、現在の組織に求められるのは、より包括的なアプローチによって価値創造を行うことである。ステークホルダー資本主義が台頭したことで、企業は自らが属するコミュニティと社会の中で、役割と責任を果たすことが求められている。この課題に対峙して新たな機会とするためには、エコシステムに基づくアプローチが必要とされる。

本書では各章を通じて、優れたエコシステム戦略を策定するための新たな手法やルールについて考えていく。今までのルールやフレームワークからは考えられないような機会や脅威に出会ったときに、競争し、協力し、そして共存するための手立てを考える。そのために、著名なテクノロジー企業から大手企業、さらに小さなスタートアップ企業などの事例を挙げながら、ルールの目的や核心を紹介する。各事例では、状況がどのように展開されたかを提示する。そしてそのフレームワークからは、なぜそのような展開になったかを理解するためのロジックや、自社が同様の状況に直面した場合の考え方のヒントが得られるはずだ。

第4章 エコシステム・ディスラプションのタイミング	第5章 「エゴ」システムという罠	第6章 重要なのはリーダーシップのマインドセット	第7章 理解されてこその戦略
• テスラと自動運転 • ウォルターズ・クルワー • 23アンドミー • ゼブラ・テクノロジーズ	• アップルとモバイル決済 • 電子書籍 • GEプレディックス • 電子健康記録 • マイクロソフト vs. IBM	• マイクロソフト「ウィンドウズ・アジュール」	
• 軌道のプロット • タイミングのフレームワーク	• リーダーシップのリトマス試験 • 勝者のヒエラルキー	• エコシステムのサイクル	

紹介する事例は、どれもデジタルネイティブの企業か、あるいはデジタルトランスフォーメーション（DX）を遂げた大企業にかかわるものだ。成功・失敗を問わずどの事例からも、エコシステムを変化させるディスラプションに取り組めば、「デジタル化」だけではなく、次のチャンスをつかめることがわかる。表0－1は本書の概要をまとめたものである。各種資料については巻末にまとめているので、参照していただきたい。

実際の組織は、それぞれ異なるものだ。したがってあらゆる場面で、戦略に対する答えが単純な正解あるいは不正解となるケースはほとんどない。ある組織にとっては優れた戦略が、別の組織にとってそうではない場合もある。整合性があるか、適切かという点で、より良い戦略となったり、より悪い戦略となったりするのだ。

表0-1　本書の概要

	第1章 誤ったゲームでの勝利は、敗北を意味する	第2章 エコシステムで防御する	第3章 エコシステムで攻撃する
主な事例	コダック	• ウェイフェア vs. アマゾン • トムトム vs. グーグル • スポティファイ vs. アップル	• アマゾン「アレクサ」 • オプラ・ウィンフリー • アッサアブロイ
ツール	• 価値構造 • 価値逆転	• エコシステム防御の3原則	• MVE • 段階を踏んだ拡張 • エコシステムの継承

重要なのは、組織に適した戦略を策定し、その戦略を社内に丁寧に伝えて、組織全体で一貫した行動をとることである。

本書で紹介するツールや手法は、エコシステムにおける戦略を理解し、表現するための言葉を提供する。それらは、著者の一〇年にわたる研究と実践の旅から生まれたものであり、スタートアップからフォーチュン100企業、非営利団体、政府関連団体に至る、さまざまな組織の顧客エンゲージメント評価によるテストと検証を経ている。それらを自社の文脈に応じて積極的に取り入れれば、大きな力となるだろう。

したがって、本書を読み進めるうえでは、事例に触れることにとどまらず、自らの組織への応用を考えることが重要である。たとえば、「事例において自社はどこに位置するのか？」「自社の戦略は、どのような点で原則と一致しているか?」「違いはないか?」「その違いを最も感じる点と、最も感じない点は?」などといったことだ。そして何より重要な問いは、「チームや組織のメンバーに理解してもらうためには何をすべきか?」ということである。

誰もが勝ちを狙っている。しかし重要なのは、自社にとって正しいゲームで勝とうとしているかどうかである。

エコシステム・ディスラプション

目次

第2章

エコシステムで防御する

Ecosystem Defense
Is Collective

第3章

エコシステムで攻撃する――競合の激化から競合の変化へ

Ecosystem Offense: From Adding Competition to Changing Competition

第4章

第5章 「エゴ」システムという罠 249

The *Ego*-System Trap

第7章

理解されてこその戦略

Strategic Clarity
Is Collective

第1章

Winning the Wrong Game Means Losing

誤ったゲームでの勝利は、敗北を意味する

“

厄介なのは、何も知らないことではない。
実際は知らないのに、知っていると思い込んでいることだ。

―― マーク・トウェイン

”

王者の最期だった。米国のイノベーションを象徴した企業、コダックは二〇一二年一月、米連邦破産法一一条の適用を申請した。世界はセピア色の写真を見るような気持ちで王の最期を悼んだ。同社にまつわるお馴染みのストーリーは、一九七五年に世界初のデジタルカメラの開発に成功したにもかかわらず、近視眼的な経営陣が、肥大化した同社が崖から落ちるのをただ傍観していた——というものだ。コダックは利益率の高いアナログ写真事業に固執したせいで、ソニーやヒューレット・パッカード(HP)などの企業が、世界各地でデジタルカメラやデジタルプリンターへ進出するのを許すことになる。対抗策を講じるも奏功せず、結局、崩壊することとなった。

現在、コダックの事例は変化に対して無力であった存在の典型となり、成功にあぐらをかくなという教訓となっている。つまり、新たな状況への適応を拒むレガシー事業から抜け出せなかった企業と見られている。あるいは、自社の資源や能力、従業員、文化が、新たに必要とされる条件には遠く及ばずに、適応できなかった企業だとされている。「なぜ経営陣は、状況を察知しなかったのか?」。誰もがそう感じ、自社は変化できるかと考える。そして自社のチームに「未来を受け入れなければコダックの二の舞だ！」と警告し、行動を促すのだ。

コダックは失敗した。しかしその理由は、おそらく読者が考えるものではない。コダックのケースはこのデジタル時代に飽きるほど語られてきたが、それは間違ったものだ。コダックの名誉のためではなく、このケースを、経営陣が大きな変化を切り抜けるための手引きにしようとする人に言いたい。後で詳しく説明するが、大胆であれ、イノベーションを受け入れろ、ゲームで勝つためにさらにリスクをとれといった、変化に対応できなかったケースから得られるありふれた教訓は、むしろ害となりかねない。しかし、コダックの失敗をめぐる誤解の根本的な原因が理解できれば、戦略を策定し、効果的な変革を進める新たなアプローチが可能となる。さもなければ、コダック同様に厳しい道をたどるリスクを負うだろう。

真実のストーリーからは、コダックは初期の（きわめて本質的な）問題を克服し、従来の破壊のルールに照らせば、あらゆることを適切な形で進めたことがわかる。つまり、技術の変化に対応し、組織の変革を果たし、目標を達成し、そしてデジタルプリントのリーダーとなった。しかし、デジタルプリントを制覇したタイミングで、プリント自体がデジタル鑑賞にその座を奪われようとしていたのだ。写真用紙がスクリーンに、フォトアルバムがスマートフォンに、写真の焼き増しがソーシャルメディアへの投稿にその座を奪われ、コダックの世界自体が崩壊した。

コダックが経営陣に投げかけるべき重要な問いは、「より早く変革するためには？」ではなく、むしろ「その変革が適切なものだと確信が持てるか?」だったのである。

コダックが見落としていたのは、新しい時代のディスラプション(破壊的変化)、つまりエコシステム・ディスラプションに関する新たなルールだった。新たなルールは、成長に関心がある人すべてにかかわるものだ。成長途上のベンチャー企業の経営者であれ、一〇〇年企業の経営者であれ、投資ファンドのマネジャーであれ、政府の政策決定者であれ、単に事業のあり方を変えようとする人であれ、業界からエコシステムへの変化を理解することは、成功にとってきわめて重要となる。

業界を基盤とする従来の破壊は、奇襲をかけた参入者が「そこそこ」の存在となってコア市場でシェアを奪う、つまり、既存企業のパイを奪うというものだった。一方で、エコシステム・ディスラプションにおける脅威は、協力的なパートナーが「非常に優秀」な存在となって既存企業が持つ価値創造の基盤を破壊し、パイそのものを崩壊させるというものである。

最大の脅威は、勝つために全力を尽くしたのに、それが誤ったゲームだったと最後に気づくことであり、それこそがコダックのケースから得られる真の教訓である。今までのルールも変わらず重要だが、もはやそれだけでは十分な指針にはならない。三次元の世界では、二次元の戦略では不十分なのだ。視点を広げて機会と脅威、ライバルとパートナー、構築と価値創造のタイミングについて考えなければ、失敗を招くことになる。

本章ではコダックを例に挙げ、戦略策定の新たなアプローチを紹介する。何がエコシステムで何がそうではないのか、さらにエコシステムが成熟して業界となり、業界が解体されてエコシステムになるという、そのサイクルについても考え、エコシステムを明らかにしていく。次に、新たなコンセプトである「価値構造(バリューアーキテクチャー)」に話を広げる。価値構造により、新たな方法で目標や環境を描くことが可能になる。

そうすれば、エコシステム・ディスラプションの背景を理解し、まったく新しい競争力学、「価値逆転(バリューインバージョン)」を予想することが可能になる。価値逆転とは、エコシステムのパートナーがライバルとなり、補完財が代替財となり、勝者が敗者となる可能性があることを指す。こうした基本を理解すれば、本書で紹介する新たな視点やツールを身につけ、今後の実践の場で活かせるようになるだろう。

1 コダックの奇跡的な変革

一九七五年、コダックのエンジニアだったスティーブ・サッソンはデジタルカメラを開発した。同社はその後二五年にわたり、デジタル画像をいつ、どのように商業化させるかを議論してきた。同社は、技術面では揺るぎないコミットメントで成果を上げた。たとえば一九八〇年から一九九〇年の間には、研究開発費の四五%にあたる約五〇億ドルをデジタル画像に投じ、新規設備や人材に多額の投資を行った。[1] さらに二〇〇〇年までに、一〇〇〇以上のデジタル画像に関する特許を取得した。[2]

技術基盤は盤石だったものの、事業サイドの意思決定には一貫性がなく、一九九〇年代は失敗続きだった。多くの記事では、レガシー的な考え方、社内政治、さらに競争圧力が同社のデジタルへの移行を妨げたと分析されてきた。それらは、チェンジマネジメントという普遍的な課題に注目したもので、確かに正しく、重要な視点と言える。しかし、コダックが二〇一二年に破綻した要因は別にあるのだ。このような点に着目しているのなら、それはストーリーの間違った部分に目をつけていることになる。[3]

二〇〇〇年、コダックは新たなデジタルの幕を開けた。一九九三年からCEOを務めていたジョージ・フィッシャーは先見の明のある社外出身者だったが、社内のマインドセットを変えることはかなわないまま同年に退任し、社歴三〇年で周囲からの信頼が厚いダニエル・カープがCEOとなった。デジタル化へのビジョンを支持し、それを社内の本流から推進する力を持つカープは、「今日、われわれは先進市場の中で、従来のフィルムと紙の事業の構造的な変化に直面している」と語り、続けて「この変化に対応するため、実践的で大胆な変革を始めている。新たなデジタル市場で勝つことを誓い、コダックの成功に向けた準備を整えている」と述べている。[4]

カープが扉を開いたことで、コダックは一〇年に及ぶ奇跡的な変革を成功させ、デジタル市場の勝者となった。さらに、自社組織を超えた可能性を恐れることなく受け入れた。顕著な例が、二〇〇一年にオフォト(後のコダックギャラリー)を買収し、デジタル写真を保存、プリント、共有できるオンラインコマースのプラットフォームを作り出したことだ。コダックは、クラウドベースのソーシャル事業を先駆的に展開した。二〇〇二年までに、同事業は月間一二％で成長していた。[5]ブルームバーグはコダックを、「デジタルにおける成功の鑑」と称した。

二〇〇五年までに、コダックはデジタルカメラの売上で、ライバルのキヤノンやソニーを抑えて米国第一位となった(世界では第三位)。同時にデジタル時代に適応するための痛みを受け入れ、二〇〇六年には、全世界のフィルム工場を閉鎖して二万七〇〇〇人の人員削減を行った。[6]さらにデジタル事業を強化するために、二〇〇七年には黒字だった医療イメージング事業を二三億五〇〇〇万ドルで売却した。売却で得たキャッシュは、カープの後任のCEOとなったアントニオ・ペレス曰く、「わが社の一般およびプロ向けのイメージング事業と、グラフィックコミュニケーション事業において、デジタル成長の大きな機会に注力するために」使われることになった。

前職でHPの有力プリンター事業を率いていたペレスが、コダックに引き抜かれて出世していったことは、デジタルプリントに対するコダックのコミットメントの証だった。彼は、「間もなく私がフィルムについての問題に答えることはなくなるだろう。私にはわからないからだ。フィルム事業は、私がかかわるほどの事業ではない」と語っている。[7]

二つの重要な事実が、コダックのデジタルプリント受け入れに拍車をかけた。一つは、ホームプリント関連の消耗品に、きわめて魅力的な利益率があることに気づいたことだ。一ガロン当たり二七〇〇ドルするプリンターの黒インクは、英国放送協会（ＢＢＣ）による二〇一八年の「世界で最も高価な液体」ランキングで、サソリの毒、インシュリン、シャネルの香水などに続いて第八位となっている。(8) ＨＰの元幹部は、二〇〇〇年にこう語っていた。「デジタルカメラを持つ人は誰もが、写真やウェブのページを印刷したいと思うだろう。そうなればプリンターやインクの売上は、もっと上がる」。(9) さらに利益率の高い写真用紙が売れれば、デジタルプリントの利益は一層上がることになる。

二つ目にコダックは、自社の中核能力の多くを、新デジタル時代に合わせて変化させられることに気づいた。たとえば、現像所が行う画像処理技術はデジタルカメラにとって貴重な存在であり、化学薬品を使ったプロセスに精通していることは、インクや写真用紙のコーティングで強みとなる。一〇〇年以上かけて培ったパートナー企業とのつながりや、スーパーやドラッグストアに偏在する現像所も、デジタル時代にスムーズに引き継がれた。二〇〇四年までに、同社は写真キオスク[1]で世界トップレベルとなり、売上は四億ドルを記録した。(10) 特許を持つ乾式印刷技術を用いた特許製品のおかげで、二〇〇五年にはドラッグストア大手ウォルグリーンの四八五九店舗で最大のライバルであった富士フイルムを追い出し、ウォルグリーンで高利益率を誇っていた店頭写真キオスク事業を引き継いだ。

二〇〇六年までには小売大手のウォルマート、Kマート、ターゲット、そしてドラッグストア大手のCVSファーマシーにもキオスクを設置し、ユーザーがクリックするたびに、利益率の高いインクや写真用紙が消費された。[11] ある小さな小売店では、たった四台のキオスクから、年間二〇万枚のデジタルプリントが出力された。標準サイズ一枚のプリント価格が三九〜四九セントなので、わずか数平方フィートのスペースで莫大な売上を上げたことがわかる。[12] 二〇〇七年までには、米国各地で九万台のキオスクが設置されて金のなる木となり、コダックは店舗の写真プリント事業で他を圧倒する存在となった。[13]

コダックはいかにして、富士フイルムのような最大のライバルから、最大の顧客ウォルグリーンを奪ったのか？　成功にあぐらをかいていてはかなわないし、能力がなければできることではない。そんなことが可能だったのは、優れたチームが、優れた製品とサービスをもって見事に行動したからにほかならない。

コダックの経営陣は、光明を見出して戦いに加わった。消耗品の販売で莫大な利益を得るフィルム事業のモデルが、デジタルプリントでも見事に適用できることに気づいたからだ。同社は二〇一〇年までにインクジェットプリンター市場で四位にのし上がり、HP、レックスマーク、キヤノンなどと肩を並べた。[14] 二〇一一年、ペレスCEOは証券アナリストに対して、

---

[1] 店頭のセルフプリント端末。

図1-1　光学イメージングから
デジタルイメージングへの技術的シフト

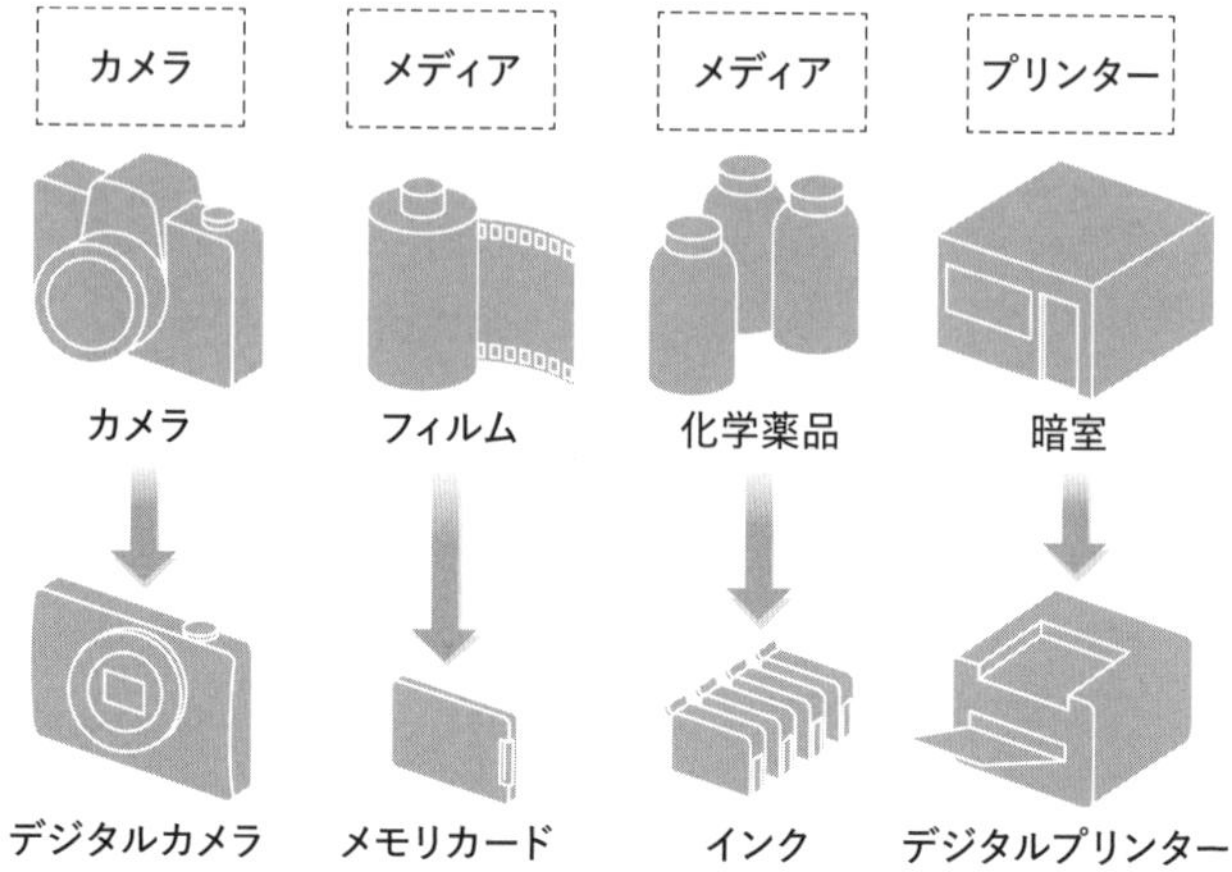

「（デジタルプリント）事業は、わが社の魅力的な事業となるだろう」と宣言している。[15] 短期間ではあったが、その言葉は間違っていなかった。

　コダックはデジタルで失敗することはなかった。これは明らかだ。世間は、図1－1のような急激な技術の飛躍は不可能だと考えていたが、コダックは不可能を可能にしてみせた。同社の経営陣はアナログプリントの利益基盤を、デジタルプリントの利益基盤に変化させるという難題を乗り越えた。成功したのである。しかし、それでも崩壊は起こった。

何を間違えたのか？

　これこそが、間違ったゲームで勝つということだ。コダックは、デジタルプリント市場で重要なプレイヤーとなる目標は達成した。しかし、デジタル化が写真の撮影やプリントだけでなく、その消費方法までも変えたことで、デジタルプリント市場自体が崩壊したのだ。コダックが崩壊したのはデジタルプリント企業への変革に失敗したからではない。デジタルで鑑賞・共有することが主流となり、デジタルプリントがもはや重要でなくなったことが原因だった。コダックの価値創造は、ライバルや直接の代替財によって覆されたのではなく、同社のエコシステムの別の部分が変化したためだったのだ。エコシステムの力学で価値逆転が起こり、コダックはその犠牲となった。

それでは、今のユーザーは撮った写真をどこに保存して鑑賞しているのか？　アルバムでも、靴箱でも、財布でもない。写真の鑑賞はどうか？　紙ではない。紙の写真はデジタルスクリーンにその座を奪われ、フォトアルバムはポケットに入れた電話やクラウドのライブラリーに取って代わられた。それらは次々に消費者の価値提案をリセットし、かつての「コダック・モーメント」[2]は、インスタグラム・モーメントとなり、フォトフレームに飾られた写真はネットへの投稿となった。二〇一九年までに、五〇〇億枚を超える写真がインスタグラムにアップロードされている。それらはまさしく共有を目的としているが、プリントされることはほとんどないのだ。

つまり、コダックは激戦を勝ち抜いてデジタルプリント会社となったが、デジタル鑑賞に屈

---

[2]　シャッターチャンスの決定的瞬間。

する結果となった。これは、今までの破壊とは異なるものだ。

2 新たなアプローチの必要性

コダックは技術破壊を切り抜けることに注力し、異なる技術体系をまたぐ移行には成功した。一方で、エコシステム・ディスラプションの力学、つまり、価値創造の根幹にかかわる変化を見過ごしてしまったのだ。では、エコシステム・ディスラプションによって、従来の戦略がどこでどのように、なぜ崩壊したのだろうか？

コダックのケースは、変化を見過ごした事実を的確に表しているために説得力がある。じっくり考えさせられる事例である。なぜコダックの経営陣は大きな間違いを犯したのか？ コダックのケースが根本から誤解されているのはなぜか？ そしてより重要なのは、皆さんの組織が見落としているものはないか、ということである。

振り返って考えれば、わかりきったことである。しかし、実際問題として自社組織に当てはめた場合、読者や経営陣が将来を見越した戦略を策定し、変化しつつある要素をあらかじめ考えることは現実的だろうか？ それほど高度な水準の知見を求めてよいのか？ 他にも多くの要求や課題を抱える状況で、そんなことが可能なのだろうか？

答えはイエス、イエス、可能である。準備さえしていれば、現実的で当たり前、合理的なことだ。ただし、従来の枠組みが崩れ、新たな価値提案が生まれる時代にエコシステム戦略を策定するには、今までとは異なる見方や新たなコンセプト、新たなツールでその力学を理解する必要がある。さあ、始めよう。

境界の崩壊が、業界を基準とした戦略を破壊する

コダックはプリンター市場の競合に敗れたのではなく、スクリーンの台頭に敗れたのだ。ノキアは従来の携帯電話ではなく、携帯電話用のソフトウェアアプリケーションに敗れた。タクシーは他のタクシー会社ではなく、ライドシェア・プラットフォームの台頭に敗れた。つまり、競合自体の特性や、競合他社の特性が変化しつつあるということである。

従来の業界分析における業界の定義は、バリューチェーン内のポジションや、サプライヤーから業界の中心となる企業、買い手へと進むインプットとアウトプットの流れが基準となる。たとえば、シリコンウエハーメーカー(例：SUMCO)[3]から、中心となる半導体メーカー(例：インテル)、そしてコンピューターメーカー(例：レノボ)へという流れだ。この流れでは、役割に

[3] 日本の大手半導体用シリコンウエハーメーカー。

は明確な方向性と境界がある。視点をずらすと、半導体メーカーからコンピューターメーカー、さらに販売業者のベスト・バイ[4]へと順番が一つ右にずれる。この考え方においては、事業戦略は各業界の枠の中でどのように競争するかに焦点が当てられ、企業戦略は、どの業界の枠に入るかに焦点が当てられる。

業界内では、各企業は強みのあるコストと品質の組合せを求めて戦う。たとえば、フォードはＧＭと販売台数を競い、ケロッグは同業のゼネラル・ミルズと朝食用シリアル販売で競う。さらにＡＢＣはＮＢＣ[5]と夜のニュース番組の視聴率を競う。価値を獲得する各企業の能力は、マイケル・ポーターの有名なファイブフォース・フレームワークによれば、業界内の競合を切り抜ける力、売り手に対して交渉する力、買い手に対して交渉する力、代替財の脅威に対処する力、新規参入者と競争する力によって決定される。(16)

「従来の破壊」は、業界分析にひねりを加えるものである。クレイトン・クリステンセンが提唱し、大きな影響を与えた「下層市場から攻め込む」モデルは、僅差のライバルとの競争から考察を広げ、異なる技術を用いて、低コスト・低価格を武器に市場シェアを狙う参入者の脅威に焦点を当てたものである。たとえば、サウスウエスト航空などの格安航空会社[6]（ＬＣＣ）がフルサービス航空会社を攻撃し、鉄鋼メーカーのニューコアといったミニミルが大規模製鋼所を破壊し、かつて存在していたＨＤＤ（ハードディスク）メーカーであるコナー・ペリフェラルの低容量三・五インチＨＤＤが、より容量の大きな五・二五インチＨＤＤ技術世代の座を奪ったことなどが挙げられる。
これらの参入者の初期の技術には制約があり、比較的魅力の薄い購入者層だけを対象にせざるをえなかったが、技術が進化すると、彼らの製品は「そこそこ」となってシェアを獲得し、主流の市場を破壊した。[17]
しかし、そのような従来の破壊は、ゲームのやり方を変えてもゲーム自体を変えることはなかった。製造方法は変わっても、提供するものや目標は業界の枠に収まっていた。サウスウエスト航空は依然として航空券のチケットを、ニューコアは鉄鋼を、コナー・ペリフェラルはディスクドライブを提供していた。それらの企業は新たな技術で既存業界の企業を破壊したが、彼らも同じゲームを同じ目的で行った。つまり、業界の枠は変わらなかったのである。
業界分析の根本的な問題は、何が「業界」を構成するかに対する思い込みだった。業界の概念はきわめて曖昧になっている。活動がどこで始まりどこで終わるかに関しては、参加者の共通認識のようなものに依存している。ライバル同士が競い合う対象の顧客や顧客セグメント、さらに何が中心で何が周辺なのかについての共通した見解といったことだ。

〔4〕米国の家電量販店大手。
〔5〕ともに米国のテレビ三大ネットワーク。
〔6〕大規模な高炉メーカーとは対照的に、小規模な電炉で高効率な生産を行う製鉄所。

以前であれば、そのような曖昧さは無視できた。関連するプレイヤーが比較的同じように行動していたからだ。たとえば、大手ドラッグストアチェーンのCVSやウォルグリーン、あるいは地方の薬局は、組織や規模、戦略は異なっても、物品の販売や調剤で成功している点は同じだった。「小売薬局業界」があることを前提に、競合戦略を策定することが可能だったのだ。

しかし現在、CVSファーマシーはブランドを刷新してCVSヘルスと改名し、小売事業にとどまらず（二〇一四年に医療に特化するための変革に取り組んだが、その一環として先を見越してタバコ製品の販売をやめ、年間二〇億ドルの売上を自ら放棄していた）、ミニックリニック（基本的な医療サービスを提供する小売店内の簡易診療所）、ケアマーク（米国最大の薬剤給付管理会社で、九四〇〇万人の被保険者に対して薬剤の給付管理を行っている）、エトナ（大手医療保険会社。加入者は三七九〇万人）を傘下に収めた。多様な活動や提案を統合することで、CVSヘルスは単なる事業の多角化を超え、ゲームを定義し直そうとしている。調剤を行うことから健康管理とウェルネスへ変化する中で、明確に定義された「小売薬局業界」のイメージは解体されている。

CVSのラリー・メルローCEOは、これを「ヘルスケアの実現」と呼んだ(18)。同社はエンドユーザーへの価値提案のみならず、顧客価値を実現する根本的な方法も定義し直そうとしている。そうして、各業界での競争から、新たなエコシステムの構築へと焦点を変化させた。

新しい世界の到来である。「業界の存在を想定して進む」方法は、市場の境界が明確で、ライバルと共通の目標を持ち、市場の参加者同士のやり取りの基準が定着していて、異議を唱える者がいない状況であれば通用した。今や、そのような方法は、構造的な変化や多角的な価値提案が台頭すれば効果を失う。業界のレンズを使えば、業界の枠の中での進化の道筋や既存企業の座を狙う代替品の脅威に気づくことができる。しかし、このレンズで見ても、従来の枠の外で起こって自社の価値の重要性に影響を与えるような動きには気づかない。

業界のレンズで見ている限り、フィーチャーフォンが進化し、そして、スマートフォンにその座を奪われる可能性はあることはわかっても、電話がプリンターの代替品となることは考えられなかった(これこそが、コダックを崩壊させたものだ)。性能の良いトラクターは、種および肥料関連業に効用をもたらす存在だったはずだ(しかし、最新のインテリジェント・トラクターは、正確な植え付けを行うことで種の一粒一粒から発芽させて無駄を省き、必要となる種と肥料の量を減らしている)。さらに言えば、効率的で便利な配送手段の存在は、レストラン経営者にとって好ましいものであったはずだ(しかし、ウーバーイーツやドアダッシュなどのサービスが、顧客との関係を奪い、レストランは代替可能な存在になってしまった)。

それはまさに、業界の境界に異議が唱えられて引き直され、業界を基盤とする従来の戦略が限界に達し、エコシステム戦略が必要とされ始めたタイミングなのである。従来の戦略をとれば、問題の間違った部分に焦点を当て、技術変革の競争に勝ったのに重要性を競う戦いには敗れるという、コダックのような状況に陥るリスクがある。今までの戦略ツールは、新たな海に漕ぎ出すためには作られていないない。役に立たないのだ。

競争の枠組みが変化したのだから、競争に適応するアプローチにも変化が求められる。市場支配力や市場集中といった従来の方法は、境界を打ち破る企業の出現により不十分なものになりつつある。エコシステム・ディスラプションを起こす存在を過大評価・過小評価する可能性については、第2章と第3章で、攻撃と防御について議論する際に考察する。

3 エコシステムと、そうでないものを切り分ける

業界の境界そのものが変化している以上、それを前提とした戦略を策定することはできない。では、他にとるべき方法はあるか？　変化しつつある状況の中で進むには、まずは生み出す価値を定義すること、つまり価値提案が必要となる。

定義：価値提案とは、企業努力によりエンドユーザーが受ける効用のこと。

自社の価値提案を定めることは、エコシステムを理解するための最初のステップとなる。価値提案は、エコシステム全体の働きが作り出す効用をはっきりとまとめたもので、後に続く活動や協働の方向性を決定づけるものだ。たとえば、コダックの価値提案は「コダック・モーメ

ント」であり、「画像を通して思い出を追体験し、共有する」と述べることができる。

価値提案は効用を明確に示す以外にも、エンドユーザーを特定することができる。複数のパートナーや仲介者がいる状況でエンドユーザーを規定することは、その企業固有の戦略的な選択となる。コダックにとって国内市場のエンドユーザーは、瞬間を捉えた後にアルバムをめくってその瞬間を追体験し、暖炉の上に飾った写真を眺める撮影者だった。現像所や小売店など他のプレイヤーも価値創造には重要だが、彼らは「コダック・モーメント」のエンドユーザーではない。

説得力のある価値提案を構築することは、成功への第一歩となる。ここでは、カスタマーインサイト[7]を利用して「必要な取組み」の本質を特定し、「顧客をとことん理解せよ」という真言に従うのだ。

自社の価値提案について考えてみてほしい。その価値提案に確信を持っているか？　わかりやすく伝えているか？　組織の理解は、経営層そして顧客の理解と一致しているだろうか？

しかし、カスタマーインサイトや適切な価値提案は、始まりにすぎない。知見は、そのままでは行動に変わることはない。重要なのは結果だ。本書がとるアプローチの核心は、価値提案を行動につなげることにある。それは自社組織とパートナーの組織両方の行動であり、価値を

[7] 顧客の意識やニーズを分析・理解すること。

築く方法を考えるためのものだ。そこで、エコシステムに注目することになる。

エコシステムとは何か？　ここ一〇年、「エコシステム」という言葉は研究の場でも実践の場でも浸透してきた。しかし、言葉が広く（過剰に）使われるようになると、その意味が空虚になるおそれが出る。昨今のビジネスでは、「エコシステム」という言葉は、「寄せ集め」と同じ意味で使われる場合もある。過剰に使われるのは、経営者が、他のプレイヤーを自社の戦略に何とか取り込みたいと考えていることの表れだ。また、意味が曖昧なのは、意味を明確にしたいという切実な思いの表れでもある。

筆者がエコシステムに最も当てはまると考えるのは、次の定義だ。これが、本書における概念的なアプローチの土台となる。

定義：エコシステムとは、パートナー同士が協力し合い、エンドユーザーに価値提案を行う構造のこと。

この定義には、三つの重要な側面がある。(19)

①「価値提案」が軸となる。価値創造の目標に沿ってエコシステムの方向づけを行えば、一企業の見解や技術にとらわれることを防げる。

②価値提案を行うために協力し合うことを選んだ、具体的な「パートナー」の存在がある。エコシステムは多面的で、単に売り手と買い手に分けても理解できない（仮に分けられるとしたら、それは複合的なサプライチェーンにすぎず、そこでは管理や交渉のための新たなツールは必要ない）。

③エコシステムには「構造」がある。プレイヤーは協力的な環境で、明確な役割や立場を持って連携し、その中で動く。ステークホルダーだけに目を向けていては、構造の重要な役割を見逃すことになる。たとえば、自社プラットフォームのアフィリエイト数を伸ばすことだけ考えれば、「連携」の重要な役割を見逃してしまう。エコシステム戦略の核心は、パートナーをまとめるとともに、自社がパートナーに加わってほしいと考え、同時にパートナーが進んで加わりたいと思うような構造に落とし込む方法を見つけることだ。

本書では、随所でこの定義に立ち戻る。特に、エコシステムのリーダーとなることの意味を考える際には、この定義が指針となる（詳しくは、第5章と第6章を参照）。

エコシステムのサイクル

価値創造では必ず、協働と相互依存関係が重要となる。それらは、連携を実現するため、つまり、価値創造を行うパートナー間で、安定的で標準化した役割やかかわりの基準を作るために必要なものだ。この点において、エコシステム戦略と業界での戦略とは異なる。連携が行われる前の各企業の戦略的な関心は、価値提案をもたらすパートナーシップや協働の構造を確立することだった。連携がとれれば、確立された構造内での条件や効用についての協議が中心となる。

つまり、エコシステムは確立されると成熟して、相互関係の規範として深く根づいて安定し、それが業界として認識されるようになる。反対に規範が破壊されれば、体系的なかかわりに新たな規範が求められ、業界がエコシステムの状態に戻る。これがエコシステムのサイクルである。「エコシステムのレンズを使えば、業界は流動的なものであることが理解できる」[20]。

一九〇五年に自動車のエコシステムを築こうとしたならば、燃料サプライヤーやメンテナンスサービス業者、リスクの引き受け手など、「鉄の馬」にかかわるプレイヤーが互いに合意できる役割や立場、流れの規範を決める必要があった。連携の構造が整って初めて境界が明らかとなり、自動車業界や自動車整備業界、自動車保険業界、さらに規制団体というように、業界の観点から考えることが可能になった。今日、ウーバーやリフトといったオンデマンド配車サービスと並んで、自動走行車が台頭している。これにより既存の構造に疑問が投げかけられ、「交通エコシステム」の意義や構造を築く際には、業界の境界を再検討せざるをえなくなっている。

エコシステムという考え方は新しいものではない。相互に依存する活動を連携させることは、文明の夜明け以来の決定的な課題だ。古代人は道路ネットワークや送水路、統治方法などを考え、構築してきた。しかし、この一〇年で劇的に変化したのは、企業が新たなエコシステムを作り出そうとする頻度が高くなったと同時に、企業が参加しようとする(あるいは、そう迫られる)エコシステムが増えている点である。デジタル革命がこれに拍車をかけており、この状況がすぐに下火になるとは考えにくい。

変化しつつある連携を推し進め、あるいは対応を迫られることで、自社の戦略目標のどこに影響が及んでいるか? このことを頭に入れて、本書ではエコシステムの力学について考え、扱うためのアプローチを解説していく。

4 価値構造からエコシステムを理解する

エコシステム・ディスラプションは、変化が既定の業界あるいは技術の枠の制約から放たれ、システム中に影響を与える際に起こる。ディスラプションを理解するには、技術や業界レベルでの変化と、価値提案レベルでの変化を区別する方法が必要となる。そのために、価値構造という新たな概念を紹介する。

定義：価値構造とは、価値提案を構築するための要素をまとめたもの。

価値構造とは、企業がエンドユーザーに与える効用の根底にある概念、つまり、「価値要素（バリューエレメント）」を表し、体系化するための構成図である。価値要素はカテゴリーレベルの抽象的なアイディアだが、価値提案をまとめる際の根幹となる。

組織が、価値提案の根幹は何かという重要な問いについて考える際には、価値構造が手立てとなる。これから考察していくが、考え方の軸を価値要素に置くことで、企業や技術、業界の境界を超えた見方ができ、今までと異なる分析が可能となる。

価値構造を構築するには、まずカスタマーインサイトから始め、知見にかかわる価値提案の全体像を明らかにし、次に根幹となる価値要素に分解していく。

たとえば、コダックの「画像を通して思い出を追体験し、共有する」という価値提案を考えてみる。ここからは、瞬間を「撮る」、画像を「作り出す」、画像を「見る」ことで記憶を追体験する、画像を人と「共有する」、という四つの価値要素が特定できる（図1－2）。

価値構造は静的なものではなく、進化の可能性を持つ戦略的選択だ。たとえば第2章で紹介するが、オンライン家具販売のウェイフェアは、アマゾンの参入に対して自社の価値構造を適応させた。このことは価値提案を、「オンラインでの家具販売」（ここでの価値要素は品揃え、決済、配送）から、「好みの家づくり」（発見と検討という新しい要素を追加）へ変化する鍵となった。ウェイ

図1-2　「画像を通して思い出を追体験し、共有する」という、コダックの価値提案の基盤となる価値構造

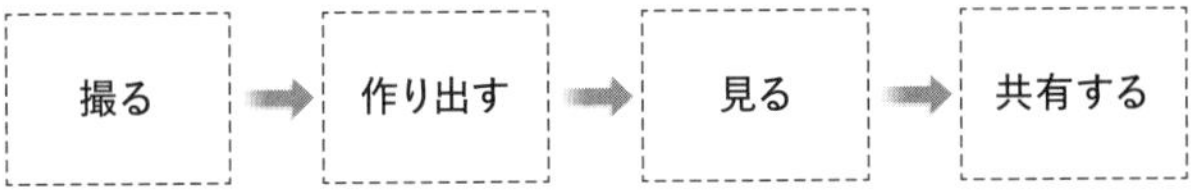

フェアの価値構造は、パートナー、活動、そして技術（サーバーファーム、[8] 検索アルゴリズム、在庫管理システムなど）で構成される。ただし、ここで価値提案を具体化したのは、技術ではなく価値要素である。

　価値構造が明確になって初めて、具体的な活動の詳細なレベルに移ることが可能となる。たとえば、概念的レベルから現実世界とのかかわりへと変化するための、タスクや構成要素、技術、そしてエコシステムのパートナーといった事柄だ。エコシステムの価値設計図も、この段階で利用する[21]（図1－3）。

　次のように価値構造の概念は、戦略の分野で行ってきた分析とは異なる単位やレベルを提示している。[22]

- 価値構造は、技術や物理的な構成要素、活動、それらをつなぐコントロールされた関係という点から定義されるものではない。
- 価値構造は事業モデルではない。事業モデルは顧客から儲けを出すための活動に焦点を当てる。それに対して価値構造は、提案に対する顧客の購買意欲のもとにある価値作りに焦点を当てる。[23]

［8］多数のサーバーを集積した施設。

図1-3　カスタマーインサイト、価値提案、価値構造、エコシステムの活動に関する重要な構成概念のつながり。価値構造は新たなレベルの分析であることがわかる

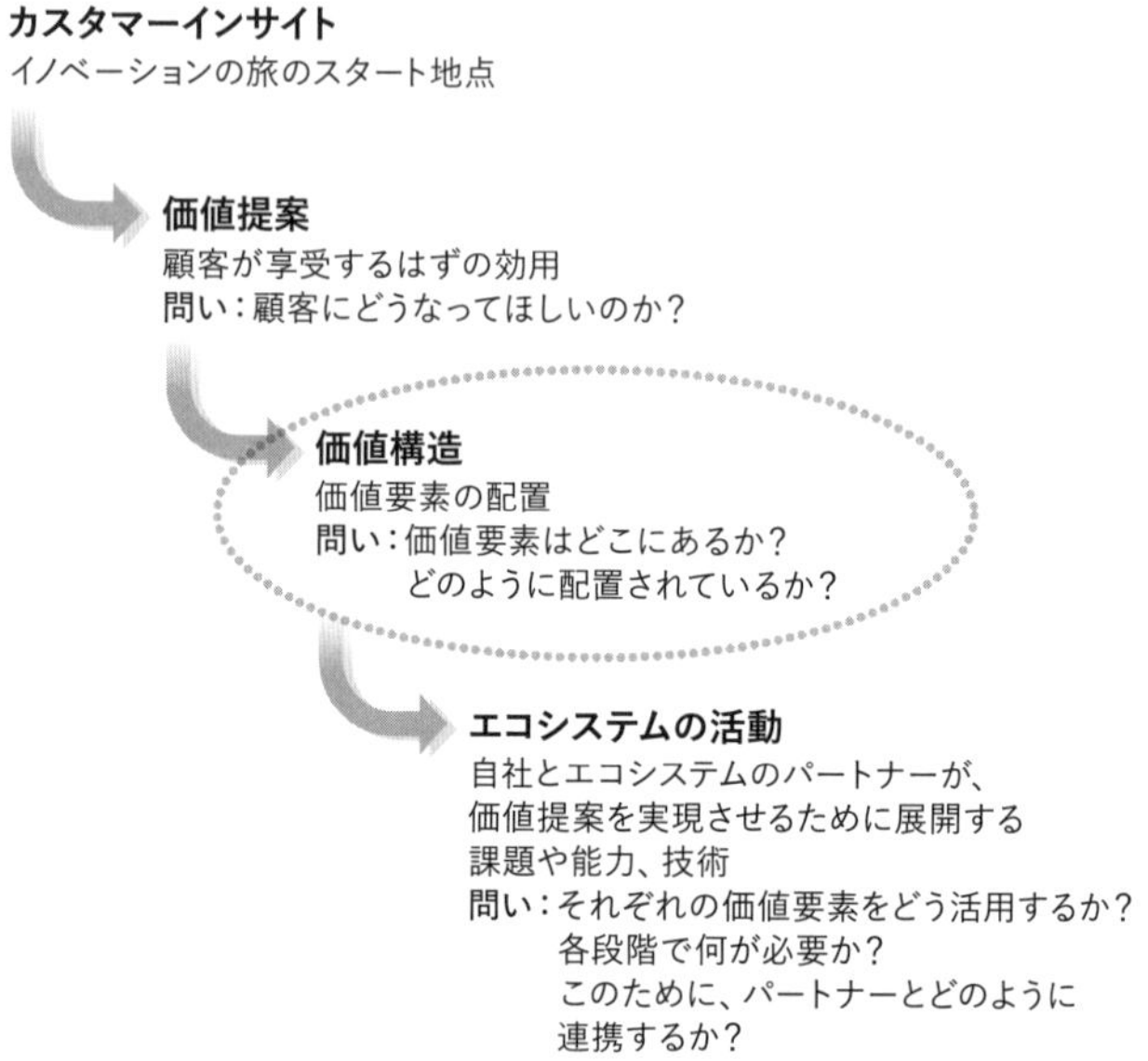
カスタマーインサイト
イノベーションの旅のスタート地点
価値提案
顧客が享受するはずの効用
問い：顧客にどうなってほしいのか？
価値構造
価値要素の配置
問い：価値要素はどこにあるか？
どのように配置されているか？
エコシステムの活動
自社とエコシステムのパートナーが、
価値提案を実現させるために展開する
課題や能力、技術
問い：それぞれの価値要素をどう活用するか？
各段階で何が必要か？
このために、パートナーとどのように
連携するか？

- 価値構造における価値要素は、バリューチェーンや活動システム、価値の流れ（バリューストリーム）における手段ではない。したがって活動や原材料の流れを明らかにする必要はない。
- 価値構造における価値要素は、ユーザーが製品やサービスを評価する際に考慮する属性や好みで定義されるものではない。価値要素が集まって価値提案を作り出すが、個別の要素は、必ずしもエンドユーザーの見方とは一致するわけではない。

価値構造に注目することで、技術や製品に軸を置く（供給サイドの）

分析から解放され、価値創造の要素を軸に考えることが可能となる(需要サイドの分析)。さらに、従来の枠の中で起こる具体的な要素の変化(どのようにするか)と、価値要素全体に影響を与える変化(どうやって価値提案に貢献するか)の区別をつけることができる。

皆さん、そして皆さんの組織は、価値提案の基盤を議論する体系的な方法を持っているだろうか? 価値構造のアプローチについてはどうだろうか? ほとんどの組織には存在しない。その代わり、価値創造を考える際には戦略と同じように、まずは価値提案を明らかにし、次に活動や技術選択、組織構造といった観点から考えるのだ。しかし、それでは変化をうまく乗り切ることは難しい。活動や技術、組織構造が死角を作るからである。

コダックのケースに戻り、価値構造の考え方を用いることで、エコシステム・ディスラプションのプロセスを理解するための体系的なアプローチについて考察しよう。

コダックの価値構造――鮮明な現実

価値構造を用いてエコシステム・ディスラプションの動きを検証するために、まずは価値要素、次に既定の価値要素内での活動の変化が、他の要素にどう影響するかを検証する。本書が考えるコダックの価値構造においては、従来の化学薬品による写真術(第一世代とする)では、「撮る」は光学カメラとフィルム、「作り出す」は暗室と現像液、「見る」はユーザーが見て楽

図1-4　コダックの第1世代の価値構造

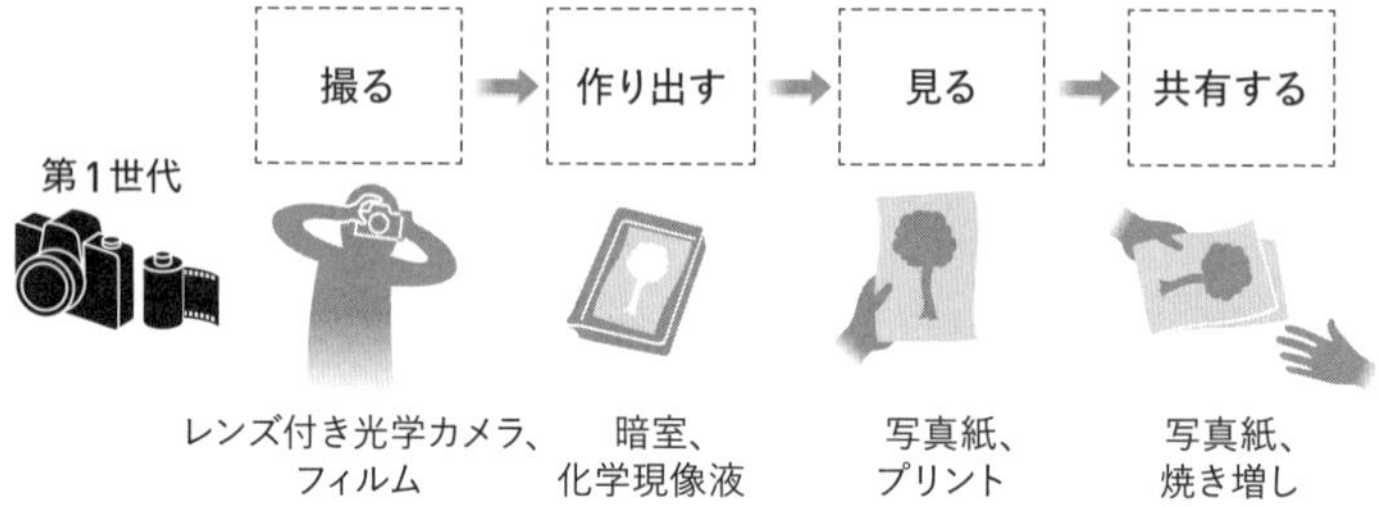

しむ高品質の写真プリント、「共有する」は友人や家族に配る焼き増しプリントだった（図1－4）。

デジタル写真（第二世代）への移行は、まず「撮る」と「作り出す」で起こった。「撮る」では、レンズとフィルムを備えた光学カメラは、センサーとSSDメモリカードを備えたデジタルカメラに取って代わられた。センサーの解像度が画質を、メモリカードの容量が写真の保存枚数を決定した。この変化は、従来の機能を急激に破壊する技術的変化を象徴するものだった。「作り出す」では、暗室と現像液がデジタルプリンターとインクカートリッジにその座を奪われた。これも急激な変化だった（図1－5）。

しかし、すべての要素が必ずしも急激に起こったわけではない。生産技術は変化したが、「見る」に関しては、高品質な写真紙へプリントされた写真を、暖炉の上に飾ったり財布に入れて持ち歩いたり、家族のアルバムに整理したりすることは変わらなかった。

一方で、デジタル画像への移行では、「共有」の要素には大きな変化が起こった。友人や家族は写真の焼き増しを撮影者から直接受け取るのではなく、インターネットを通じて受け取ることが

図1-5　コダックの価値構造における、第1世代から第2世代へのシフト

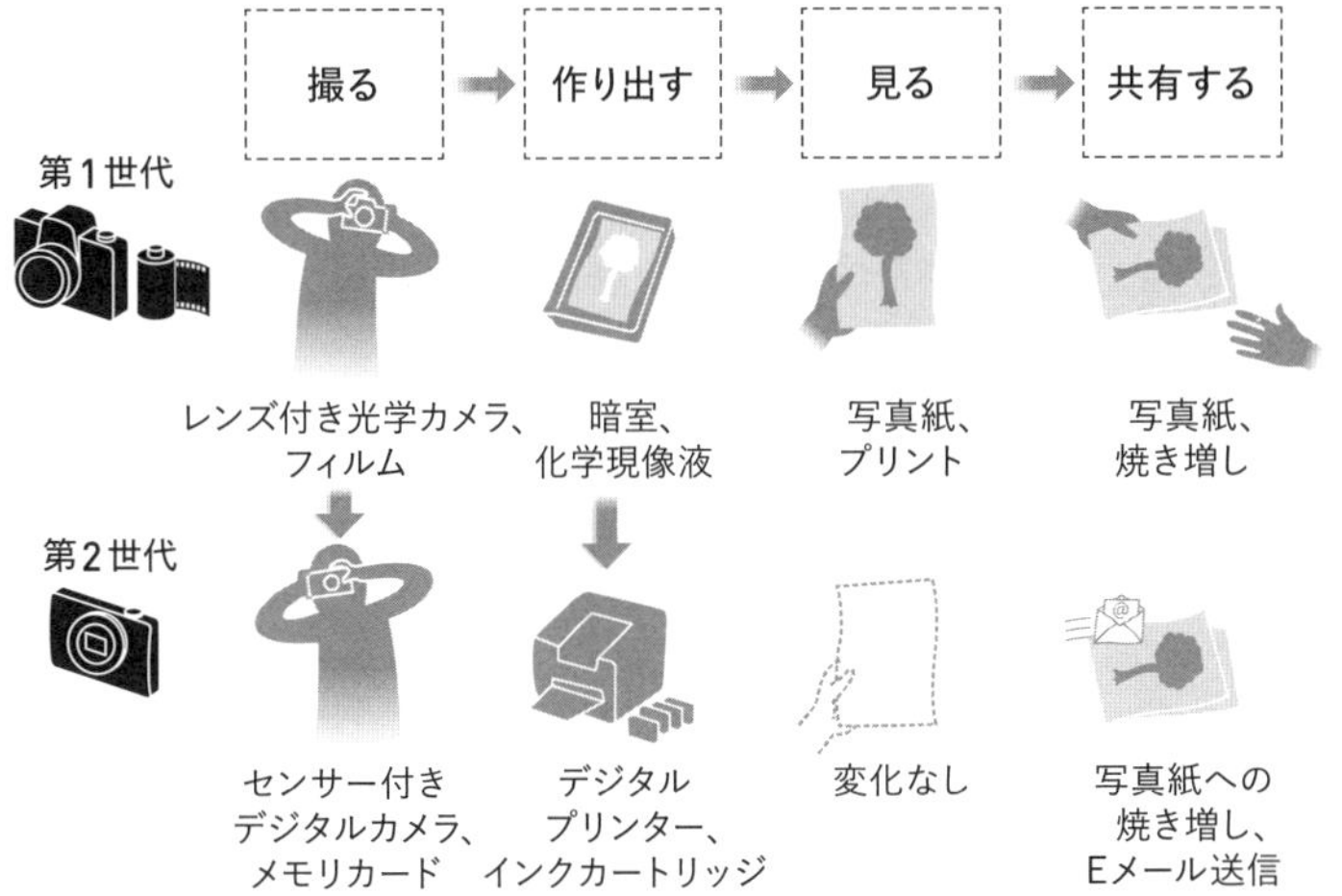

可能になった。しかし、写真プリントにかかわる企業にとって、この変化は非常に前向きなものだった。Eメールで多くの人と画像ファイルを共有できるようになり、受け取った画像をプリントする機会が増え、それが写真紙やインクによる利益に貢献することになったからだ。

実際、コダックが写真共有サイトのオフォトを買収したのは、今までプリントしていた写真のデジタル共有を進めることが目的だった。この点では、マイスペース（二〇〇三年開始）やフェイスブック（二〇〇四年）、フリッカー（二〇〇四年）といった、写真が重要な役割を果たすソーシャルネットワークは、共有とプリントの双方にプラスだと考えられた。しかし、ご承知のように、このプラスの関係は、第四世代でより優れた鑑賞方法が登場し

たことで、劇的に変化することになる。

ここまでは、従来の業界レベルの破壊は枠の中で起こったものであり、枠を超えるものではなかった。境界内の変化を切り抜けることは困難を伴うが、解明されている部分も多い。実際、コダックはこの困難を非常にうまく切り抜けることができた。

デジタル写真撮影は進化を続け（第三世代）、「撮る」に関しては、技術向上やセンサーとメモリの低価格化により、携帯電話にカメラが内蔵されるようになった。図1－6に、典型的な代替財をまとめた。こうした状況は単独型カメラの販売には悪材料だったが、カメラメーカーには好材料だった。さらに、エコシステム内の他のあらゆるプレイヤーにとっても朗報だった。容量メモリが大きく解像度の高いカメラが普及すれば、写真を撮る枚数が増え、プリントして共有する写真も増える。「画像を通して思い出を追体験し、共有する」ことは、依然として説得力のある価値提案だったのだ。

デジタル利益を牽引する商品として、デジタルカメラではなくプリント関連の消耗品に絞ったコダックの決断は、この点では先見の明があったといえる。実際、コダックは単独型のデジタルカメラの販売を継続しつつ、情勢を正確に分析したうえで資本集約型の事業からは撤退し、すべての生産を自社から委託業者へと移していた。それはまさに、カメラを内蔵した携帯電話によって、単独型のカメラ市場が大幅に縮小されようとするときだった。

構成部品がさらに改良されたことで、スマートフォン（第四世代）が登場した。二〇〇七年に

図1-6　コダックの価値構造における、第3世代へのシフト

アップルが大型タッチスクリーンのついたiPhoneを発売したことで、ユーザーと携帯電話用アプリケーションとのかかわりに変化が起こった。『アングリーバード』[9]ではタッチインターフェースが登場し、「スワイプライト(右にスワイプ)」[10]がミーム[11]となった。当初、より優れたカメラや部品を内蔵したスマートフォンにユーザーが群がり、

[9] iPhone向けに開発された大ヒットゲーム。

[10] 「了承」を意味するスラング。

[11] 人から人へと広がる考え方や行動。

より良質な写真をより多く撮影したことは、写真プリントにとってさらなる好材料となった。

ところが、スクリーンが十分大きく鮮明になると劇的な変化が起こった。以前は撮った写真からダウンロードするものを選ぶ際には、解像度の低い画像を目を細めて見ていたのが、スマートフォンではその必要がなくなったのだ。つまり、スマートフォンがディスプレイの新たな役割を担うことになり、プリントの代替財となった。「撮る」装置を進化させるために設計された構成部品が、「見る」ことに影響を与え始めたのである。

ここで枠を超えた飛躍、つまり、ある価値要素から別の価値要素への波及が生じ、エコシステム・ディスラプションが起こった。「見る」で起こった激変は、システムのあらゆる部分に影響した。まず「見る」で必要だった紙がなくなったことが、「作り出す」に影響した。価値要素の間に存在していた境界の崩壊は、プリンターや紙、インクなど、コダックが「作り出す」の枠の中で見込んでいた多額の利益が消滅しようとしていることを意味していた。

二番目に、「見る」で起こった変化は、「共有」の変化を引き起こした。共有される画像は印刷されないだけではない。ソーシャルメディアの登場により、「共有」という考え自体が、近しい人たちと視覚的記憶を共有して瞬間を共有する目的から、友人あるいは、ほとんど知らない人からの「いいね」を求めることに拡張された。

デジタル画像の最初の二つの変化では、枠の機能は維持されていた。すべての行動は、図1－6の縦方向の矢印で表されている。変化は従来の破壊と技術的破壊の型に完全にはまるもの

図1-7　コダックの価値構造における、4世代にわたるシフト。
第4世代の水平的な動き、枠を超えた動きがわかる

だった。コダックは従来の戦略ツールを用いて、冷静に変化に対応した。これに対して最後の変化では、図1-7の横方向の矢印が示す、枠を超えた影響が起こり、エコシステムが破壊された。ある価値要素が別の価値要素のゲームを変化させるとき、エコシステム・ディスラプションが起こるのである。

ペーパーレス社会という概念はかなり昔から議論されていたが、実現してはいなかった。デジタル画像や、それを編集・検索するソフトウェアは何十年も前から普及していたが、結局はプリントする画像を選択し、改良するためのものだった。それが、持ち運び可能で画質も良く、ネット接続されたディスプレイが登場して初めて、紙に印刷する写真が大きな影響を受けることになった。ソフトウェアが世界を支配することになったが、それはハードウェアがお膳立てをした後で初めて可能となったのである。

価値構造が全体像を形作る

エコシステム・ディスラプションでは、価値構造を明確にすることが重要となる。コダックと、コダックについて事後に行われた分析が、エコシステム・ディスラプションの力学を見逃したのはなぜなのか？　それは製品と技術の移行を、供給サイドの視点からしか見ていなかったせいである。図1-1に戻って考察しよう。この図は従来のように、枠の中の破壊で成功するための変化のみに焦点を当てている。しかし、技術のレンズでは枠を超えた力学は見えない。つまり、カメラがプリンターになることはないという考えが正解となる。これでは、カメラの部品がプリントの脅威になることは予想できない。

明確な価値構造を持てば、具体的な要素を持つ業界の枠内での従来の変化（活動の方法を変える従来の破壊）と、価値要素全体に影響を及ぼす変化（活動と価値提案の土台である価値要素とのかかわりが変わる、エコシステム・ディスラプション）との違いの区別ができるようになる。

価値構造はきわめて重要な選択である。同じ価値提案でも、まったく異なる価値構造や価値要素で捉えられる可能性があるのだ。それぞれの構造には、既定の価値提案へのアプローチに対する異なる考え方が反映されている。したがって、正解・不正解という絶対的な指標で判断することはできない。むしろ、協力的か非協力的か、可能か制限するか、共有するか専有するかなどの観点からしか評価できない。具体的な価値構造の選択が重要なのは、企業がそれぞれの環境で変化に適応し、機会を求め、パートナーと連携し、さらに最終的な価値提案を生み出す手立てに大きな影響を与えるからである。実際、価値構造によって、差別化や消費者の購入意欲を高める要因などの曖昧な概念を、意味を持つものにすることができる。

価値構造のレンズを使うと価値の構造に目が行き、単独の業界の枠を超えてエコシステム全体に影響を与える変化が見えてくる。本書を通じて、価値構造を用いて戦略や組織、リーダーシップへの理解を深める力学を考察していく。まずは、協力的なパートナーがライバルに変化しうるケースを詳しく見ていこう。

5 価値逆転――仲間が敵となり、エコシステム・ディスラプションを起こす

コダックのケースは、厄介だが有益でもある。というのは、コダックが従来のライバルに敗れたわけでも（富士フイルムは、フィルムでは競争に勝っていない）、新規技術を使いこなせずに敗れたわけでも（コダックはデジタルプリントで有力企業となった）、カスタマーインサイトで失敗したからでもなかった（中心となる価値提案、つまり画像を通じて、記憶を蘇らせ共有する「コダック・モーメント」は、当時は時代遅れとは言えなかった）からだ。一方で、業界の枠の中で技術を軸にした考え方をしていては、重要な変化に組織が気づかない可能性があることを示した点で、このケースは有益と言える。つまり、盲点があるために影響が出るのである。

従来の破壊は、新規技術あるいは活動様式が直接的な代替財を生み出し、既存の存在に置き換わる際に起こるものだった。デジタルカメラは光学カメラを、デジタルプリンターは暗室を排除した。変化は一つの枠の中で起こり、そこにとどまる。カメラはカメラのままで、プリンターもプリンターのままだったのである。

エコシステム・ディスラプションはまるで違う。ここでは、ある地点で起こった変化が別の

地点に影響を与える。たとえば、カメラが紙の役割を担うようになり、紙の必要性がなくなる。これは、単なる代替財とは異なるディスラプションであり、価値の再定義である。では、この変化を予知する能力を高めるには、どうしたらよいのだろうか？

エコシステム・ディスラプションの力学を理解するには、価値要素を軸に考える必要がある。そうすれば、ある要素から起こる変化が、どのようにして価値構造の他の要素に大きな影響を与えるか、はっきりと考察することができる。自社組織が最初に変化を起こす要素にかかわっているかどうかは関係ない。その価値要素が自社の価値構造の一部であれば、自社に及ぶ影響について、率先して考える必要があるのだ。

何らかの価値要素に影響を与える変化を見つけたら、より大きな視点から問わなければならない。それはすべての要素に影響を与えるか？　そのことによって、自社の計画に影響が及ぶのか？

従来の分析よりも複雑だと感じるだろうか。そう、複雑だ。しかし、表面化できる「既知の未知」[12]が引き起こしたコダックの崩壊を理解すれば、この分析を行わない代償が理解できるだろう。インテルの伝説的なCEOアンディ・グローブが、「パラノイアだけが生き残る」と発言したことは有名だ。価値構造を深掘りすれば、パラノイアを生産的な存在に変えられる。

〔12〕問題の答えはわかっているが、問題が認識されないこと。

従来の破壊とエコシステム・ディスラプションの重要な違いは、後に脅威となる存在が、初めは敵ではなく、ともに価値創造をする友好的な共同作業者として現れることだ。それを理解するためには、価値創造と価値破壊を導く、他者とのかかわりについて考え直す必要がある。基本的な経済学では、中心となる組織(自社)に関連するプレイヤーを、ライバル、代替財、補完財の三つに分けている。

- 従来のライバルは、基本的には同じ方法で、同じ競争に勝とうとする。たとえばソニーのプレイステーションにとっては、マイクロソフトのＸｂｏｘがビデオゲーム機市場における直接的なライバルとなる。ライバルの価値が高まるにつれて自社の付加価値は下がり、明らかに不利になっていく(図1－8の左側)。
- 従来の代替財は、相手と同じレースで戦おうとするが、方法は異なる。ソニーのプレイステーションにとって代替される可能性があるのは、スマートフォンのほか、スチーム(Steam)やグーグルスティディア(Stadia)などの専用ハードウェアなしでビデオゲームができる、オンラインゲームのプラットフォームである。代替財の有効性が向上するにつれて自社の付加価値は減少し、明らかに不利になる(図1－8の左側)。
- 一方で従来の補完財は、自社の価値を高める存在だった。補完財は独自の価値を提示するが、それが自社のコア製品の価値を高めてくれた。ソニーのプレイステーションにとって

図1-8　中心的企業の影響、ライバルと代替財（左側）・補完財（右側）の効用との関係を標準化

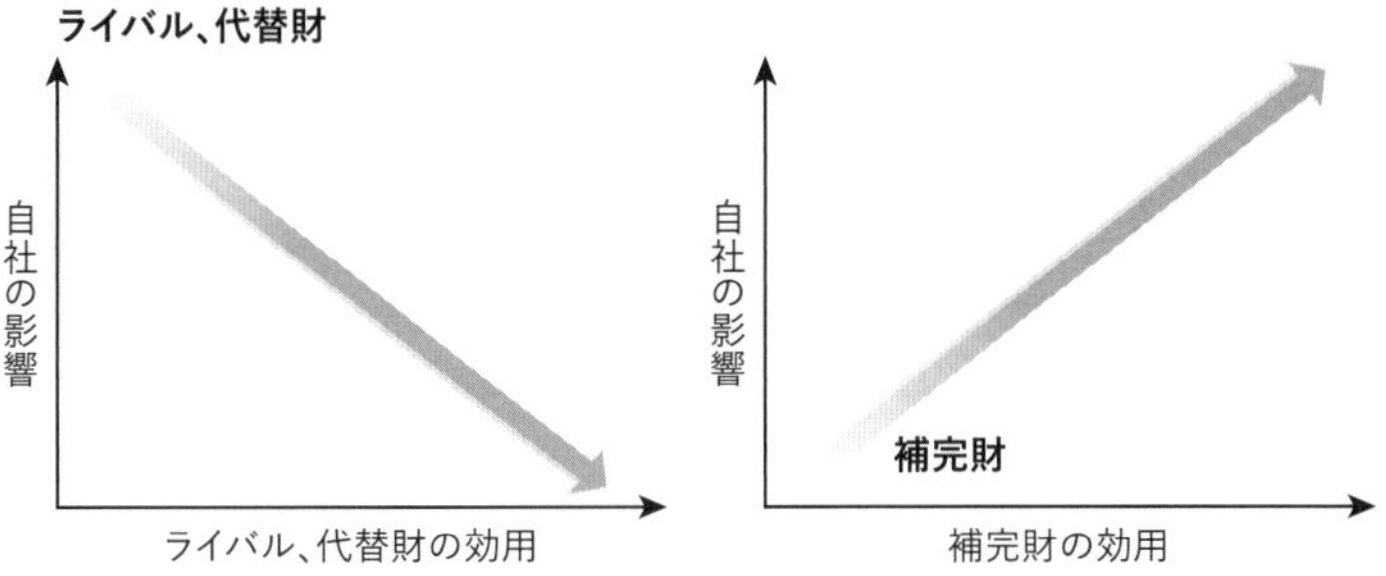

の補完財は、プレイステーション用に開発されたゲームや、ゲーマーが集まるオンラインのディスカッションコミュニティなどである。補完財が進化するにつれ、プレイステーションが作り出す価値は向上し、さらに有利となる。正式な経済学の定義では補完財と定義される（図1-8の右側）。

補完財のメーカーが中心的な企業を破壊するには三つの方法がある。一つ目は、コア市場のコモディティ化である（たとえば、ウィンテルと呼ばれ標準とされていたマイクロソフトとインテルの製品を組み合わせたパソコンは、IBMなどのコンピューターメーカーをコモディティ化した）。二つ目は、垂直・水平統合により、直接的なライバルとしてコア市場に参入することである（たとえばネットフリックスは、映像制作で業界に参入した）。三つ目が、この節で考察を行う価値逆転である。最初の二つは、明らかに中心的企業の利益と市場シェアを減少させるものだが、三つ目は中心的企業が市場での重要性を損なうものであり、最

図1-9　補完財の効用と中心的企業の業績との、考えられる3つのかかわり
（中心的企業がデジタル印刷消耗品から利益をあげることに注力した場合）

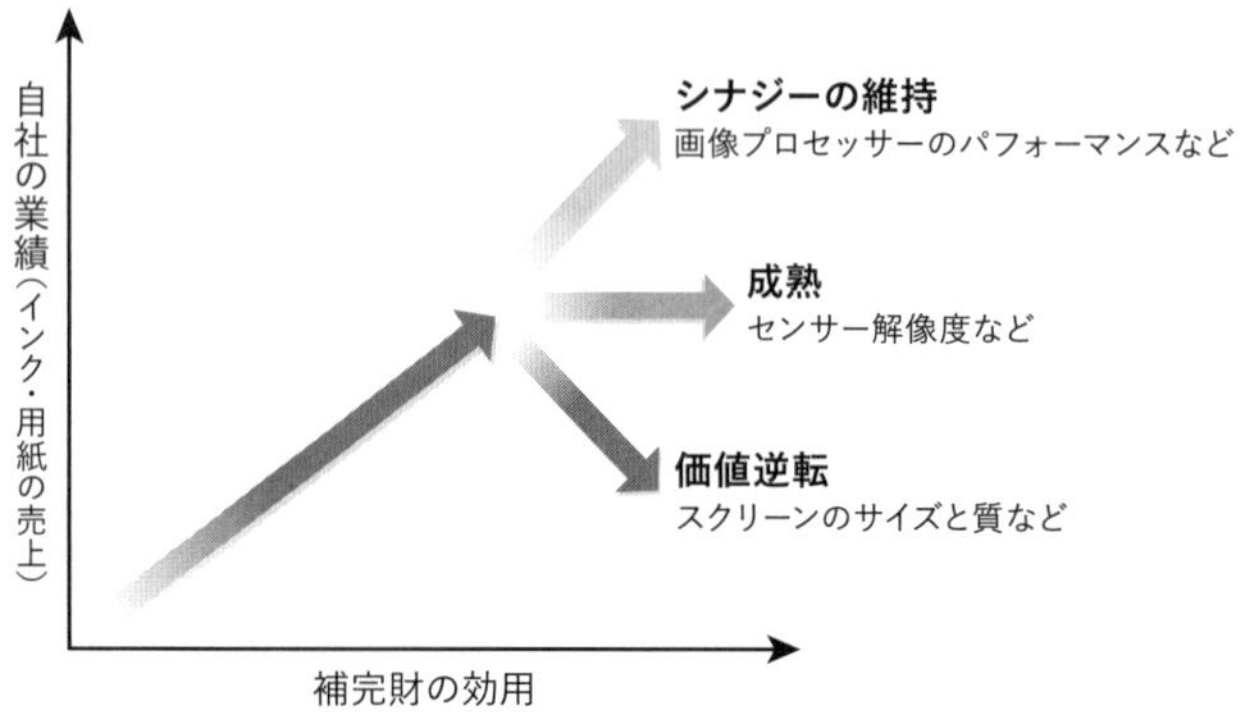

初の二つよりもはるかに壊滅的な脅威となる（市場を失うことは、利益を失うことよりも悲惨である）[24]。

エコシステム・ディスラプションを理解するには、補完財の概念を見直す必要がある。すべての構成要素が初めに担っていた役割は、当然必ずプラスのものであるのに対し、補完財が進化し続けることで、まるで違う道筋が生まれる可能性がある（図1-9）。補完財には、自ら進化してコア製品を強化し続けるものもある（「シナジーの維持」）。また、それ自体が進化し続けるが、ある時点を超えるとコア製品に影響しなくなるものもある（「成熟」）。

そして、エコシステム・ディスラプションを理解するうえで最も重要なのが、三番目の道筋（「価値逆転」）である。補完財が進化を続けてある地点を越え、その効果が逆転してコア製品の価値を損なうようになる。これこそが補完財が代替財に変化する力学、つまり、パートナーが脅威に変化することなのである。

ここで重要なことは、「補完財があまりにも秀でた存在になり」、コア製品の価値創造を損なう可能性があることだ。さらに言うと、これは補完財の方向性や意図を変え、、、ずに起こりうる。従来の破壊では、そこそこの存在となった代替財が価値を創造し、元の技術を傷つける脅威となりえた。一方でエコシステム・ディスラプションでは、あまりにも秀でた補完財が価値を創造し、元の価値自体を傷つける脅威となりうる。両者は根本的に異なる問題なのである。

補完財がたどる三つの道

補完財がたどる三つの道筋についてコダックを例に考察する。デジタル画像における「作り出す」価値要素のインク、紙、プリンター販売に利益基盤を置く企業の観点から考察しよう。起点となるのは、デジタルカメラ内蔵スマートフォンが、デジタルプリントの補完財であるという関係になる。時と場所を選ばず簡単に使える高性能カメラ内蔵の電話が登場したことで、撮影枚数とプリントに堪えうる画像数が増え、続いてプリント数が増え、インクと紙の消費が増え、コダックがもくろむデジタル利益につながるというものだ。

コダックはカメラの販売自体からは撤退したものの、「撮る」は同社の価値構造にとって依然として重要な要素だった。それはコダック・モーメントに残る「作り出す」を、価値提案全体にかかわらせた影響によるものだ。

スマートフォンカメラの進化の要因は三つある。オートフォーカスや手ぶれ防止などの機能を持つ画像処理プロセッサー、画像を捉える解像度を決めるセンサー、そして小さなファインダーから覗かなくても被写体を確認して構成できるスクリーンである。

これら三つの構成技術から、補完財がたどるそれぞれの道筋を説明する。シナジーの維持、成熟、そして価値逆転である。

▼道筋1　シナジーの維持

通常、補完財の効用については紛れもなく良いものだと捉えられている。つまり、パートナーがより優れた存在になればパートナーシップも向上し、構成要素の性能が良くなれば、製品もより良いものになるという考えだ。コダックのケースでは、画像処理プロセッサーには見事なシナジー効果が見られる。画像処理の進歩は、より優れた写真につながり、その結果、撮影枚数やプリントしたい写真が増える。

▼道筋2　成熟

補完財の中には、パフォーマンスの向上により、限界効用[13]が減少するものもある。補完財が向上し続けて一定のパフォーマンス水準を超えると、向上に以前ほどの意義がなくなるのだ。たとえば、デジタル写真撮影の初期には、センサーの画素密度が価値提案の重要なポイントだった。二メガピクセル（二〇〇万画素）のカメラで撮影した写真は、きめが粗く解像度が低い。センサーが進化して四メガピクセル、六メガピクセル、八メガピクセルの製品が出ると画像の質は著しく向上し、四×六インチや八×一〇インチといった大きなサイズで印刷しても、現像液を使ったそれまでのプリントの質に引けをとらなくなった。

しかし、ある地点を超えると、解像度の向上は重要でなくなった。二〇メガピクセルと三〇メガピクセルのカメラの違いは、壁一面のサイズに引き伸ばしたときに初めてわかる程度で、大半のユーザーにとって重要でなくなった。ユーザーがパフォーマンス進化の価値を認めなくなると、多くの場合は補完財のコモディティ化を招く。ただし、中心的企業は無傷のままだ。

▼道筋3　価値逆転

価値逆転とは、補完財と中心となる製品などとのプラスの関係性が逆転することを意味する。その結果、価値創造のまさに根幹が損なわれ、中心となる製品などが市場から駆逐される。この動きは価値要素を見れば非常に顕著だが、見逃されてしまいがちでもある。

ここで紹介する価値逆転は、既存の戦略研究にはない新しいもので、その意味するところはきわめて大きい。

---

[13] 財の消費を一単位増やしたときに増える効用。

価値逆転は、エコシステム・ディスラプションの根本に存在し、コダックの凋落を導いた要因である。ある要素(「撮る」)に貢献していた補完財が、二つ目の要素(「作り出す」)の価値創造を損なった。より優れたスクリーンは、当初プリント企業から見れば、明らかにプラスの存在だった。サイズと解像度が増すにつれ、より快適かつ手軽に、自信を持って写真撮影ができるようになったからだ。

ところが、スクリーンが専用カメラの後方から、携帯するスマートフォンの前面に移動し、解像度が向上してサイズが大きくなると、スマートフォンのスクリーンで見る画質が、プリント写真に匹敵するようになった。中心的な製品(写真プリント)と補完財(カメラ)の関係が、プラスからマイナスへと変化し始めたのだ。突然、「撮る」要素の動機づけとなっていた、進化したスクリーンを搭載した進化したカメラが、今までとは異なる領域の価値創造に影響を及ぼすようになる。「見る」の要素である。スマートフォンのカメラは、新たな形、新たな分野で価値創造に影響を与え出し、価値逆転が始まった。図1－9の屈折ポイントは、スマートフォンのカメラがプリントの補完財から、プリントの代替財に変化した地点を示している。

ストレージ容量の拡張や画像管理の進化など、カメラに起こったその他の進化も、この影響を増幅させた。これこそがエコシステム・ディスラプションだが、より優れた接続性、モバイルクラウドの出現、ソーシャルメディア・ネットワークなどが拍車をかけ、さらなる大激変のきっかけとなった。

すべてのパートナーは補完財のメーカーであり、コア製品の価値創造をサポートする存在だった。旅を始めた頃は、その関係は当然プラスのものだったが、時間とともに関係性は劇的に変化した。それまでの攻撃者とは異なり、ディスラプションをもたらす補完者は、業界の新参者ではない。むしろエコシステムでの立場やパートナーや顧客との関係も確立し、そこから効用を受けていた。

競争の真の意味を理解するには、補完財がたどる道筋を理解することが重要となる。それぞれの道筋でパートナーを受け入れるための戦略を策定することはできるが、その計画は、彼らが三つの道筋のどこにいるかで大きく変わる。重要なのは、パートナーのパフォーマンスの向上が、自社の価値構造に与える影響に気づくことなのだ。

価値逆転の予想――既知の未知を明らかにする

「未知の未知」を見逃すという現実に存在するリスクを克服することは不可能だが、「既知の未知」を見逃して失敗した企業は珍しくない。「既知の未知」についての情報はあるのに、大きな文脈の中で誤った枠に入れてしまうのだ。しかし、今までとは異なる質問をし、今までとは異なる見方をすることで、成功の確率を上げることはできる。

価値逆転は、業界間の境界を壊してエコシステムのディスラプションを進める。破壊的な力はエコシステムに内在し、脅威でもなければ隠れた潜在的な状態でもなく、目に見え、(最初は)協力的で生産的な協力者である。最初は貢献的な役割を担うからこそ、従来の戦略ツールを用いても、手遅れになるまで価値逆転が発見できないのである。エコシステム・ディスラプションを理解するには、まず価値構築からスタートさせる必要があるのはこのためである。このことを、第2章では明らかなエコシステム・ディスラプションに価値構造を適応させた事例で考察し、第3章では価値構造を築いてパートナーと連携してディスラプションを進める際に、いかにして有意なポジションをとるかも考察する。

価値逆転の種は簡単に見過ごされるが、気づくことは不可能ではない。初期のシグナルは弱いかもしれないが、思考実験で将来の影響を詳細に考察することはできる。「既定のパートナーが今の一〇倍のパフォーマンスを備えたものを、一〇分の一の価格で提供したら、自社の価値構造はどんな影響を受けるだろうか」と考えるのだ。

もし、パートナーがコストをかけずに無限のパフォーマンス向上を望むのであれば、価値逆転に直面する心配はない。心配に感じるなら、徹底的に考察を続けることだ。

痛烈な皮肉がある。コダックのプリント戦略では、進化し続けるスクリーンの意義に気づかなかったものの、坑道のカナリアだった[14]製品に恩恵を受けてもいた。それがネット接続されたた専用のデジタルフォトフレームだった。プリントの必要はなく、単一用途に特化したスクリーンに写真をアップロードして鑑賞するものである。デジタルフォトフレームの米国での売上は二〇〇六年に一億八〇〇〇万ドルだったが、二〇一〇年には九億四〇〇〇万ドルに成長した。[25] コダックは一時、市場のリーダーとなったのである。

しかしデジタルフォトフレームは、急激にコモディティ化し、ノベルティアイテムとなって消えていった。「デジタルフレームは複雑で扱いが面倒で、写真を更新する人はいなかった」といわれるが、そのとおりだ。[26] そして今日でも、デジタルフォトフレームは、ほとんどの家庭にある暖炉の上に飾られた紙の写真の座を奪ってはいない。しかし、物珍しいものとして見逃すことは、その影響を見逃すリスクもはらむのだ。

エコシステム・ディスラプションを予期する方法がわかれば、デジタルフォトフレームが持つさまざまな意味に気づくだろう。そのためには、次のことを考えてみるとよい。

①パフォーマンスと価格の大きな進化について考える。二つの要因だけではなく、一〇〜二〇程度を考える。
②現在の状況だけではなく、価値構造のあらゆる価値要素が持つ意味を問う。

この視点から、価値要素をまたがる代替財の可能性について考察しよう。スクリーンは、紙

[14] 危険が迫っていることを知らせる前兆となるもの。

が持つ価値創造の役割を果たすようになった。デジタルストレージがアルバムの役割を担うようになり、デジタル化がプリントの焼き増しを駆逐した。そして、スマートフォンの登場により、低コスト高パフォーマンスのスクリーンがどこでも利用できる状況になった。このように、スクリーンを軸とする写真の可能性が、拡張を続けるストレージ容量とネット接続により、デジタルフォトフレームという極端な形をとった流れが体系的に説明される。そしてスクリーンが、プリントの代替財となったのだ。

もちろん、先のことは誰にもわからない。しかし、現在ある適切な手がかりを探る方法がわかれば、将来のこともより多く見えてくる。

6 視点を定める——レックスマークの積極的対応

はたしてエコシステム・ディスラプションは予見できるのだろうか。プリンターメーカーのレックスマークの対応は、①前兆を見抜くことは可能であり、②流れを止められないとしても、積極的に動くことはできる、ことを明確に示している。

レックスマークは写真プリントではなく、文書プリントに特化していたが、コダックとほぼ同様の課題に直面していた。文書印刷に大きな影響を与えるコンピューターやスクリーンは、持ち運び可能でどこにでもあり、ネット接続されるようになっていた。つまり、デジタル化されたオフィスではペーパーレスが進む可能性があり、レックスマークの将来には価値逆転が迫っていた。

同社CEOのポール・ルークは二〇一〇年のアニュアルレポートで、これは明らかに避けられないことだとして、次のように述べている。「レックスマークの顧客は(中略)、ハードコピー文書の扱いや移動、保存を減らしつつあり、不要で無駄なプリントも減らしつつある」[27]。これは、本書の言葉で言い換えると、価値構造が破壊されつつあり、「見る」と「共有」の要素が変化している、つまりスクリーンが紙の座を奪いつつあり、価値逆転が迫っている、今後もその方向に進むだろう、ということである。

不可逆な潮流を理解したレックスマークは、自社の価値構造に立ち戻って再構築した。ここではデジタル情報が、新たな価値創造の機会を作っていることに気づくことが重要だった。これを受けて、株価が当時まだ堅調だったことから一連の買収を行い、さらにプリンターハードウェア事業を売却して、その資金で文書およびワークフロー管理事業へさらなる投資を行った。

ルークCEOは、次のように説明している。「わが社は、スキャナー内蔵の多機能機器を販売しており、社内でもコンテンツを紙から取り出してデジタルインフラに移動させていることに気づいた。その分野を、今まで以上に積極的に推し進めていく。コンテンツの読み取りや文書の内容に応じた自動仕分けに力を入れていく計画だ」。紙へのプリントからデジタルドキュメント管理へ軸足を移そうとしていたのである。[28] プリンターでの立場が間もなく持続不可能になると気づいて受け入れたことで、手遅れになる前に方向性を変えることができた。いうまでもなく、まだいくらか強みを持つ立場にいる間に行動したことが重要だった。

レックスマークは、二〇一〇年に二億八〇〇〇万ドルでパーセプティブ・ソフトウェアを買収したのを手始めに、合計一四のソフトウェア企業を買収し、開発能力を強化すると同時に市場での存在感を高めていった。その結果、レックスマークは二〇一六年一一月に投資家連合によって四〇億ドルで買収された。[29] ちなみに、企業変革の旅を始める前の二〇〇九年一一月、同社の企業価値は一七億ドルだった。こうしてレックスマークは破綻を免れ、インク売上に生き残りを賭けて破産したデジタルプリント専業会社と比べて、はるかに良い結果を迎えた。

7 エコシステム・ディスラプションに対応する

コダックのケースで考察した、スマートフォンカメラやスクリーン、ストレージがたどった道のりは、補完財が代替財となって大きな競争力を持つ過程を見事に表している。しかし、このケースからは、戦略的な意図はなかったことがわかる。iPhoneは写真印刷の息の根を止めるために開発されたものではないし、スクリーンメーカーは写真紙市場を奪う意図はなかった。この事例では、パートナーかつ協力者として旅を始めた企業が、付随的に意図せず崩壊を起こしている。これは真の劇的な変化だ。大惨事を引き起こす地震が意図されたものではないのと同様に、起こってしまうことなのだ。

明らかに、コダックはデジタル画像がデジタル消費されるという変化や、結果として起こったプリント事業の崩壊を止める立場にはいなかった。そのような立場にいる存在はなかった。ただし、エコシステム・ディスラプションの動きを理解していれば、たどった道は違うものになっていたかもしれない[30]。もし、コダックの経営陣がエコシステムを基盤とする崩壊の可能性に気づいていたら、次のような選択肢をいくつか試すことができたかもしれない[31]。

▼特化

デジタル画像の領域で競争するものの、ただし構成部品の進化に効用を受け続けられる分野に集中する。いつでもどこでも使えるスマートフォンカメラにより、撮影・保存されるデジタル画像数は劇的に増えた。もしコダックがこれを予期していたら、同社がセンサー処理や画像処理技術で築いた広範囲で最先端のポートフォリオを足がかりにできただろう。そうした技術の特許数は一一〇〇以上になり、数十億ドルのライセンス収入を得ていた(たとえば、「三一八」と呼ばれるわずか一件の特許の使用料だけでも、サムスンから五億五〇〇〇万ドル、LGから四億一四〇〇万ドルを得ている[32])。

もし別の分野に集中するか、分野を分散していれば、現在ソニーが数十億ドルの売上をあげるセンサー市場を独占できた可能性もある。特化するには相応の強みを基盤にする必要があるが、たとえば、レックスマークのように分野を絞った買収を行うことでも、強みは強化できる。

▼拡張

どの周辺事業を主力とするかを考える。コダックがクラウドベースの写真管理にいち早く取り組んだことは、オフォト買収からも明らかだ。しかし、ソーシャルネットワークのトレンドに乗じるためではなく、専ら写真プリントを増やす目的で共有を促そうとした。仮に、画像保存や管理、共有といった課題に真剣に取り組んでいたら、結果はどうだったろうか。限りないストレージの拡張で、より効率的な検索や読み込みが可能な技術やサービスへのニーズが高まることに気づき、「共有」の要素や「アーカイブ」などの新たな要素を重要視していたかもしれない。

▼多角化

自社の立場の危うさを認識し、事業を過度に集中させない。コダックの経営陣はデジタルプリントへの進出を推し進め、同社の魅力的な事業をいくつも売却した。その最たるものが医療用画像事業である。エコシステムにまつわるリスクをもっと理解していたら、デジタルプリントという一事業に過度に集中することはなかったかもしれない。一方で最大のライバルである富士フイルムは、多角化を選択し追求した。コダック同様の状況に直面した富士フイルムは、化学分野の機能を拡張させる代わりに、写真事業を超えた他の市場、特に製薬開発・製造分野でイノベーションを起こす道を選んだ。

▼ニッチ分野の発見

プラス方向へ進む道が見つからない場合は、見つかるまで資源を温存する。最悪の場合、防衛可能なニッチ市場で体制を整え直し、そこから新たな取組みを始める[33]。写真プリントの市場はまだ消滅したわけではないが、以前のように四×六インチの写真を大量に印刷することから、フォトブックや壁を飾るアート、パーソナライズされた贈答用の特殊印刷や、商業用プリンターによる特殊画像などへと姿を変えている[34]。

以上のような代替案は、もちろんコダック社内でも議論された。しかし、エコシステムの力学が十分に理解されることも、不安な点を明確に説明できる戦略的な手段を持つこともなく、懸念材料に十分な注目を集めることができなかった[35]。その結果、間もなく消滅するデジタル写真プリントに将来を賭けるという、破滅的な決定へと進んでしまったのである。その結果、デジタルプリンターへの取組みに多額の資金をつぎ込み、最終的には資金不足に陥り、特許を強みにした適切な防御策を講じることができなかった。

8 正しいゲームに勝つ

エコシステムの変化に対する戦略は数多く存在する。しかし、より大きな視点から戦略を理解しなければ、確信を持って効果的に展開することはできない。コダックのケースは、活動や技術の観点からのみ変化を解釈するリスクを示している。一方でこのケースからは、自社に応用可能な教訓が得られる。それは、エコシステムの変化で生じる課題や機会を受け入れるためには、その要因が新規参入者、新規技術、あるいは社会的圧力のいずれであろうと、重要なのは枠を超えた変化の意味を理解することであるということだ。自社の価値創造と重要性を維持するには、イノベーションを超えた視点を持つ必要がある。

価値構造は、自社の役割をより広く考えるためのレンズでもある。ステークホルダー資本主義の台頭により、企業の責務は規模拡大や効率向上、株主価値の最大化などを超えてさらに拡大しつつある。同時にエコシステムの台頭は、自社の価値提案や競争的文脈だけでなく、その土台にある関係性を考え直す機会となる。自社の価値創造の根底となる前提条件を問い直し、選択した目標や着目する条件を慎重に評価すれば、価値構造がステークホルダーの規範と自社の戦略を結ぶロードマップを提供してくれる。

以降の章では、価値構造を刷新し、パートナーと連携するアプローチを考察する。それらの考え方は基本的に相互依存的な状況で用いられるが、ビジネスを超えた領域にも応用し、効用を高めることが可能だ。新たな分野で効用を競うには、新たな視点が必要となる。そのためにはズームアウトして、製品や組織、業界といったレベルだけではなく、自社が参加するエコシステムのレベルで課題を熟考する必要がある。さもなければコダックと同じ運命をたどるリスクを負うことになる。激戦を勝ち抜いても、間違ったゲームだと気づくのが遅れてしまうのだ。

自社のゲームを理解することは、価値提案とその構造の土台にある要素、つまり、価値構造をはっきりと自覚することになる。

自社の価値構造は、エコシステムのゲームにおける動きを理解したうえで前進し、行動を起こすために必要なレンズとなる。従来の競争と破壊も依然として非常に重要だが、それは従来の枠の中での脅威を示すものだ。一方、価値逆転とエコシステム・ディスラプションは、枠の外のさまざまな分野での新たな課題(そして機会)を生み出す。経営陣が大きな視点を持てば、これまで以上に盤石で優れたエコシステム戦略を策定できる。

これらを土台として、ゲームに積極的に参加することを考察する。つまり、エコシステム・ディスラプションを起こす存在に出会ったときに、直感を具体的な形に変えるのである。まずは、第2章のエコシステムの防御から始める。そうすれば、第3章のエコシステムの攻撃をより理解できるだろう。

第2章

Ecosystem Defense Is Collective

エコシステムで防御する

“すべてを守ろうとする者は、何一つ守れない。　――フリードリヒⅡ世”

長年かけて業界を変革するビジョンを育ててきたとしよう。投資家を説き伏せて型破りな旅を続け、やっとのことでパートナーと連携して価値提案を形にし、自社製品を世に送り出し、ついに成功を味わうところまで来た。そこで、エコシステム・ディスラプションを狙う攻撃に直面した状況を想像してほしい。

コダックは、エコシステムのどこかで生じた補完財の進化の巻き添えとなって崩壊した。しかし、エコシステム・ディスラプションには戦略的なものが多い。つまり、既存の地位を奪おうとするプレイヤーたちが、戦略的に集中して取り組んでディスラプションを起こすのである。そうしたディスラプター（破壊者）は、スタートアップから大企業までさまざまだ。こっそり入り込むのではなく、計画を十分に練り、隣接する市場から資源を引き出し、勢いよく猛スピードで攻め入る。何が起こったのだ？　という具合だ。

皆さんが、スポティファイの音楽ストリーミング事業を発展させようと九年間奮闘してきたダニエル・エクだとしよう。二〇一五年に事業がやっとうまく行き始めたタイミングで、アップルにアップルミュージック（Apple Music）で猛攻撃を仕掛けられたら、いったいどうするだろうか。

もしくは、プレミアム家具販売のオンライン小売、ウェイフェアをやっと独り立ちさせたばかりの、ニラジ・シャーあるいはスティーブ・コーナインだったとしよう。二〇一七年四月のある晴れた朝、アマゾンが家具部門を次の注力部門にするというニュースで目を覚ましたら、どうするだろうか。

オランダの衛星ナビゲーション大手・トムトムのCEO、ハロルド・ゴディンだったらどうか。二〇〇八年、昨日まで自社の地図データサービスで最大の顧客だったグーグルが競合となり、無料で誰もが利用できるグーグルマップを発表した悪夢に見舞われたら、皆さんはどうするか。

上記はいずれも「ボーンデジタル[1]」であり、「業界に破壊をもたらす存在」であった。それが、ディスラプションをもくろむ大手ライバルの出現に直面し、自らが狙われていることに気づいたのだ。アップルやアマゾン、グーグルには絶大なパワーと資源があり、野心も持っている。理論上は、スポティファイ、ウェイフェア、それにトムトムは崩壊していても不思議ではない。実際、もし今までの業界の枠内の競争ルールに従っていたなら、崩壊していただろう。

[1] デジタル技術を用いて、デジタルでの消費を前提とした事業モデルおよび、それを手がける企業。

しかし、エコシステムの巨人による攻撃を何年も受けているにもかかわらず生き残り、なかにはそれまで以上に繁栄している企業もある。

ディフェンスが得意な企業は、エコシステムのディスラプターと対峙する際、自社のエコシステムの複数の要素を利用して、集団で防御する。本章では、各企業がよくある一対一の対応とは異なる形で、広範にわたるゲームを戦う手立てについて考察する。各企業はエコシステム防御の原則に従い、価値構造を強化してパートナーと同盟するよう適応したのだ。エコシステムの防御は集団で行うものであり、単独で立ち向かうとするのは間違っている。

大企業を相手に防御する企業にとって、勝つことは攻撃された相手を倒すことではなく、利益をあげながら、うまく共存するための基盤を見つけることを意味する。以下で紹介する三つの企業の命運は、時間とともに良くも悪くも変化するだろう。しかし、将来の結果にかかわらず、エコシステム防御の原則を説明するうえで、この三社がきわめて重要なことは変わらない。

1 エコシステムを守る三原則

確実に防御するには、相手を理解することが重要となる。

従来のライバルは、似通った価値構造を求める傾向がある。第1章で考察したように、これは業界の枠組みを基盤とする概念の土台となるものである。一方でエコシステムのディスラプターが従来の破壊者と異なるのは、さまざまな要素を備えて今までとは異なる方法で戦っている点である。このような相異なるライバルに対抗するには、自社の価値構造を掘り下げ、攻撃の対象となる具体的な価値要素を特定することが必要となる。

防御の原則を理解すれば、エコシステムに対する攻撃を理解する土台が築けるが、これについては第3章で詳しく考察する。エコシステム攻撃の方法は、パートナーを集める連携の構造に注目する。一方の防御では、重要なパートナーとの同盟を維持することに着目する。攻撃する側は新たな価値構造の確立をめざすが、防御する側はまずは完成された価値構造（防御が必要な事業）を用いて、次に調整を考えることになる。

これから考察していくが、価値構造は、単に価値創造の手法を概念化するものではない。価値創造がいかに脅威にさらされており、それをいかに守るかを理解するプリズムともなる。価値要素とその関係をはっきりさせることで、脅威に対する理解や戦略的対応の筋道が一貫したものとなる。

原則①：パートナーを集めて再配置し、自社の価値構造を修正する。

（ケース）ウェイフェア vs. アマゾン・ドット・コム

原則②：同じ考えのパートナーと、防御の基盤を築く。

（ケース）トムトム vs. グーグル

原則③：野心を自制し、防御の同盟を維持する。

（ケース）スポティファイ vs. アップル

これらの原則は、双方にプラスの作用を及ぼす。協力して行動するが、どちらが重視されるかは状況によって異なる。この点はウェイフェア、トムトム、スポティファイのケースではっきりと説明されている。いずれの企業も、各市場で新たな構造の先駆者としてエコシステムのディスラプターとなっていたが、より大きな企業の標的にされた。本章では、ディスラプターであり同時に防御する側でもある三社が、三原則に則って価値構造の全般的改革を進め、単なる防御を超えて、元の提供価値を再生させた方法を考察する。

エコシステムの攻撃に直面した場合、戦略を強化するのは当然だろう。現実的な脅威に襲われたとき、一歩下がって「よく検討する」のは難しい。しかし、こうした場面でこそ、新たな考え方が必要となる。

2 原則①　パートナーを集めて再配置し、自社の価値構造を修正する

自社の価値構造を修正すれば、必然的に価値提案を構成する具体的な価値要素が変化することになる。変化する競合の状況を踏まえて価値創造の理論を更新するのである。価値要素は他社との協働で生み出されるため、価値要素の修正をじっくり検討することは、パートナーの戦略を調整することにもつながる。

防御をする際には、一般的には自社に有利で攻撃者に不利になるように価値構造を修正する機会を探る必要がある。自社の狭い注力分野を活かして、より高度な活動に集中し、専門性を強みにするのだ。

スタートアップの参入者がエコシステムのディスラプターとなるケースもあるが、別のエコシステムですでにポジションを築き、資源やつながりを持つ相手の場合は、さらに脅威となる。しかし、そのような大手企業が進出する際、彼らは決定的な制約に直面することになる。大手企業の思考や優先課題は、特定市場の専門企業と比べると、より大きな知見に基づいているからである。彼らは万能選手として、経営資源を多様な分野に応用する能力を開発しようと非常に意欲的だ。その意味で、専門企業と比べると、特定の市場だけに通じる特定の能力に投資するインセンティブや緊急性を感じないのである。

そのような大企業はすでに高い生産性があるのに、なぜディスラプションを起こすような攻撃で変化を起こす必要があるのだろうか。簡単な答えは「自己満足」だが、そうではない。一方で、攻撃を受けて初めて意味を持つ防御の動きもある。これから考察する専門企業は、自己満足して受け身に甘んじることなく、イノベーティブでダイナミックだった。彼らは既存の構造内で、全力で成長を促進していた。ライバルの参入によって眠りから目が覚めたのではなく、トレードオフと優先事項を変化させることになったのである。このように変化に前向きな姿勢をとるのは、当たり前にできることではない。

ウェイフェア vs. アマゾン・ドット・コム

つい最近までは、新たにソファやダイニングセットを購入する際には、実店舗に行くのが普通だった。イケアや高級家具チェーンのポッタリーバーン、あるいは地元の家族経営の店で、客は購入前に高価な布を触ったりマットレスの硬さを確かめたりしていた。家具販売は、オンラインへの進出で後れをとった領域だったが、その理由は明らかだ。他のカテゴリーではネット販売が急上昇していたが、家具販売では実際に手にとって確認できる実店舗の強みがあること、有名ブランドが比較的少ないことが理由である。しかしそれ以上に、かさばって取扱いが困難で、高額な品を配送するという大きな課題があった。

しかし、インターネットでの家具販売は現実となった。インターネットバブル崩壊後の二〇〇二年、ウェイフェアの創業者となるニラジ・シャーとスティーブ・コーナインは、ニッチを極めたウェブサイトを集めて、ラックスアンドスタンズ・ドット・コム(RacksandStands.com)、

図2-1　ウェイフェアの最初の価値構造

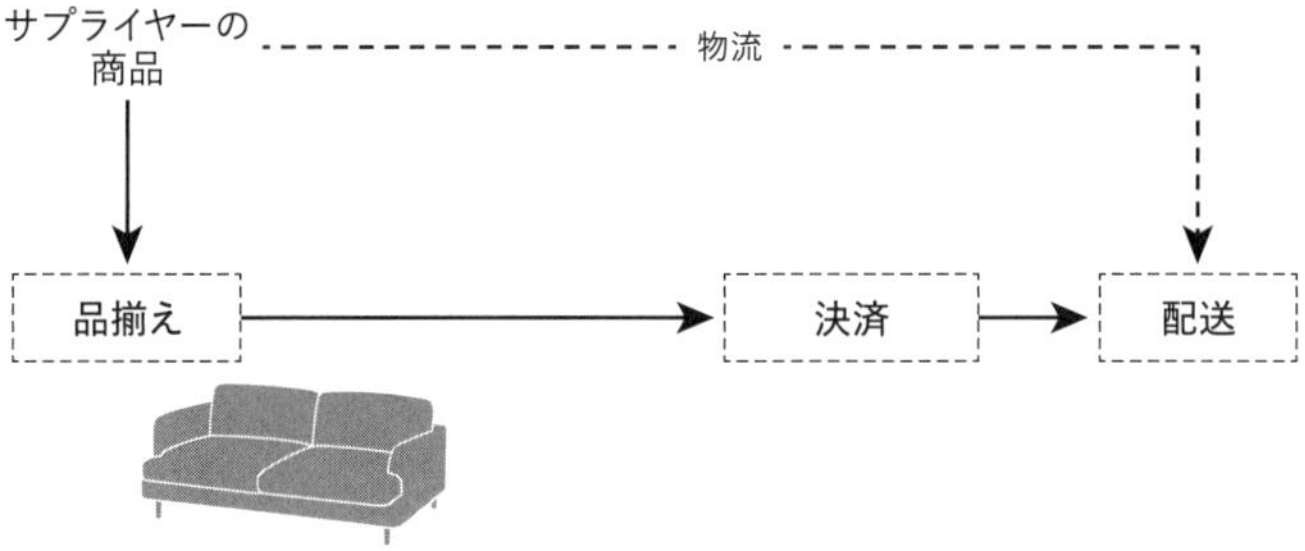

オール・バースツールズ・ドット・コム（AllBarStools.com）、そしてジャストシャグラグ・ドット・コム（Just-ShagRugs.com）を立ち上げ、Eコマースに慎重に足を踏み入れた。

ウェイフェアの事業の原則は、「画像を見せて、値段を提示し、販売する」モデルの典型といえる。つまり、特定のニッチ市場のさまざまなサプライヤーから豊富な品揃えを確保し、ウェブサイトに写真と情報を載せてユーザーから注文を受け、サプライヤーが直接エンドユーザーに品物を配送する。売り手と買い手とをつなぐプラットフォームの役割を担い、利ざやを得るというアイディアだった（図2－1）。

二〇〇六年までには、シャーとコーナインは一五〇ものサイトを運営するようになっていた。[1] しかし、各オンラインストアの品揃えが増えたことで、配送に課題が生じた。家具メーカーの多くは小規模な家族経営企業で、ほとんどは昔ながらの方法で生産や運営を行っていた。ウェイフェアの最高技術責任者（CTO）であるジョン・マリケンは、「長い間努力を重ねた末に、ドロップシッピング[2]では右に出る者はいないところまで来たが、顧客の期待はますます高まりつつある」と語っていた。注文の保留率が一五％から二〇％となり、ウェイフェアはゲームを改善させる必要に迫られた。[3]

そして、どうしたのか？　同社の価値構造を修正して向上させることにより、社内プロセスを超えてデータやテクノロジーを活用し、サプライヤーの配送と在庫システムを向上させたのである。これは、サプライヤーを取引業者からビジネスパートナーへと変化させる第一歩となった。二〇一〇年に同社は専門のコンサルタントチームを結成し、パートナーの生産性を向上させるべく、サプライヤーの倉庫における問題を特定したり、効率の良い方法を伝えたりする活動を行った。

ウェイフェアの創業当時からのある投資家は、次のように語っている。「個人的には、これこそがビジネス成功の秘訣だと思っている。さまざまな規模の何千ものメーカーに首尾良くドロップシッピングを行う方法を伝授する。裏方のエンジンを動かすことにより、事業のエンジンを支えるのだ[4]」

二〇一一年、同社は二〇〇あったサイトを一つのウェイフェアブランドにまとめた。サイトを一つにまとめ、見た目を統一して顧客ロイヤルティを高め、クロスセル[4]の機会を作り出した（商品が主役のサイトでは、時計を購入するユーザーがナイトスタンドを販売するサイトを訪れることはほとんどなかった）。さらに、サプライヤー側のプロセスにも一貫性を持たせた。

一方、サイトを統合したことにより、ユーザーが膨大な品揃えの中からより効率的に検索で

図2-2　2014年頃のウェイフェアの価値構造。
新たな価値要素「発見」とそのつながりが追加される（太字部分）

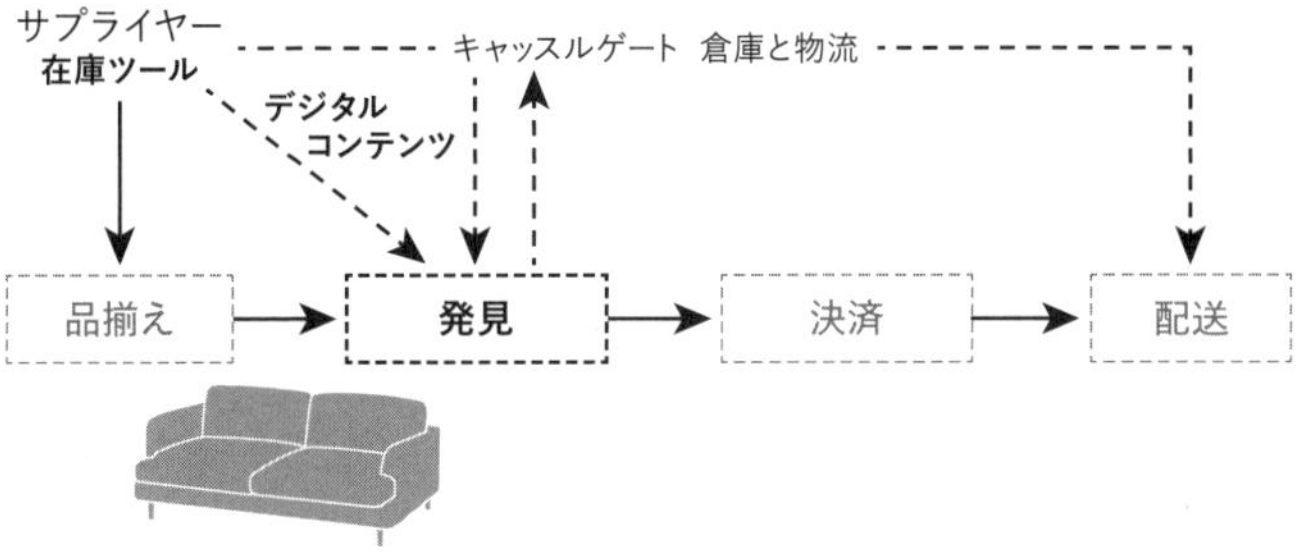

きるようにする必要が生じた。同社が元々持っていた価値構造は、「品揃え」「決済」「配送」に注目したものだったが、膨大な品揃えを意義あるものにするためには、ユーザーの検索をサポートすることが重要だと認識し、「発見」を価値要素に加えたのである（図2－2）。

二〇一四年までにはユーザーのハードルがさらに上がり、オンラインでの買い物体験を素晴らしいものだと感じてもらうためには、さらなる対策が求められるようになった。株式公開を行い、潤沢な現金を手にした同社は、全米九五％の地域に、二日以内で配送できるような倉庫ネットワーク「キャッスルゲート・フルフィルメント」を立ち上げた(5)。アマゾンのサードパーティー・ロジスティクスモデルを参考にして、サプライヤーは

［2］卸売業者などから直接商品を出荷すること。

［3］支払ページで注文を保留にすること。

［4］購入を検討中の顧客に別の商品を提案し、購買額を増やすマーケティングの手法。

受注を先取りしてウェイフェアが戦略的に配置した倉庫に送り、注文が来るまで在庫を持つようにした。物流とデータをより緊密に紐づけることで、より効率的な配送オペレーションをこなしつつ、低在庫のバランスシートが維持できるようになっていた。一方でサプライヤーは、売上ロスにつながる遅延や在庫切れを防げるようになったのである。

上場後初の決算発表で、シャーCEOは自社ならではの顧客価値提案を、次のようにまとめている。「家は、自己と個性を表現したものだ。この市場に対する顧客のアプローチは、他に対するものとは異なる。顧客がベッドサイドテーブルやシャンデリアを選ぶ際に求めているのは独自性や創造性であり、購買の手引きとなるような、膨大な品揃えと想像をかき立てるコンテンツが求められる。さらに、この領域にはブランドがほとんど存在しないため、視覚的な刺激がとりわけ重要となる」(6)

ウェイフェアは一万以上のサプライヤーから八〇〇万の製品を提供し、二〇一六年四月から二〇一七年三月までの一二カ月間で、三六億ドルの売上を記録した(7)。成功したのである。

ここまでのウェイフェアの道のりでは、価値構造を組み合わせて従来のライバルを破壊し、さらにオンライン家具販売の市場を定義した。これに続く旅では、構造内の要素を追加し、強化することになる。

▼狼の来襲

成功は注目を集めるが、それが競争を招くことになる。二〇一七年には、狼が登場した。ある証券アナリストの言葉によると、「まだ取り込んでいない市場の匂いを嗅ぎつけた」アマゾンが、新たな家具販売プログラムを発表したのである[8]。巨大Eコマース企業は、大型アイテム用の新たな配送センターを複数建設し、独自家具ブランドの展開を始めた[9]。

ここでアマゾンは、商品を統一規格で提供するという自社の厳しいルールを破った。ウェイフェアの作戦をそのまま手本として、サードパーティーの小売業者に対し、販売地域の選択や配送を特に慎重に行うことなど、さまざまなオプションの提供を許可したのである[10]。ある小売コンサルタントは、「非常に画期的だ」と評した。「アマゾンが流儀を変えたのは家具カテゴリーだけだ[11]」。

アマゾンは思いつきで進出したのではない。新たな優先的に取り組む市場として、コミットをして進出したのである。別の専門家は、「巨人が事業を丸ごと呑み込む前に、ウェイフェアはアマゾンから逃げ切る必要がある」と述べた[12]。

ウェイフェアは確かに既存の実店舗に勝利したが、これには三つの要因があった。まず、比べ物にならないほどの品揃えである。ショールームに数百、数千というアイテムがあったとしても、オンラインで検索可能な数百万のアイテムにはかなわない。

二つ目は、幅広い選択肢を提供することだ。たとえば、「ライフスタイル」ブランドとしての見せ方や、ウェイフェアのオンラインでの商品の見せ方は、短い動線と新たな提案、どちらのサービスも提供することが可能だ。落ち着いたスタイルの照明をクリックすると、似たような傾向の他のアイテムも提示されるといったようなことだ。

三つ目が物流である。実店舗による家具の配送には、遅くて信用できないという定評がある。しかし、ウェイフェアはキャッスルゲート・システムで、従来の小売店にはかなわない配送スピードと信頼性に関して新たな基準を設定した。

しかし、アマゾンに対抗するうえでは、品揃えと配送の強みは消えてしまう。ウェイフェアは倉庫を保有しているが、アマゾンは自前の貨物航空機を持っている。ウェイフェアも人工知能(AI)を利用するが、アマゾンは何万という企業のAIを支えるアマゾン・ウェブ・サービス(AWS)を擁している。ウェイフェアの時価総額が二〇一九年三月時点で一五〇億ドルを超えたのに対し、アマゾンは一兆ドルに迫る勢いだった。[5] アマゾンと直接対決すれば、負けは確実だった。

ところが、実際にはエコシステム支配者の登場でウェイフェアが消えることはなかった。生き延びただけではなく、勢いづいたのである。アマゾンが勢いよく家具カテゴリーに進出した二〇一七年四月から二〇二〇年九月の間に、ウェイフェアの四半期売上は四倍、時価総額は九倍に上昇した。(13) いったい何が起こったのだろうか。

▼価値構造の調整による防御

「画像を見せて、値段を提示し、販売するモデルは、さらに進化した競合の進出で崩壊した」。ウェイフェアのCMO（最高商品責任者）であるスティーブ・オブラクはこう述べている。[14] 最先端にいるアマゾンのような競合に対して、いつもと同じような行動や自社に焦点を当てた行動、あるいは、自社の価値に焦点を当てた勝利を根拠にするのでは、持続的で優れた防御は実現できない。防御を成功させるには、集団、すなわちエコシステムの中で自社の立場を利用した独創的な対応が必要となる。そのためには、価値構造の修正が必要となる。

もちろん、「品揃え」「決済」「配送」の要素は依然として重要だ。ウェイフェアがこれらの分野で既存のライバルを凌ぐ可能性もあるが、アマゾンが経営資源と能力を投入すれば、それらは差別化要因ではなく、当たり前のものとなってしまう。ウェイフェアが持続的な差別化要因を作り出すには、オンライン小売の一般的な課題ではなく、家具販売や家具エコシステム固有の課題に優先して取り組む必要があった。

自社の構造を強化する戦略は、価値提案をさらに深く掘り下げることから始まる。鍵となるのは、自社の取組みや能力だけを改善することから、協働するパートナーの能力を向上させて、より豊かな価値提案を作ることへ関心を広げることだ。ウェイフェアの防御は、家具に特化しているという（アマゾンに対する）独自性を強みとして、より特色のある提案を行うことにある。

---

[5] アマゾンは二〇二〇年一月に終値ベースで時価総額一兆ドルを突破した。

図2-3　ウェイフェアの進化した価値構造。
新たな要素「検討」とそのつながりを追加（太字部分）

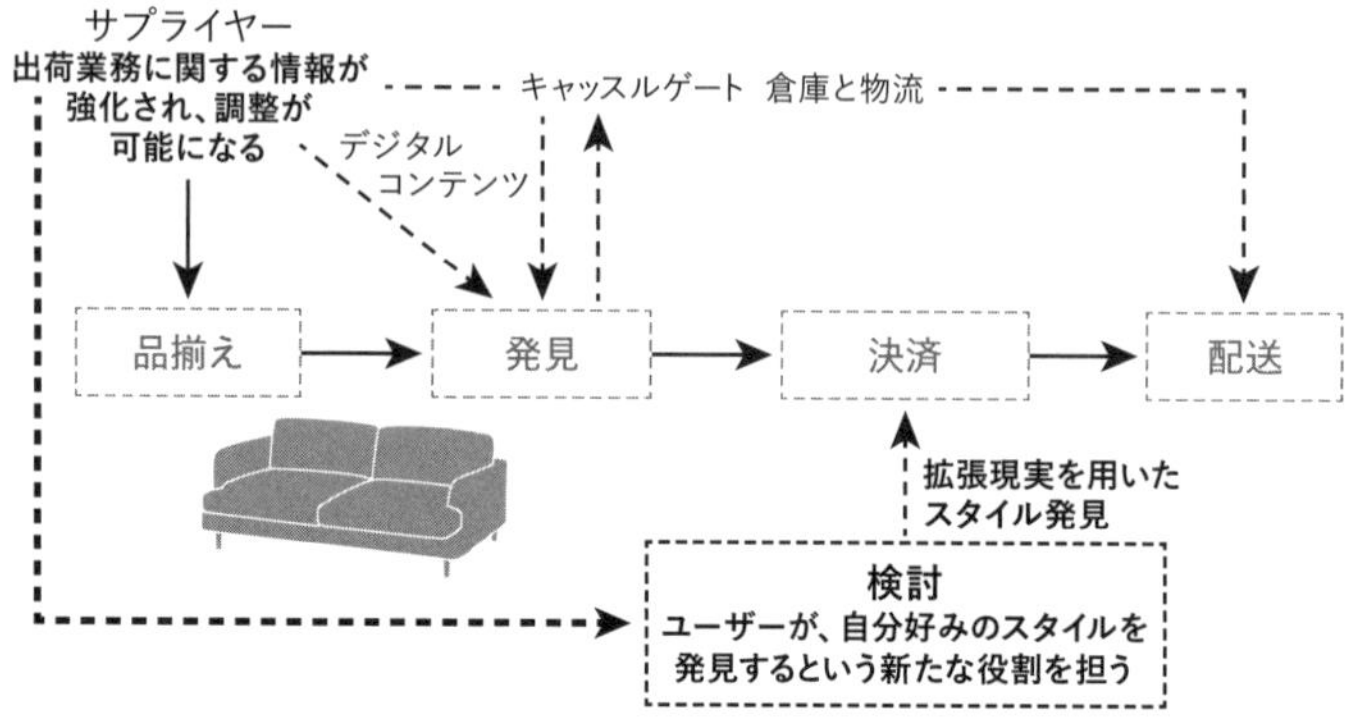

「高い自尊心と予算はあって、家のどこかを変えたいと考えているのに、ブランドもスタイルも、自分の家の見せ方もわからないというユーザーが対象となる」とオブラクは語る。「自分好みの家にするためには、かなりの課題を乗り越える必要があるのだ[15]」

ウェイフェアは価値構造を二つの方法で修正することになる。既存の要素である「発見」の強化、そして「検討」という新たな要素の追加である（図2－3）。

二〇一〇年以降、ウェイフェアは物流の効率を積極的に向上させ、データ統合やサプライヤーのスキル向上に投資を行った。「発見」（アイテムの発見）と「検討」（購入決断のサポート）への注力が、データとのかかわりを新たなレベルに発展させることになる。「わが社は需要と供給をつなげようとしている。（中略）ユーザーは、コンテンツと向き合うことに集中できる」とオブラクは述べている。

問題は、ユーザーが家をデザインする際に自信を持って商品を選べるようにするために、商品画像とマウスのクリックという二つの基本要素をどう変化させるかだった。アマゾンが家具販売に目を向けたことに対応して、ウェイフェアは価値構造を拡張させて、ユーザーが自分の好みとスタイルを見つけられるようにした。

サプライヤーにとっては、家庭用品の写真を目立つようにセンス良く撮影するには経費がかかった。カタログ写真の撮影は簡単だと思われがちだが、各アイテムを魅力的なシーンで撮影するには背景にそれなりの装飾をして時間をかける必要があり、数百ドル以上がかかった。そこでウェイフェアは投資を行い、最先端の画像テクノロジーを利用できるよう、社内システムを開発した。サプライヤーから白い壁を背景に撮影した単純な平面写真を取り寄せ、それをウェイフェアがバーチャルの3Dスクリーンに取り込んで、ほぼ無限の形でプレゼンテーションできるようにしたのである。この技術により、同じ椅子をクリックするだけで、リアルに見えるリビングや中庭、寝室の中に置いた感じが確認できるようになった。さらにユーザーが撮った自宅写真から、それに合った商品を提案する機能もあり、「発見」の要素が強化された。

デジタル成長を強化するため、ウェイフェアはエンジニアとデータサイエンティストを増員した。二〇一六年には一〇〇〇名強だったそれらの人員は、[16] 二〇一八年には二三〇〇名を超えた。[17] 同社のＡＩ技術は他の家具メーカーには手の届かないものであり、サプライヤーとユーザーの両方に価値を創造するものだった。サプライヤーにとっては低コストで自社商品がより魅力的に提示され、さらにユーザーにとってはデジタルコンテンツで「発見」と「検討」がかなえられることになった。

ウェイフェアでアルゴリズムと分析を担当する部門のトップを務めるジョン・キムは、次のように語っている。「顧客は自分が何を探しているのかを、常に正確に理解しているとは限らない。ウェイフェアのサイトにログインすれば、パーソナライズされたより効果的なサイトにもできる」[18]

豊かでより統一感のある画像も「検討」の要素を強化した。[19] 拡張現実（さらに仮想現実）アプリケーションでは3Dモデルが取り入れられ、ユーザーが実際の自宅環境で商品を見て、スタイルやサイズ、バランスを判断することができる。この学習アルゴリズムは、ユーザーがこれらの要素を確かめるのに最適で、繰り返し使うことで精度も向上する。

このような新たなカスタマーインサイトは、さらに改良してサプライヤーの知見にも役立てられる。ウェイフェアは在庫や物流をまとめる役割を超えて、サプライヤーに情報を提供して独自のデザインや製品選びを方向づけて需要と供給の距離を縮め、重要なパートナーとの関係をさらに強化した。

これらはウェイフェアがいずれは行ったであろう取組みではあるが、アマゾンの参入で最優先事項となったのだ。

オブラクCMOは、「当社が持つ要素は素晴らしいものだと満足している。堅牢で、他社の参入を阻む堀を築いてくれるものだ」と語る。共同創業者のコーナインはこれに賛同して、次のように述べている。「問題は、誰もがすべてを完璧にはできないことだ。だから、当社は仕掛けを作り、純粋に家のみに注目した。すべてをその中で入念に行い、ユーザーの目には、わが社が市場の他のプレイヤーと一線を画す体験を提供する存在に映るようになった[20]」

では、このような取組みでアマゾンは家具市場から撤退したのだろうか。もちろん、撤退していない。アマゾンは依然として支配的な巨人であり、家具市場は同社にとって巨大な機会であることに変わりはない。

防御のポイントは競合を消すことではなく、共存できる状況の中で、持続的な成長を遂げる道を作ることである。ウェイフェアは価値構造を調整し、一般的な小売と家具小売のゲームとを区別する見方に着目した。成功した防御の好事例と言える。もちろん、アマゾンが家具の領域にさらに注力すれば、ウェイフェアは再度、ゲームに立ち向かう必要がある。

▼集中と差別化の基盤としての価値構造

「集中」と「差別化」は、戦略について考える際、典型的かつ一般的な基準となる。ここで必ず問われるのは、その手法である。はっきり提示された価値構造は、詳細を示すものとなる。不確かな戦略あるいは限られた技術や活動の水準で脅威に対応するのではなく、自社の価値構造を追求すれば、具体的にどの価値要素が圧力を受けているかが見えてくる。

つまり、競争とコモディティ化を受け入れる分野（ウェイフェアはサプライヤーに特別感を求めることを選択し、「品揃え」で個性を競うことはしていない）、強化の機会のある分野（ユーザーのクリックや購入に関する膨大なデータを利用して、おすすめや「発見」の機能を向上させた）、新たな価値要素を生むための投資を優先させる分野（たとえば、「検討」がコミットすべき重要分野であり、その要素をゲームに追加できることに気づいた）を決められる立場につくのである。

ただし、エコシステムのディスラプターが、差別化のためのあらゆる道をふさいでしまうこともある。そうした状況にあっても、価値構造は共存のための場所を作り出す手引きとなる。

3 原則②　同じ考えのパートナーと、防御の基盤を築く

自社の価値提案を調整する代替案として、価値提案を展開する「場」を調整する方法がある。エコシステムのディスラプターの参入は、対象となる防御企業だけでなく市場にいる他のプレイヤーにも大きな影響を与える。これこそが、さまざまな動機で参入し、行動を広げようとするエコシステムのディスラプターの特徴だが、既存のプレイヤーがパートナーと再び連携し、付き合い方を変化させる機会を生むものでもある。

自社がエコシステムのディスラプターと製品・サービスや能力で互角か、あるいは負けるような場合、防御性のあるニッチ市場を作り出すことで、新たなプレイヤーの参入を懸念する

パートナーや顧客が見つかることがある。防御力のあるニッチ市場は、エンドユーザー層に伴って現れるだけではなく（たとえば、コダックのケースで考察したニッチ市場における選択肢）、「敵の敵は味方」の論理でつながった、新たな仲間に伴って現れる可能性がある。ディスラプターの登場で窮地に陥った存在が周囲にいないか探し、エコシステムに対して同じような考えを持つプレイヤーで同盟を組むことに注力する。

防御力のあるニッチ市場を作ることは、市場全体よりも狭い分野に注目することを意味する。これは、新しい攻撃者を追い出すのではなく、共存する方法をとる防御戦略だ。この後、地図の価値提案への適応を続けるトムトムのケースを考察していくが、ニッチ市場の開拓は、価値構造を修正して新たな機会を切り拓くことと同時に進めることができる。ただし、これら二つの戦略を実行する理論は異なるため、それぞれ別の道だと考える必要がある。

トムトム vs. グーグル

トムトムは二〇〇四年、ダッシュボードに搭載された、車載パーソナルナビゲーション・デバイス（PND）を世界で初めて発売した。その登場は車載ナビゲーションだけではなく、ドライバーと同乗者との関係にも革命を起こした。遠い昔の話かもしれないが（若い読者は想像することすら難しいだろう）、かつては郊外への家族旅行の車内や配送車の中では、どの角を曲がるのか、擦り切れた道路地図を読み間違えたのは誰かといったストレスを感じる会話や、「降り口を間違えなかった？」とか「どうしてもっと早く言わなかったのか」といった、穏やかではない質問が交わされていた。

衛星情報に基づく全地球測位（経緯度）システム（GPS）は、一九八三年から軍事目的以外にも利用できるようになり、高級車にはGPS位置情報とCD－ROMに入った地図（位置情報と一般道や高速道路などを関連づけていた）とがセットで導入されていた。曲がるポイントを落ち着いた声で知らせてくれるナビゲーションは、今ではお馴染みだが、一般ドライバーを紙の地図から解放させたのは、トムトムのゴー（GO）だった。同社PND事業の売上は、二〇〇四年から二〇〇八年までで四〇倍に上昇した。[21] 二〇〇九年までに世界中で一億二〇〇〇万台が販売され、PNDは史上最速で実用化されたテクノロジーとなった。[22]

市場は二社が独占した。パームパイロットやサイオンといった初期世代の携帯情報端末（PDA）向けのナビゲーションソフトウェアでスタートしたトムトムと、船舶や航空機向けのナビゲーションから出発したガーミンだ。二〇〇二年には、二社でPND市場の五五％を占めていた。[23] 市場は競争が激化し、次々とイノベーションが生まれていた。

PND業界のあらゆる企業は、ほぼ同じ価値構造を用いて、基本的に同じ価値提案を追求していた（図2－4）。専用デバイス内のチップセットがGPS衛星配置からの信号を受け取って経緯度を三角測量し、それを街路名や住所、速度制限などの道路網情報と、位置情報とをつな

図2-4　トムトムの個人向けナビゲーション機器の価値構造

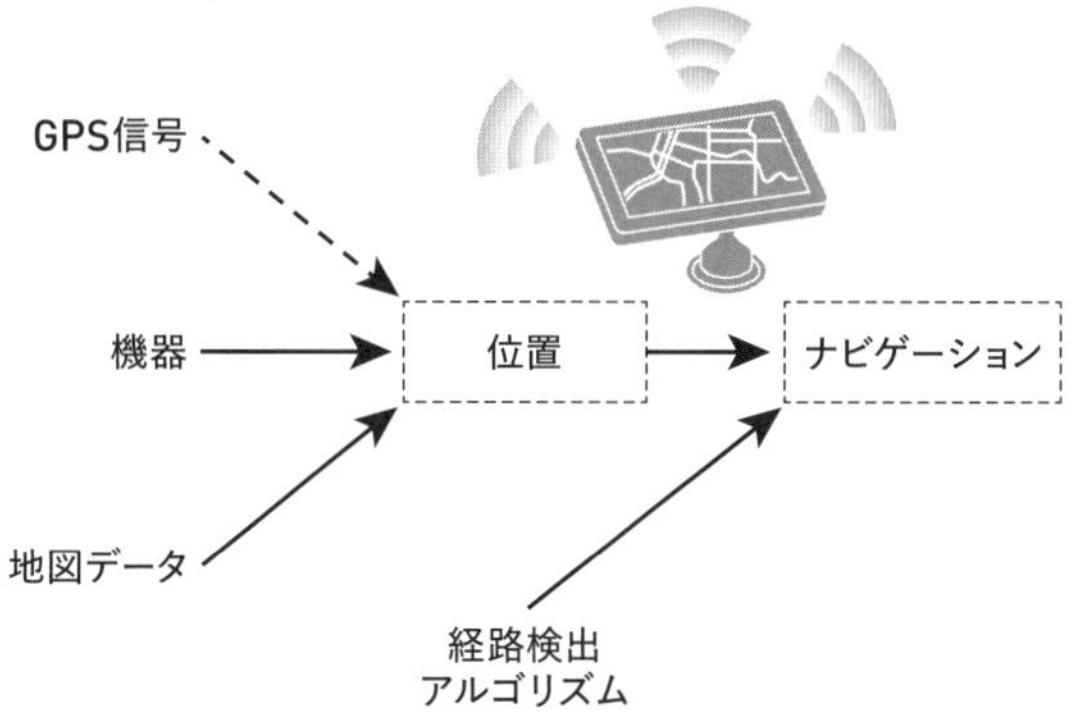

げるデジタル地図と統合する。それにルート検出のアルゴリズムを付加することで、現在地がパーソナライズされることになった。つまり、「ここはどこ?」という静的状態から、「目的地までの道のりは?」という動的状態へ魔法のような変化を起こしたのだ。

既存の価値構造の中での競争は、各要素の向上を競うことになる。たとえばデバイスのスクリーンとインターフェースを向上させ、リアルタイムの交通データやアルゴリズムを追加して、交通渋滞の警告やルート変更、最寄りのガソリンスタンドの表示を可能とした。もちろん競争は激しいが、わかりやすいものだった。トムトムCEOのハロルド・ゴディンは過去を思い返し、スマートフォン以前の時代を「輝かしい時代」と述べている(24)。エコシステムのディスラプターが到来したことで、古き良き時代が懐かしまれるようになった。しかしそれは、トムトムが市場を独占していて、寝ながらにして売上を上げていたからではない。リング上で相手と向かい合い、素手で戦えていたからである。

二〇〇七年、激変の到来を予想したノキアは、業界での二大地図データプロバイダーの一つだったナブテックを八一億ドルで買収した。理論的には、PDAは携帯電話と競合する可能性もあったが、小さなスクリーンと扱いにくいキーボードが仇となり、中途半端なデバイスに終わってしまった。ノキアにはナビゲーション市場にダメージを与えて成功する意図はなかったものの、その参入が契機となって、トムトムはもう一方の大手地図メーカーであるテレアトラスを、ガーミンとの争いの末に三七億ドルで買収した。[25] トムトムは、テレアトラスの買収はチャンスであり、同時に急激に変化しつつある環境に対する防御だとも考えていた。

トムトムのゴディンCEOは、「パーソナルナビゲーション機器やワイヤレスハンドセット、車載システム、インターネットサービス、あるいは社内ルートサービスなどによって進化した地図を取り込みたいと考える、あらゆる企業に供給する」ことが可能だと述べた。[26]『ニューズウィーク』誌は当時、「競合が主要サプライヤーを掌握したことで、ガーミンは危機にある。バーガーキングが突如、マクドナルドからハンバーガーを調達せざるをえなくなったようなものだ」と書いた。[27]

▼仲間が敵になるとき

しかし、トムトムの世界は崩壊を始める。二〇〇八年六月、アップルがｉＰｈｏｎｅ ３Ｇ

を発売したのだ。それ以前のiPhoneは携帯電話中継塔から位置を計測していたが、3Gモデルには本格的なGPSチップセットが内蔵された。大きくて解像度の高いタッチスクリーンと、ナビゲーションアプリを抱き合わせたiPhoneは、PNDの代替財となりつつあった。

これは機器メーカーにとっては悪材料だったが、トムトムには救いもあった。ナビゲーションアプリのメーカーは、依然としてマッピング用地図データを必要としていたからである。実際、最大の顧客グーグルは、グーグルマップを稼働させるためにトムトムのサービスに依存していた。B2C(企業・個人間)市場が崩壊し始めていたテレアトラス事業部にとって、B2B(企業間)市場は命綱となっていた。

ところが、二〇〇九年九月にグーグルはテレアトラスとの契約打ち切りを発表した。自社で独自のサービスを開発したのである。さらに、同社の新OSアンドロイド2・0では、新機能としてグーグルマップ・ナビゲーションが登場した。これで携帯電話は3Dビュー、進路変更ごとの音声案内、自動でのルート変更機能を備えた、全機能搭載のPNDとなった。さらに、グーグルマップ・ナビゲーションが多くのナビゲーションシステムと異なる点は、「ユーザーが持つ電話のインターネット回線を利用できるように一から築かれた利点がある」ことだった。[28] そのうえ、アプリとしてエンドユーザーに無料で提供されたのである。グーグルは加えて、オープンAPI(アプリ同士を「つなぐ」機能を持つインターフェース)を利用する開発者が、それぞれのアプリやウェブサイトにグーグルマップを組み込むことも無料とした。

専用のPNDに数百ドル払わなくても、スマートフォンがあれば無料のナビゲーションシステムが手に入ることにテクノロジーの評論家たちは感嘆したが、証券アナリストらは懸念を示した。フランスのメガバンクであるソシエテ・ジェネラルのアナリストは、「グーグルによって、ナビゲーションサービスの価格基準が無料となり、トムトムの事業モデルが問われている」と述べている。[29] トムトムは生き残れるのか、というのが暗黙の問いだった。共同創業者のコリン・ビグロは、グーグルの進出を「ツナミ」と表している。[30]

グーグルがGPS分野に進出したことは、過去のライバルたちの進出とは根本的に異なった。グーグルは、ガーミンのような参入者ではなかった。トムトムにとってグーグルは、それまで地図マッピングデータの効用を享受するパートナーかつ顧客であり、機器やマップから利益を得ようとするような、直接的な競合ではなかったのだ。

グーグルは、エコシステム・ディスラプションを象徴する存在と言える。地図データや機器を利益源としないため、異なる価値構造で奇襲をかけることができた。

グーグルが持つ価値構造の特徴的な価値要素は、「ユーザー情報」である（図2-5）。グーグルにとってナビゲーションの真の価値は、①直接的にはグーグルマップに載せる広告で売上を上げることであり、②間接的にはユーザーによる位置とナビゲーションのデータを集めて分析し、同社の主要な利益源である広告事業を強化することであり、③機能が強化され、他の開発

図2-5　グーグルの価値構造。「ユーザー情報」の要素を追加

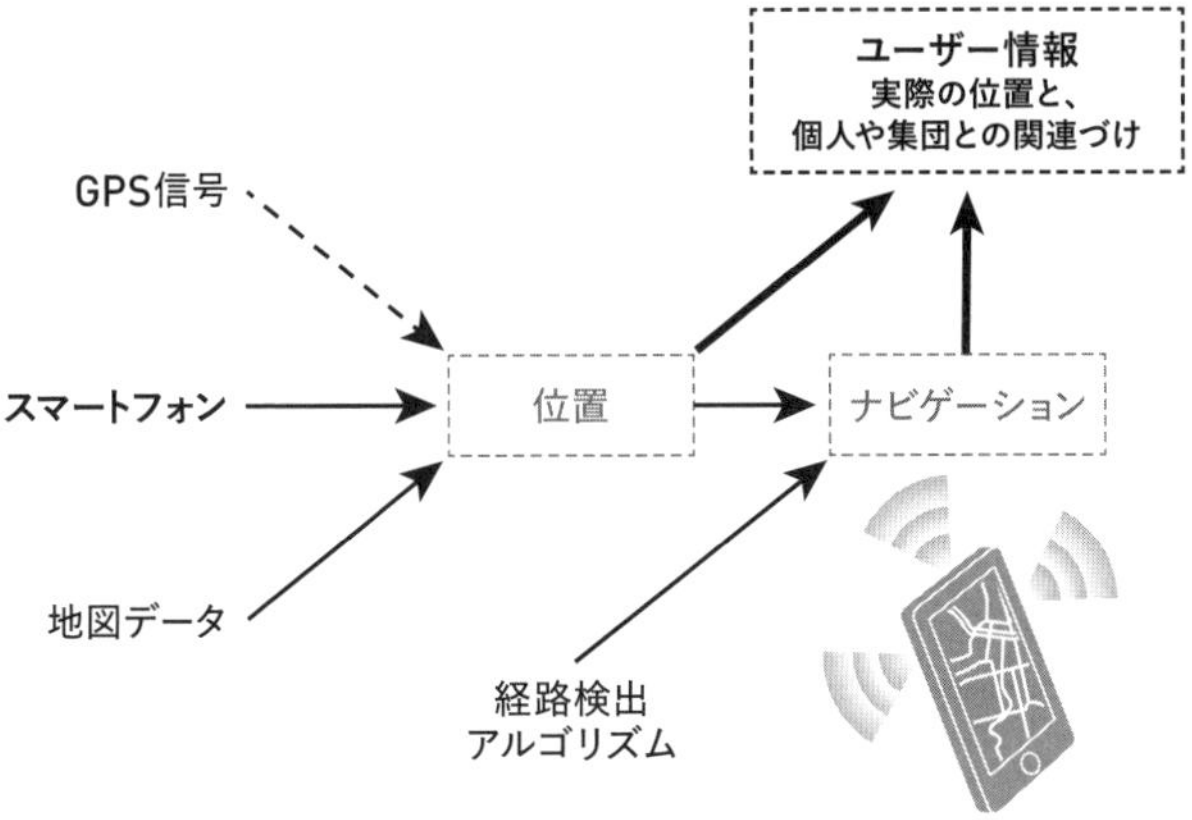

業者のアプリで使えるようになったＡＰＩのアクセス権を販売することで、売上とさらなる利用データを得ることだったのだ。

携帯電話を使ったデータ収集は魅力的な価値提案となった。それによってグーグルのマッピングプラットフォームが強化され、グーグルはさらに開発者を呼び込んでユーザーの動きを観測できる。それは当然、戦略的選択となっていった。

グーグルにとっては良いことだったが、トムトムには最悪の事態だった。無料のグーグルマップとスマートフォンの普及が、Ｂ２ＣとＢ２Ｂ市場に多大な影響を及ぼしていた。これによりトムトムは終わりを迎えるはずだった。しかし二〇二一年現在、トムトムは時価総額約一〇億ドルの企業として存続している。いったいなぜなのだろうか。

▼防御可能なニッチ市場を創る

このような攻撃を受けたときに、何ができるだろうか。現実的には、それまでよりも狭い範囲で事業を行うことになる。しかし、積極的に動くアプローチと、指をくわえて攻撃を見ているのとでは大違いだ。それは、持続可能なニッチ市場で強力な立場を作り出し、後にそれを拡張させることと、縮小しかない窮地に追い込まれて消えてゆくかの違いである。

トムトムの価値構造は、ウェイフェアとは異なる可能性を提示するものだ。ウェイフェアの強化策が広範囲の市場における競争力をサポートしたのに対し、トムトムの選択肢は、ある部分では効果的だが他の部分では重要ではないものだった。いつでもどこでも使えるスマートフォンに消費者向けの事業を突然妨害されたものの、コア技術となるマッピングのイノベーションは、先進運転支援システム（ADAS）を提供する自動車メーカーなどにとっては、依然として価値あるものだったのだ。

二〇一五年以降、トムトムは未来の自動運転に大きな賭けを行い、自動運転に必要な、ありとあらゆる柱やガードレール、レーンなどを見るための、HD（高解像度）マッピングにかなりの投資を行った。[31] ある経営陣は、「わが社は人間用の地図を作っていたが、今はロボット用の地図を作っている」と発言している。[32] この戦略はヘイルメリーパス[6]とは必ずしも言えないが、自動運転が商用化される時期は不確実であったため（第4章を参照）、近い将来の救いとも言いがたかった。ビジョンは明日へと向かうものだが、生き残りは今日の売上にかかっている。

ここでトムトムの起死回生の鍵は、新たな仲間を見極めたことにある。仲間とは、グーグルの規模や影響力、他を寄せ付けない資金力の脅威と、一線を画そうとする顧客やパートナーのことだ。トムトムはグーグルの存在にもかかわらず生き延びているばかりでなく、グーグルでないという理由でも生き延びているのだ。

ゴディンは、二つのテクノロジー企業、すなわち、グーグルとトムトムの間には重要な違いがあると考え、「私たちは、ユーザーとは競争しない。ユーザーのデータを使う唯一の目的は、自社製品を向上させるためであって、他の事業モデルのためではない[33]」と語っている。つまりトムトムは、データを自社のマッピングのイノベーションに限定して利用することにした。広告会社やデータマイニング会社に売ることはしない。さらに、顧客の事業を侵害する目的にも使わないこととした。

この差別化は、アップルやマイクロソフト、ウーバーといった企業にとって価値あるものとなり、彼らは自社の地図機能を支える柱としてグーグルではなくトムトムを選択することとなった。これらの企業は、自社のデータは重要な資産であり、他者と共有するものではないと考えている。テクノロジー大手企業の他にも、米国のUPS、オーストラリアのトランスアーバン、ドイツのドイツポストをはじめとする配送・物流企業が、安心してトムトムをパート

---

［6］アメフトで、不利な状況にあるチームが一か八かのプレイに出ること。

ナーに選んだ。
「世界中の住所データをまとめて管理し、住所にまつわる属性の提供、データの強化を行うこと」をミッションとするピッツニーボウズは、グーグルが自社の中核事業と競合するのを懸念した最たる例だ。ピッツニーボウズでデータ製品・戦略担当ヴァイスプレジデントを務めるダン・アダムスは、「(トムトムを採用した)決め手は、相互補完的な事業モデルにあった」と語った。[34]彼の言いたいことは、つまりこうだ。「グーグルの価値逆転の脅威を感じている。恐ろしいことだ。結託して一線を画そう」
自動車メーカーも同様だ。トムトムの魅力は、自動車に地図を提供するという立場にある。トムトムには、車の頭脳そのものになる意図はない。自動車業界は、大手テクノロジー企業が自動車をコモディティ化し、自動車メーカーを、箱に車輪をつけるだけの存在にすることを懸念していた。トムトムで自動運転事業のトップを務めていたウィレン・ストリボスは二〇一九年九月、「すべての自動車メーカーが、HD地図を提供する企業を決めたわけではない。一方で、決定を下した十大メーカーは、すべてトムトムを選んでいる」と発言している。[35]
トムトムの事例が興味深いのは、同社が今もリング上で闘っているからである。グーグルを覆すこともなければPND市場を再生させることもないが、防御可能なニッチ市場で共存し、利益を上げる可能性を示している。さらに、ニッチ市場で存続していながら、PND以上の可能性を思いつき、HDマッピングで新たな地位を築こうと投資を行っている。

▼複数の可能性

もう一方のナビゲーションのパイオニア、ガーミンは別の分野で競争することを選択した。PND市場でトムトムと同様にディスラプションを経験したガーミンは、マッピングの技術を持っていなかった。そこで、長い歴史を持つハードウェアにおけるイノベーションを選択し、特殊ナビゲーションデバイスに特化することにした。新たな技術に積極的なハイエンドの顧客層に対して、ウェアラブルのデバイスを開発したのである。スピードや歩数、血中酸素濃度を測るランニング用、スイングのスピードを測るゴルフ用、距離とストローク数を測る水泳用などの時計を提供した。さらに同社はスマートフォンの台頭を歓迎し、時計で計測したデータとスマートフォン、オンラインコミュニティなどをつなぎ、トレーニングをソーシャル体験に転換した。

これらの分野でもガーミンは、他社のウェアラブルデバイス（アップルウォッチなど）やソーシャルネットワーク（ストラバなど）[7]によって大きなプレッシャーを受けることが予想されるが、成功するかどうかは対応次第だろう。

トムトムとガーミンの対応の違いは、効果的な防御が、攻撃者の性質にあると同時に、防御

[7] ランニングやサイクリングなどのフィットネス・ネットワークサービス。

側の能力にかかっていることを示している。ガーミンの生き残りをかけた戦略は、第1章で考察した、分野を絞って化学と医療分野での可能性に専念するという、富士フイルムがとったデジタル革命へのアプローチと明らかな相似性が認められる。

一方でトムトムは、レックスマークの生き残り戦略を再現したものといえる。ハードウェアから足を洗い、マッピング技術を活用したデータ管理の分野を強化したことは、レックスマークがプリンターから、企業データ管理へと変化したことと類似している。どちらのケースも、優先させる価値要素を厳選して的を絞った対応であり、単なる防御を超えた価値要素を明確にしている。本章の冒頭で紹介した言葉と同じく、現状の構造を温存させようとする防御、つまり、すべてを守ろうとする方法では、何一つ守れないのである。

4 原則③　野心を自制し、防御の同盟を維持する

防御戦略がいかに素晴らしいものであれ、エコシステムのディスラプターが参入すれば、自社市場での成長は以前より厳しくなる。一方で、現在の市場における防御的なニッチ市場のみならず、周辺で新たな分野を探すきっかけともなる。

極端な場合、ニッチを特定すれば、市場全体に変化が訪れる可能性もある。つまり、ディス

ラプターの台頭によって機会の相対的な魅力が変化し、防御側がまったく異なるアプローチによって成長機会を探す可能性が生じるのである。さらに、自らエコシステムのディスラプターとなり、自社の価値構造を展開し直して新規分野に参入し、新たな価値提案で新たな立場をとるきっかけにもなる(このアプローチについては、第3章でエコシステムの継承の概念を用いて考察する)。

これほど極端ではないが、本拠地に近い市場で成長を探すケースもある。特にプレッシャーにさらされている場合は、自然とパートナーのサポートのある市場が魅力的に映る。本拠とする市場に近いことと継承の可能性があることで、遠い市場における機会よりも安全に思えるためなのである。しかし、これは短期的な安心をとる代わりに長期的な不安定さを招くことになるため、危険な誘惑といえる。

エコシステムの防御はチームで戦うゲームであり、パートナーの動員が鍵となる。一社で戦おうとするのは間違っている。ただし、自社の価値構造に合わせて同盟を組み、パートナーと連携するのは第一歩にすぎない。この後のスポティファイのケースで考察するが、成功を持続するには、プレッシャーと誘惑の両方を受けながら、同盟を維持する必要がある。ライバルを犠牲にした成長と、パートナーを犠牲にした成功とを、明らかに区別する戦略的規律を保つことが、エコシステムの成功を維持するためには重要となる。

スポティファイ vs. アップル

二〇二一年現在、世界有数の音楽ストリーミングプラットフォームとして成功するスポティファイの姿からは、ほんの数年前には同社が不安定な立場にあったとは信じがたい。実際、スポティファイとアップルミュージックのケースは、（スポティファイが）なぜ生き残っているのかわからないほど、ここ一〇年でも指折りの奇跡といえる。

二〇〇六年、ダニエル・エクによって創業されたスポティファイの野心は、オンラインの無許可サイトから無尽蔵に手に入る楽曲タイトルを無料ダウンロードするのではなく、著作権を遵守してアーティストやレコード会社に使用料を支払いながら、ユーザーにとって魅力的な音楽サービスを作り出すことだった。同社は技術面でのイノベーションや他者と連携した法律面の調整に二年を費やし、音楽ストリーミングを実用化した。

パンドラなどの既存サービスは、パーソナライズされた「ラジオステーション」の形でユーザーに音楽を提供していた。これに対してスポティファイは、ユーザーが世界中から楽曲やアルバムを選んで、自分好みのプレイリストを作れるようにしたことでブレークスルーを起こした。特定の曲を選べることが、オンラインの無許可サイトの代替として、当時の他のプラットフォームよりも魅力的な点だった。

スポティファイはサービス稼働までに二年間、会員数が四〇〇万人になるまでに四年間、一〇〇〇万人に達するまでには六年間を要した。創業から八年間地道に努力を続け、二〇一四年には会員数が五〇〇〇万人を突破した。[36]そのうち三七〇〇万人は広告付きの「フリーミアム」で、一三〇〇万人は広告なしの月極めサブスクリプションだった。スポティファイはついに成功の入り口に立ったのである。ところが……。

二〇一五年、アップルが既存のマルチエコシステムを武器に、アップルミュージックでストリーミングに参入した。[37]

iTunesストアで、すでに世界最大の音楽販売業者となっていたアップルは、過去最大級の買収を行った。オーディオアクセサリー事業と音楽ストリーミングサービスを手がけるビーツ・エレクトロニクスを三〇億ドルで手に入れたのである。[38]ビーツは音楽界で影響力を持つ創業者で音楽プロデューサーのドクター・ドレーと、レコード会社の伝説的な経営者のジミー・アイオヴィンにより創業された音楽界の中心的存在だった。新たな力を得たアップルは、レコード会社に広告ベースのストリーミング契約を撤回するように圧力をかけて、ゲームの規則を変えようとしたという[39](これは不成功に終わっている)。もし実現していれば、スポティファイのポジションを破壊しただろう。アップルは次に、過去最大級のサービス展開を進めた。

アップルミュージックは二〇一五年夏、一〇〇カ国でスタートした。IOS 8・4アップデートの一部として、すべてのiPhoneに三カ月間の無料サービスで提供し、「魔法のように」現れた。スポティファイなどのアプリとは異なり、ユーザーにはインストールするかど

図2-6　スポティファイ（とアップル）の、
音楽ストリーミングに関する最初の価値構造

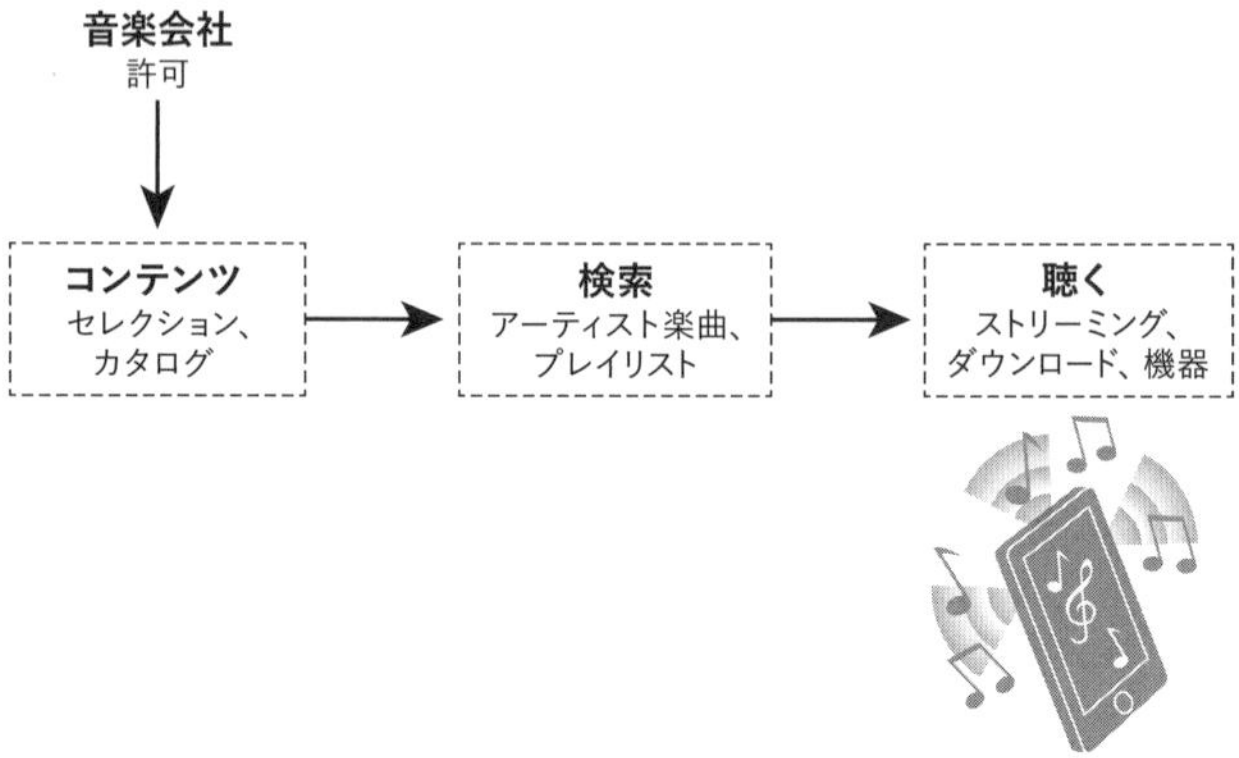

うかの選択肢はなかったのである。一カ月後には一一〇〇万人が無料トライアルを行った。六カ月後にはアップルミュージックの有料会員数は六〇〇万となっていた。スポティファイが四年をかけて一〇〇万ユーザーを獲得したのに、である。

アイディアの模倣は簡単だ。アップルのようなデジタルの巨人にとって、規模の拡大はきわめて容易だ。さらに音楽ストリーミング事業は、価値構築は（当初は）比較的単純であり（図2－6）、大手レコード会社はどの企業にも同じ音楽へのアクセスを許可していた。アップルのリーチ力とブランド力を目の前にして、コア商品での差別化がスポティファイにとって最大の課題となった。

それでも二〇二一年現在、スポティファイは成功している。大企業と負け犬企業のお決まりのストーリーのように、アップルのようなディスラプションを引き起こす大企業が負けることは期待できない。それでも力で劣る防御側が繁栄しているのは、万全な防御戦略をとっているからである。現に、アップルの会員数が七二〇〇万なのに対して、スポティファイは三億四五〇〇万まで拡大している。(41)うち一億五五〇〇万が有料会員である。[8]

スポティファイはこのような目覚ましい適応力を、いかにして発揮したのだろうか。本章をここまで読み進めていれば、答えはおわかりだろう。単独で行動したのではない。エコシステムの防御は、集団で行うものである。

▼同盟は、文脈の上に築かれる

スポティファイの重要な仲間、つまり、アップルの参入で広告ベースの無料ストリーミングがなくなることに反対し、スポティファイの存続を死守したパートナーは、大手レコード会社三社だった。ソニーミュージック、ユニバーサルミュージック、そしてワーナーミュージックは、合計で世界の音楽市場の六五~七〇%を占めていた。(42)彼らはアップルの提案を拒絶したが、それには理由があった。デジタル音楽配信をアップルに独占させるのを、どうしても阻止したかったのである。

二〇〇三年、スティーブ・ジョブズは、オンライン上の特許侵害を解決する存在としてiT

---

[8] 二〇二〇年第4四半期時点の数字。

unesを位置づけたが、結果的にはこれが毒杯となった。ワーナーミュージックのヴァイスプレジデント、ポール・ヴィディッチは、当時を回想して次のように述べている。「当時、私はこう考えていた。『iTunesはきわめてシンプルだ。成功している。素晴らしい』。（著作権を侵害した音楽サービス）ナップスターの魅力は、単に無料なだけではない。それよりも重要なのは、ほぼどんな楽曲ともつながれることだった。（中略）スティーブがiTunesで意図していたのは、そういった類の体験、つまり膨大な楽曲を、便利なインターフェースで聴くことだった(43)」

オンラインでの著作権侵害サービスによってパニックになり、必死だったレコード会社にとって、楽曲を九九セントの定額（レコード会社の取り分は約七〇セント）で提供するiTunesは希望の光に見えた(44)。最初の一週間で、iTunes経由で一〇〇万曲がダウンロードされた(45)。一方でアルバムから楽曲を切り離したことで、アップルは長年続いた消費者の行動を一瞬で変えてしまった。音楽ユーザーは一二曲相当が入ったCDを一六ドルで購入する（以前はそれが唯一の方法だった）代わりに、アルバムの中から本当に欲しかった二曲に一ドル九八セントを支払うことになったのだ。

ここで重要な問題となるのは、成功を錯覚することだ。誰が九九セントを払って曲を買うのか？　違法サイトから音楽をダウンロードしていた層ではない（iPodでは、違法にダウンロードした楽曲も、購入した曲と同じように再生できる）。アルバムを定価で購入するような顧客層だったのである。iTunesの影響は次のとおりだ。米国内のレコード業界の売上は、ナップスターの登場後五年間で一二%減少し[46]、iTunesの登場後五年間で二三%減少した。

レコード会社の幹部らはすぐに、切り売りされた楽曲に均一価格をつけることは経済的なダメージを与えると気づいた。音楽業界は、ヒット曲がアルバム購入に結びつくことで成り立っていたからである。

それでも、ランプから出てきた精霊は、元に戻ってはくれなかった。音楽業界に精通したある弁護士はこう記している。「単体の楽曲から儲けは出ない。アルバムが売れない限りは、アーティストを売り出すことはなかなかできない。ある程度の数の楽曲が売れなければビジネスがまわらないからだ[47]」。当時ワーナーミュージック・グループの会長だったエドガー・ブロンフマン・ジュニアは、「(アップルが)すべての楽曲は平等だとしたことは悪い知らせだった。私はスティーブに、それは間違っていると言った」と述べている[48]。

大手レコード会社は出口をふさがれた。優位に立っていることを自覚していたジョブズは、レコード会社の評判にかかわる事態になると警告した。「もし(レコード会社が)値上げすると言うのなら、彼らが少々貪欲になっているということだろう[49]」と、記者会見で述べたうえで、消費者はもちろん海賊版に戻るだろうし、そうなっても責められないと示唆した。ガートナーの証券アナリストは二〇〇六年の状況を、「アップルと競うオンライン小売業者がいないことで、レコード会社は値上げのための道徳的根拠と切り札を失った」と見事にまとめている[50]。

ここでスポティファイが登場する。アーティストらは、ストリーミング自体にも、ロイヤリティが少ないことに対しても、攻撃的にはならないまでも疑いを持っていた。その一方でレコード会社は、複数の分野での成功を期待していた。技術としてのストリーミングは海賊版と互角の規模を持つと同時に便利で、代替手段として最適だった。また、演奏ごとにロイヤリティが支払われる仕組みでは、人気の楽曲が大きな売上を上げることとなり、価格づけに失敗したシングル販売にとっても、またとない話だった。

レコード会社にとっては、楽曲へのアクセスを求める新参者のスポティファイをひきつけた音楽資産も重要だったが、新たな世代のアーティストをサポートするという魅力も、同様に重要だった。こうして法律的にもユーザーにとってもフレンドリーなサービスが、アルゴリズムやキュレーションによって作成されたプレイリストを通じて、消費者は音楽の好みを広げることができるようになった。レコード会社は、アップルの束縛に代わる、満足のいく選択肢を手にした。「スポティファイが強力な競合になることを望む」と、ある音楽関係者は語っていた。(51)

トムトムのケースで見たように、ここにも力学のバリエーションが存在する。それは重要なパートナーと、排他ではなく協調を基準に連携している点だ。「アップルではない」ではなく、「アップルだけではない」が彼らの目標だった。一点集中型で、不安定で経営資源も十分でないスタートアップのスポティファイは、レコード会社にとって格好の選択肢となった。アップルの言いなりになったり、それと変わらない大企業の下で辛酸をなめるよりも、スポティファイがずっと良い選択肢となったのである。あるレコード会社の経営陣は、「私たちのほとんどがストリーミングに対して恐れていたことは、アップルとグーグルの直接対決だった[52]」と語っている。

スポティファイは仲間を見つけた。しかし、防御的な同盟を組むことと、それを維持することは異なる。スポティファイの生き残りには協力的なパートナーが必要だった。一方で投資家の期待を満たすには、成長を牽引する新たな方法を見つける必要があった。成功のためには、おのずと相反するこれら二つの目標をうまく扱う必要があった。スポティファイのケースから、エコシステムの防御は、戦略的な規律であることがわかる。

▼パートナーシップを維持するのか、それとも損なうのか

イノベーティブな事業を成長させることは常に難しい。好戦的な大企業の参入があると、さらに難しくなる。株主や証券アナリストには、「心配するな、妥協すればよい」という考えはない。それどころか、ライバルがゲームに参加したら中核事業で一層努力して結果を出し、さらに新たな成長の手立てを見つけるために努力するしかない、と考える。もっともな話だ。株価は将来に対する期待にかかっているし、新たな価値構造は、価値要素を拡張させて新たな手法で再び展開する機会を作り出す。隣にある機会と新たなシナジーを作り出して利用する可能性は、強力な手段となる。つまり、今あるチャンスをつかみ、世界にディスラプションを起こ

図2-7　スポティファイの強化された価値構造。
新たな要素「発見」と「アーティストの参加」、
およびそのつながりを追加（太字部分）

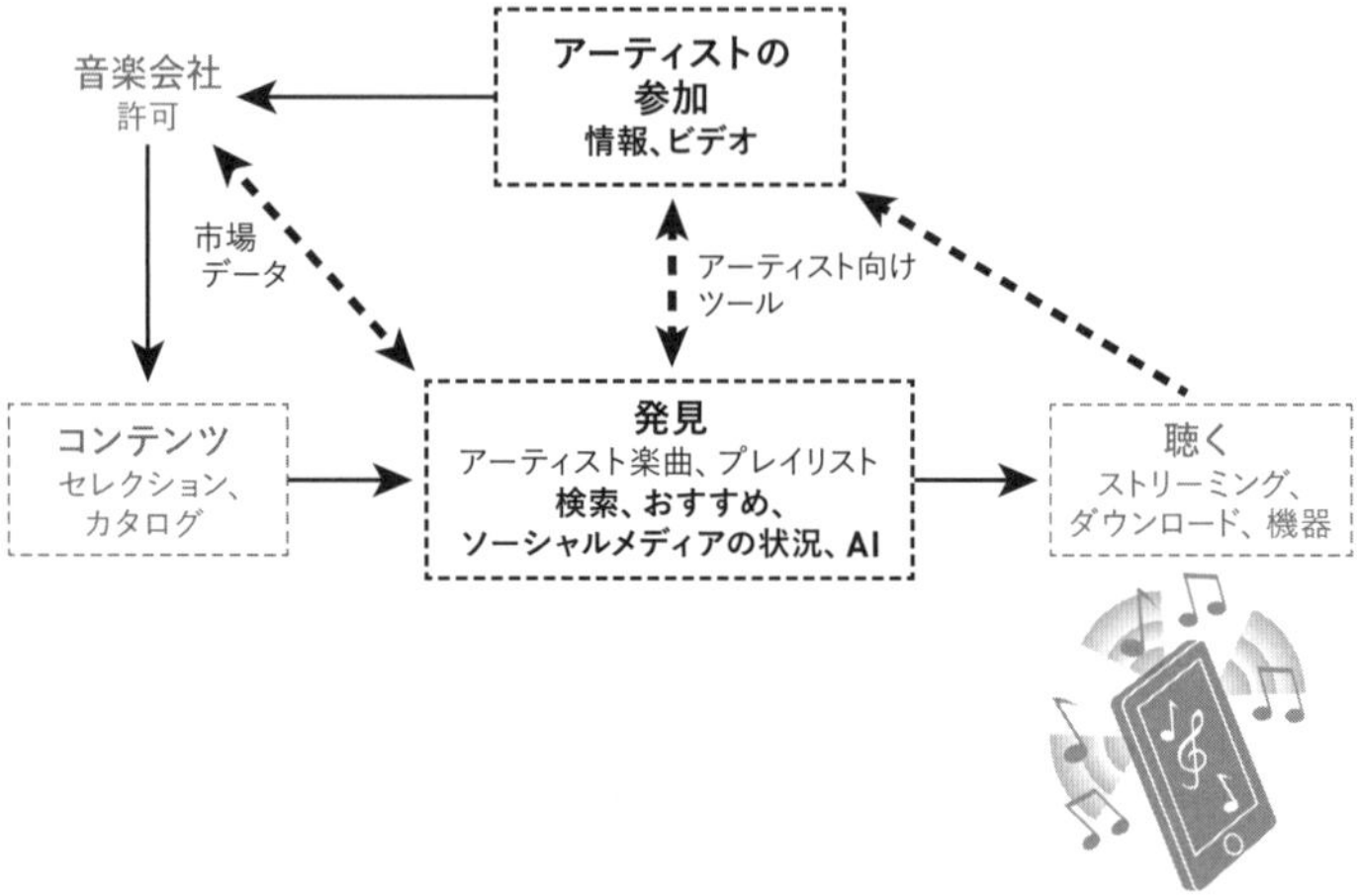

す！　というわけだ。

　スポティファイの構造の調整は、先行者（アーリームーバー）の立場を利用したものだった。広告ありの無料会員数が増加したことで視聴傾向のデータが増え、リスナーと新たな音楽をつなぐための「おすすめ」（レコメンデーション）を行う、「発見」へのイノベーションの道が開けた（図2－7）。

　当初「発見」は、ユーザーが自分でスポティファイのカタログを見回ってプレイリストを作ったり、キュレーションされたコレクションから新たな楽曲を試したりすることで実現するものだった。しかし、二〇一一年にソーシャルメディア大手のフェイスブックと連携したことで、同社の「発見」が強化された。ユーザーがスポティファイで視聴した楽曲やアルバムがフェイスブックのタイムラインにシェアされ、ソーシャルネットワークでの検索が可能となり、会員がフェイスブック内でその音楽を聴けるようになったのである。(53) 他の人気アプリとの統合も続いた。スポティファイが機械学習と人工知能（ＡＩ）の利用を始め、リスナーと音楽とを結びつける機能をさらに強化したことで、「発見」はさらなる飛躍を遂げた。

二〇一五年に開始して人気を博したディスカバー・ウィークリーは、アルゴリズムを利用し、プレイリストから個人のプロファイルを作成する機能を持っていた。つまり、ユーザーだけの特別な「ミックステープ」である。利用者にとって、自分の好みと新たな音楽とをシームレスにつなぐスポティファイの能力は驚くべきものに感じられた。

スポティファイは、さらに「アーティストの参加」の要素も加えた。(どんな楽曲にもアクセスが可能な)ミュージックライブラリーと、(スポティファイがリスナー好みの音楽を提案する)スポティファイラジオを組み合わせたもので、音楽とユーザーとを結びつけることから始まった。そして、次のステップとして、アーティストに、既存のファンや新たなファンと直接つながってもらうことにした。

二〇一七年に開始された「スポティファイ・フォー・アーティスト」では、アーティストのために強力なツールを用意した。アーティストがデータ分析へアクセスし、リスナー数やファンの居場所を調べることができるようになったのである。ファンとつながることで、ライブの宣伝ができるようになった。さらにプロフィールをカスタマイズして、スポティファイの編集チームに曲を送ってプレイリストに入れてもらうことも可能になった。二〇一九年には三〇万以上のアーティストがこのサービスを活用して知見を得ていた。ここまでは好調だった。かかわる人すべてに付加価値を生み出し、パートナーシップを強化していたからである。[54]

しかし、スポティファイの次のステップは、それまでとは異なるものだった。リスナー数の拡大と並行して、アーティスト数を拡大させる動きに出たのである。レコード会社が新たなアーティストを選ぶ際の審査は厳しいことで有名だが、それにはもっともな理由があった。新たなアーティストを売り出すには、レコーディングやプロモーションに五万〜二〇〇万ドルほどの経費がかかる。[55] レコード会社に所属しない無数のアマチュアバンドや、コーヒーショップの店員をしながらアーティストを夢見る多くの人にとって、この排他的なシステムは厳しいものだった。

スポティファイにとって、フリーのアーティストに曲を披露する場を提供することは、企業としての価値提案を高めると同時に、アーティストの味方であるという好ましいイメージ付けのためでもあった。サメの群れの中にいる善良な人物といったところだ。スポティファイの立場で考えれば理解できる。しかし、……。

二〇一八年、スポティファイが新規株式公開（IPO）を行うにあたり、証券アナリストらは騒然としていた。一人の識者は、次のように述べた。「何を聴くかは、かつてはレコード会社が決めるものだったが、すべて変化しつつある。スポティファイは、言ってみればアルバムをバラバラにしている。良い部分だけをとり、最高の曲を選り好みしてプレイリストに加え、何をどこに載せるかを決める。データをもとに決めているのだ。ソフトパワーをこのように利用することは、レコード会社にとって脅威となる」[56]。そして、その根拠として、「スポティファイは必然的に、レコード会社と同じことを始めるだろう」と語った[57]。

実際、IPO前の二〇一八年二月に出された投資家向けのレターには、次のようにはっきりと書かれていた。「従来のモデルは、一部のゲートキーパー[9]をえこひいきするものだった。今、アーティストは自分の音楽を制作し、リリースできるようになった」[58]。エクCEOは、従来のレコード会社を直接のターゲットとしたのである。

コンテンツを上げるのに必要なデジタルプラットフォームとコストを最小限にしたことで、スポティファイはアマチュアアーティストに機会を提供し、彼らの音楽とファンとを直接つなげようとした。この機能は、アーティストが全面的にコントロールするものである。彼らが音楽とアートワークをアップロードし、発売日を決め、聴取データを確認する。すべて無料だ。レコード会社を完全に迂回することで、あらゆるアーティストは、世界中のあまたのリスナーとつながる可能性を手に入れた。エクCEOが、「音楽の未来では希少性は、もはやモデルとはならない。音楽がいつでもどこでも聴けるようになった事実を受け入れるべきだ」と発言し

［9］内部と外部をつないで情報を伝える役割を担う存在。

たのは当然のことだった。[59]

ここで警告灯が点いたのがわかるだろうか？　成長を促すことと、同盟を維持するという二つの要件が衝突したのだ。二〇一八年六月、スポティファイは仲介者、つまり、「疑う余地のないゲートキーパー」を排除して、フリーのアーティストが音楽を直接アップロードできるようにすると発表した。九月からは、ベータ版サービスへのアップロードを無料とした。ロイヤリティは毎月速やかにアーティストの銀行口座に振り込まれる。さらに、レコード会社が支払うロイヤリティがストリーム再生ごとに一一％だったのに対し、スポティファイは五〇％を支払うとした。

「素晴らしいニュースだ。ありがたい」などと言うレコード会社は一社たりともなかった。

ここで注意が必要なのは、非常に魅力的な隣人は、パートナーにとっても魅力的であるという点である。しかし、そのパートナーが防御のための同盟の一員だとしたら問題だ。このような問題が予期されることはほとんどないが、振り返って考えると、一目瞭然で回避可能なことだとわかる。しかしどうしても、見方は不均衡となる。つまり勢力を拡大する側には、テリトリーを獲得してしかるべきだと考える判断力と理由がある。一方で侵略される側は、被害に遭った事実しか認識できず、そこから将来を予想するのだ。

社内の計画立案のプロセスでは通常、外部パートナーの関心を代弁する擁護者はいない。パートナーは外部の存在であり、社内ミーティングに出席しないからだ。スポティファイ社内での議論は簡単に想像できる。「契約をしていないアーティストだけにサービス提供するのだから、レコード会社が興味を示さなかったアーティストだけを対象にすることになる。レコード会社に異議はないはずだろう?」

価値構造を修正するためのリトマス試験はこうだ。パートナーに感想を尋ねるのである。その答えは、①「素晴らしいアイディアだ! 新しい事業での成功を祈念する」か、②「待って……それでは困る。考えれば考えるほど、乗り気はしない」となるだろう。①は関係性を強化する道に進もうとしていることを示す。②は関係性をないがしろにする道へ進もうとしていることを示すものだ。いずれの道を選択するにせよ、その結果をはっきり自覚しておく必要がある。関係が悪化してもやっていける可能性もある。しかし、パートナーが批判的であるほど、そして、そのパートナーが防御同盟の一員であれば、なおさら慎重になる必要がある。

これこそが、第1章のコダックの価値逆転の力学で考察した事例のもう一つの側面、つまり、友が敵になるということである。ただし、コダックが先進技術の波に争うすべがなかったのとは異なる。対照的にレコード会社は、スポティファイの価値創造にとって重要なパートナーだったのだ。彼らはエコシステムには必要不可欠で、だからこそ、戦略的に応戦を仕掛けたのである。

▼結ばれた絆を試す

二〇一八年六月一五日、『フィナンシャルタイムズ』紙は「スポティファイ、アーティストとの直接契約で、レコード会社に衝撃」という見出しを付けた。小見出しでは、その意義を高らかにこう述べている。「ストリーミンググループが、アーティストとの直接契約で、仲介業者を外す」。一般的な読者とスポティファイの投資家から考えれば、これは素晴らしい、成長の新たなる段階に思えた。

しかし、レコード会社から考えれば、これは迫り来る最悪の事態だと受け止められた。それでも、まだ対応の余地はあった。その日のうちに業界ニュースサイトの『ミュージック・ビジネス・ワールドワイド』は、この記事に対する音楽業界の見解を示した。「スポティファイ直接契約の発表を受け、大手レコード会社らが同社のインド進出を阻止か」

非常に素早い対応と言えるだろう。スポティファイの成長への野心は、重要なパートナーの目標と衝突した。確かにスポティファイは新たなアーティストと直接接触できるかもしれない。しかし、レコード会社が既存の楽曲を所有する権利や許可のゲートキーパーであることには依然として変わりがなく、スポティファイの中核事業の拠り所となっていた。長い目で考えれば価値逆転を牽引する可能性があると正体を露わにしたが、少なくとも中期的にはレコード会社に大きく依存し続けることも事実だった。レコード会社との関係修復が求められた。

あるレコード会社の幹部は、次のように語った。「私たちが支援するかどうかはスポティファイ次第だ。現在、私たちは納得していないが、それには明らかな理由がある。インドの（ライセンス供与しない）件について私たちは真剣に検討している」。別のレコード会社の幹部は、他のレコード会社二社がスポティファイのインド進出阻止を検討していると聞いてこう言った。「わが社も同じだ。インドなしにスポティファイのグローバル市場シェアが到底伸びないことは、誰もが承知している」[60]

▼過ちを認めることで、新たな可能性が生まれる

二〇一八年七月の決算発表でエクCEOは、レコード会社が過剰反応していると力説した。「コンテンツのライセンス契約を結んでも、わが社はレコード会社になるわけではなく、そうなることをめざしているわけでもない。私たちは音楽の権利を持っておらず、レコード会社のような活動もしていない」[61]

スポティファイは同年九月、独立アーティスト向けのベータ版アップロードツールを発表した。そして、間もなくインド進出の延期を発表した。これは成長を求める投資家に好印象を与えなかった。市場全般がテクノロジー企業への投資を見直している時期でもあり、株価は同年七月の高値一九六ドル二八セントから、一二月には一〇六ドル八四セントまで下落した。

この報いを受け、ついにスポティファイは降参した。「私たちは音楽業界と協力したいと考えている。（中略）スポティファイは決してディスラプターではない」とエクCEOは述べ[62]、一

年にわたる自身の破壊的な言動が、大手レコード会社の幹部の頭から消え去ることを願った。大手レコード会社が提供する楽曲は、スポティファイのリスナーが聴く楽曲の八七％を占めていた。「私は大きな思い違いをしていた。レコード会社は重要であり、今後もそれは変わらない」[63]。二〇一九年七月、スポティファイはアーティストと直接やり取りを行う実験的サービスを停止した。そのうえで殊勝にも、「わが社がアーティストやレコード会社にできる最大のことは、わが社独自の効果が挙げられる分野であり、それはツール開発に資源を集中させることだ」と宣言した。

スポティファイは教訓を得た。同盟相手の領域で強力な能力を発揮すれば、危機を招く結果につながる。同盟関係を維持するには、自社の衝動と成長の方向に対し、規律を保つ必要がある。

しかし当然のことだが、重要な協力者に頼らない分野で同様の能力を発揮できれば、それは大きな成長を牽引する可能性がある。スポティファイの場合、音楽以外の分野に目を向けざるをえなくなったことで、ポッドキャストに新たな可能性を見出すことができた。ポッドキャストは黎明期のラジオの性格を持つオーディオショーで、さまざまな話題やテーマを扱っている。音楽分野でアップロードサービスを中止して一年足らずのうちに、同社は一〇億ドル以上を投資して、ポッドキャストにおける独占的なコンテンツあるいはコンテンツを収集する業者を買収し、キム・カーダシアンやミシェル・オバマといったインフルエンサーと契約を交わした。

図2-8　スポティファイの修正された価値構造。
「アーティストの直接参加」のつながりがなくなり、
新たな価値要素「ポッドキャスト」が追加された（太字部分）

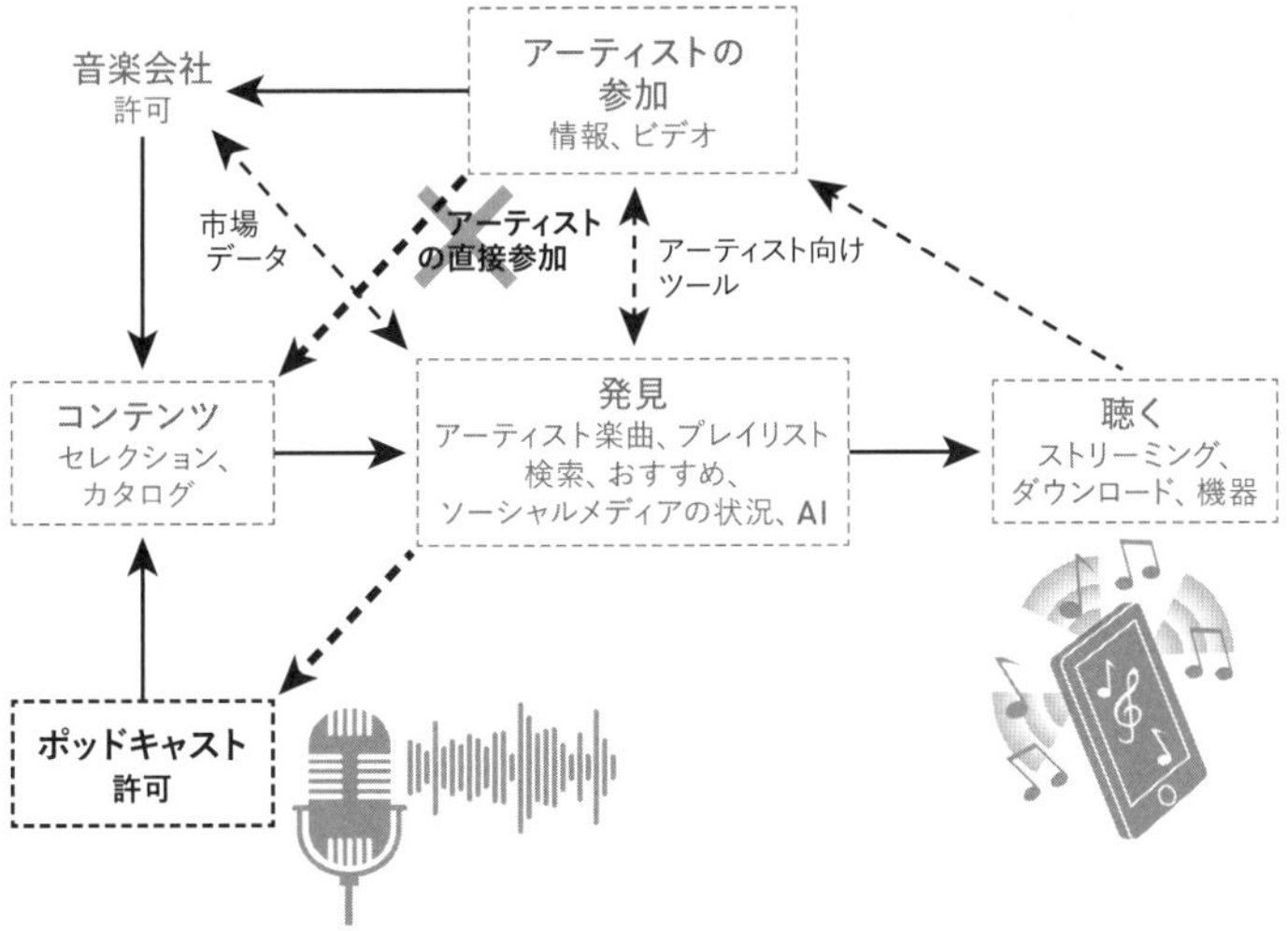

独占的なコンテンツを持つことで差別化やユーザーのスティッキネス（粘着性）を高め、一方でスポティファイの膨大なリスナー数を活用して、視聴を増やして広告収益を上げた。

新たな価値要素としてのポッドキャストは価値構造にうまく馴染み、「発見」や「おすすめ」（図2－8）とのシナジーもプラスに働いた。スポティファイが二億ドルでスポーツ関連のポッドキャスト番組を配信するメディアグループを買収したことについて、エクCEOはこう説明している。

「ザ・リンガーの買収は、次世代のESPN（スポーツ専門チャンネル）を買収するということだ。われわれは単に音楽に関することから、あらゆるオーディオへとミッションを広げ、世界有数のオーディオプラットフォームとなることをめざす。[64]

そのわずか数年前にエクは、同社の注力分野が一つであることについて、誇らしげに語っていた。「私たちは、音楽と昼夜を問わずかかわっている」[65]。一方で、アーティストが直接参加する分野には(少なくともしばらくの間は)立ち入るべきでないと気づき、新たな成長分野へと戦略的な方向転換を行った。これなら同盟を組む、音楽業界の重要なパートナーの機嫌を損ねる心配はない。

力学は進化を続けると心得なければならない。スポティファイはすぐに撤退したものの、スポティファイの野心と能力、そしてレコード会社の強力な囲い込みによって、必然的に今後も緊張関係が続くことが予想される。さらに長期的に、より中心的な存在として成長していくスポティファイが、将来のある時点で再び強引な立場をとることも予想される。音楽業界の主要プレイヤーは、いかなるときも注意を怠ってはならない。

5 効果的なエコシステムの防御

従来の競合戦略は、陣地の攻略、直接的な敵、ゼロサムゲームといった軍事的思考を基盤とするが、エコシステム戦略は共存、同盟の構築、共通の戦略的関心の発見など、外交的な立場を基盤にする。ウェイフェア、トムトム、スポティファイは、単独で守りの立場をとることは不可能だった。強固なエコシステムの防御は、集団で行うものである。

エコシステムの防御の原則は、ライバルの価値創造能力を打ち消すのではなく、自社の価値創造能力を維持することを重視する。これは、世界平和の理念以上の考え方だ。ここで重要なのは、エコシステム構築に異なるアプローチ、つまり異なる価値構築をとれば、価値を作り出す方法が異なるために、市場でひきつける顧客も異なるという事実を認識することだ。それは、同じ明確な価値提案を追求する場合でも変わらない。

読者は、価値構築のどの要素を強化して防御するか、どれをコモディティ化させるかを選択するためのプロセスを持っているのではないだろうか。

確立された市場をめぐる厳しい戦いが示すように、接戦となれば、戦われる価値はコモディティ化される。一方で、多様な価値構造があることで価値創造のバリエーションが増えれば、市場で共存する可能性は高まる。

本章で考察してきたライバルは手強いが、その解決策は、価値創造の新たな方法をいかに見つけるかにかかっていた。市場のみならず、パートナーに対するさまざまなアプローチにも同様のことが言える。同盟を結ぶには、信頼の構築が重要だ。必要になって初めて信頼を築こうとしても遅すぎる。

また、規律なく成長を求めればさらに厄介なことになり、意図しない結果を招く。同盟の維持を優先事項にしなければ、自社の立場が逆転して仲間が敵となる可能性がある。そうなれば短期的にも長期的にも、防御の力を損ねかねない。信頼を築くのには長い時間がかかるが、失うのはあっという間のことで、仲間から脅威へ立場の逆転が起これば大きなダメージとなる。

自社の防御的な同盟は、どこに築くべきだろうか？ 既存の絆を不用意に危険にさらす可能性が最も高いのはどこなのか？

防御の鍵は、攻撃側の現実を受け入れることにある。積極的に受け入れ、自社の価値創造能力を温存して強化するために行動する。価値構築は強力なレンズであり、それを通してエコシステムを基盤とする攻撃の性質（どの価値要素が攻撃されているのか）や、対応の選択肢（対応によって、どの価値要素がプラスに働くか）を読み取ることができる。その意味で、攻撃に対してどんな場合にも適切である戦略は存在しないが、その時と状況に応じた自社や自社組織、自社のパートナーにとって適切な戦略は存在するのである。

エコシステムの防御で最も重要なのは、パートナーとの連携である。しかし、そもそもどうやってパートナーに連携してもらえばよいのだろうか。エコシステムの構築は、それ自体がエコシステムの攻撃の要となる。この点については、次章で考察していこう。

第3章

Ecosystem Offense:
From Adding Competition to Changing Competition

エコシステムで攻撃する

——競合の激化から競合の変化へ

“どうやって象を食べたらよいのか？　一口ずつ食べればよい。

——言い伝え”

“どうやったら象を喉に詰まらせるのか？
一口目の前に二口目を食べるからだ。

——アドナー（私）の推論”

今日の競争世界で見られるのは、ゲームの新たな戦法である。従来の破壊者は、こっそり後ろからパンチを仕掛けて攻撃してきた。一方でエコシステムのディスラプターは、横からの回し蹴りで攻撃を始めてくる。従来の多角化企業は、隣接する業界に参入して既存企業と直接対決した。参入により業界内の競争は激しくなるが、業界の枠自体は変わらない（たとえば、小売大手ウォルマートが食料品に、本田技研工業が乗用車に、ソニーがゲーム機へ参入したように）。

エコシステムのディスラプターは、産業セクターの価値構造を変化させ、そうすることで隣に新しいものを作り出す。ディスラプターの参入後は、それまで別々だった業界が統合され、業界の枠が変化する（たとえばアップルはスマートフォンのイノベーションで、MP3プレイヤーと電話を統合させた。電気自動車（EV）メーカーのテスラは電気自動車と充電インフラを統合し、中国のEコマース最大手のアリババはEコマースとクレジットスコアを統合した）。たとえば、自社がXを売る事業をしていると思っていたのに、境界が移動しており、実際にゲームを動かしているのはYだったというような状況になっているのだ。

従来の破壊とエコシステム・ディスラプションには、競合を増やすか、競合を定義し直すかの違いがある。エコシステム・ディスラプションの本質は、新たな価値構築を展開することにある。そして新たな価値構築は、パートナーや活動が新たに連携することに依存する。しかし既存企業は、従来の破壊に対しては非常に敏感なのに、エコシステム・ディスラプションが新しくてよくわからないために、ディスラプターの初期の動きを見落としてしまうのだ。

ディスラプターの参入で、やがては競合も反応することになるが、模倣しようとしてもうまくいかないことが多い。というのも既存企業は、価値構築が作り出されて重要なパートナーが連携するプロセスではなく、提案の形に注目するからである。しかし、ここでエコシステムの力学を理解すれば、驚くような変革を達成することができ、また、そのための指針も得られる。

アマゾンは、本やトイレットペーパーを配送するEコマースの巨人から、いかにしてアップルやグーグルにマイクロソフト、その他多くの業界の巨人を差し置いて、スマートホームの中枢をめぐる競争をリードする存在に変身したのだろうか。

起業家のオプラ・ウィンフリーは、トークショーのホストから、個人の力でいかにしてメディア帝国を築き、放送や出版と、ウェルネス業界の境界を再定義したのだろうか。

一九世紀の錠前と鍵の製造に起源を持つ北欧のセキュリティ関連製品メーカー、アッサアブロイは、地方の錠前屋からいかにして、ハネウェルやサムスン、グーグルといった大企業と肩を並べて、アクセス制御のエコシステムを形成する重要なパートナーとなったのだろうか。

オンライン小売や起業家、旧世界のメーカーだったこれらのディスラプターは、それぞれが新たな価値構造を取り入れて、競合の状況を変化させた。なかには、エコシステム・ディスラプションが業界全体の構造を覆す事例もある（アマゾンの音声アシスタント、アレクサ［Alexa］のケースで考察する）。さらに独自の参入ポイントを作り、できることに対する今までのルールや境界に破壊をもたらした事例もある（オプラ・ウィンフリーとアッサアブロイのケースで考察する）。エコシステムのディスラプターはあらゆる形をとり、異なる出発地点からやって来る。つまり、誰もがエコシステム・ディスラプションを進め、誰もがその影響を受ける可能性がある。

アッサアブロイのケースは、旧来の業界は現代のディスラプションの影響を受けないという考えを否定するものである。加えて、確立した業界にいる企業も、少なくともシリコンバレーの有望企業のように、エコシステム・ディスラプションのゲームを戦えることを示している。

1 エコシステム構築の三原則

音楽プレイヤー、音声アシスタント、照明スイッチという関連性のない業界からスタートして、どうすれば後から見て継ぎ目がわからないほどにまとまるのか？ 価値要素を首尾よく再調整してエコシステムを構築し、従来のルールに従っていた人すべてが時代遅れになるほどの影響を与えるにはどうすればよいのか？

そのためには、新たな価値構築を用いる必要がある。しかし、どうやって構築すればよいのだろうか？

答えは、①単独で行わないこと、そして、②一度に行わないことだ。

企業が単独で、新しく刺激的な価値提案の基盤となる価値要素をサポートするのは難しい。パートナーをひきつけて連携できるかどうかに成功はかかっている。エコシステム・ディスラプションを起こすうえで重要なのは、これから戦う新たなゲームに他のプレイヤーを引き込み、しかもかかわりたいと思わせること、つまりエコシステムを思い描くのではなく、実際に構築する方法を見つけることである。

エコシステムの構築こそが、エコシステム・ディスラプションの核心となる。エコシステム構築の主要プロセスを考える際には、次の三つの原則がきわめて重要である。[1]

原則①　最小限の要素で構築する

エコシステムは魔法のように出来上がった形で登場するのではないとわかれば、次にエコシステム構築の順番が問われる。まず何をするか？　答えは、最小限の要素によるエコシステム（MVE）である。MVE（Minimum Viable Ecosystem）は、新たなパートナーを迎えるのに必要十分な裏づけを示すことのできる、最小限の要素を持つエコシステムのことである。パートナーを増やすことは、価値構造を作り、価値提案の約束を果たすための鍵となる。また、後述するように、MVEの目的はパートナーを引き込むことであり、MVEの段階における顧客の重要な貢献は、利益に寄与することではなく、パートナーのコミットメントを強化するための裏づけを用意することにある。

MVEを特定することは、つまり、価値創造の大きな理想と、パートナー参加の現実との間にある緊張関係に向き合うことを意味する。行き先をよく考えて出発し、次にそこに至る道筋を特定する作業となる。選択肢にはトレードオフが見込まれるが、それはMVEが決定論的ではなく戦略的であることを示している。つまり、普遍的な正しいMVEではなく、自社にとって正しいMVEを探すのである。アレクサのケースの後で、MVEとMVP(Minimum Viable Product＝最小限の要素による製品)の考え方とを比較する。

原則② 段階的に拡張する

MVEが構築されると、何を最初に行うかから、次に何をするかに課題が変化する。「段階的拡張」の原則は、MVEの次の段階で、どのパートナーあるいは活動を、どの順番で導入するかを明確にする必要性を示す。つまり段階的拡張は、パートナーBを三番目ではなく二番目に迎える理由を説明する。それは、パートナーBを迎えれば、パートナーCを迎えることにつながるからである。

パートナーを迎えるのには、二つの明確な目的がある。パートナーは価値構造を作り、そして、次のパートナーを迎える下地を作る。新たなパートナーは順番に、これらの目標を果たしていく。黎明期のパートナーの役割は、利益をあげることではない。後続のパートナーを引き込み、彼らが確信を持って参加できる裏づけを作ることにある。

価値要素とパートナーには、機械的な一対一の対応関係があるわけではないものの（あるパートナーが一つの要素に部分的に貢献する場合もあれば、一つ以上の要素に貢献する場合もある）、パートナーが増えれば価値構造は強化され、ひいては価値提案も強化される。

原則③　エコシステムを継承する

第1章で、新たなエコシステムは、パートナー同士がかかわる新たな構造と定義した。既存企業では、必ずしもパートナーすべてを刷新する必要はない。「エコシステム継承」の原則は、あるエコシステムで構築された要素を活用して二つ目のエコシステムを構築する可能性に焦点を当てたものである。つまり、エコシステム1に参加したパートナーがとどまり、エコシステム2のMVEのきっかけとなってくれるのだ。

見識ある既存企業にとって、エコシステムの継承は、新たな市場を切り拓くための「秘伝の技」となる。スタートアップにとっても、実績を積めば、エコシステムの継承は、成長と拡大のための強力な推進力となる。一方でエコシステムの継承は、パートナーを説得して、まだ確立されていないビジョンに引き込む、デリケートなプロセスでもある。時には、相手が新たなエコシステムMVEの一員となることを自覚しないまま引き込むことも可能である。これについては、アレクサのケースに出てくる音楽会社で考察する。

しかし多くの場合、参加していることは明らかにわかる。この場合の戦略的な課題は、ある状況で培われた理解を活用して、自社やパートナーの新たな状況でのかかわり方について、改めて合意をとることになる。

これらのエコシステム構築の三原則は、価値構築の創出と、それによる価値提案の創出を解明するものである。エコシステム戦略で最も重要なのは、パートナーとの連携を遂げることにある。連携がなくては、ディスラプションは夢物語に終わってしまう。連携が実現されれば、ディスラプションは驚異的なものになる可能性がある。

本章では三つのケースを通して、この原則と相互作用について考察していく。

アマゾンのアレクサのケースは、業界のアウトサイダーがMVEによって足がかりを築き、その後段階的にリーダーの立場を築く様子を現している。次にオプラ・ウィンフリーのケースは、エコシステムの継承が業界の境界を再定義し、異なる分野をまたぐゲームに変化を与えることを示している。また、ゲームには大企業だけでなく個人起業家も参加できることも証明している。

最後にアッサアブロイのケースからは、既存のコモディティサプライヤーが、保守的なパートナーとの連携を独自の強みとしたこと、そして、その強みを武器に、大きな土俵で新たな地位を作り出して唯一無二のプレイヤーとなり、変革を成功させたことが理解できる。

これらのケースでは、現実の世界と同じように、躓《つまず》きもある。誤解のないように言うと、各企業は最初に明確な戦略目標を立てていたが、その道のりは新たな課題や機会によって形作られてきたのだ。戦略の目的は、適応が迫られる状況をなくすことではなく、方向性を明らかにし、新たな選択肢が現れるたびに一貫した決定を手引きすることになる。

2 アマゾン「アレクサ」――スマートホームをめぐる競争に勝つのは誰か？

二〇二一年現在、スマートホームでアマゾンは支配的な立場にある。しかし、二〇一四年当時はわずか四種類の電子機器製品ラインを発売していたにすぎなかった。成功を収めた電子書籍リーダーのキンドル（Kindle）、失敗に終わったファイアフォン（Fire Phone）、そこから派生したファイアタブレットとファイアTVスティックである。

二〇一四年一一月にアレクサ（Alexa）を搭載したスマートスピーカーのエコー（Echo）を発

表した当初、同社は音声アシスタントをめぐるレースで場違いな負け犬だった。対戦相手は、アップルのシリ（Siri　世界最高の利益をあげるスマートフォン用プラットフォーム、iOSを手がける企業により、二〇一一年に登場）、グーグルのナウ（Now　後にグーグルアシスタントとしてブランドを刷新。世界で最も利用されるスマートフォン用プラットフォーム、アンドロイドを手がける企業により、二〇一二年に登場）、そしてマイクロソフトのコルタナ（Cortana　世界最大のコンピューター向けプラットフォーム、ウィンドウズを手がける企業により、二〇一三年に登場）だった。

レースの序盤では、アマゾンの技術力は明らかに劣っていた。『ニューヨークタイムズ』紙では、「オーケー、アレクサは完璧ではない。実際、完璧には程遠い。（中略）アマゾンのエコーに一つ紛れもない欠点があるとしたら、（中略）それは彼女があまりにも間抜けなことだ。アレクサが人間のアシスタントならクビにするか、せめてしっかりしろと発破をかけるだろう」と評されている。[2]

さらにアマゾンが音声アシスタント「アレクサ」を、黒い円柱形の「エコー」スピーカーに入れたことで、競合は倍になった。しかしボーズやＪＢＬ、ソノスなどの既存スピーカーメーカーの製品のほうが音質はずっと良く、周辺機器やネットワークへの接続性に優れ、すでにスマートフォンとの連携も行われていた。「繰り返すが、ブルートゥースのスピーカーとしてアマゾンのエコーを購入すべきではない」と批評家は警告していた。[3]「ロボットの声を聞く程度なら許容できる音質だが、音楽は奥行きがなくて安っぽく、平板に聞こえる。同じ値段なら、はるかに良いスピーカーが他で買える」

ところが、アマゾンは二〇二一年までに、スピーカーと音声認識というそれまで別々だった業界を一つにし、その結果生まれたスマートスピーカー市場を支配し、その統合を利用して、来たる第三のレースでポールポジションについた。スマートホームの主役の存在をかけた、数十年にわたるレースである。

音声ベースの「アンビエントコンピューティング」[1]は家を超えて拡大し、車やオフィス、医療機関などへ進出していた。ではアマゾンは、このような劇的な変革をいかにして遂げたのだろうか。

アレクサが激戦のスマートホーム市場に参入したことは、パートナーに焦点を当てたアプローチで市場を再定義した好例である。慎重な滑り出しは、スマートホーム・エコシステムの中心としてさらに拡大するという、アマゾンの大胆な価値提案と矛盾するものだった。しかし、わずか四年間で、ハネウェルやGEといったオートメーションの巨人、AT&Tやモトローラなどの通信業界のリーダー、そしてアップルやグーグルといったテクノロジーのライバルたちが、数十年かけた取組みを上回ることになったのである。ハードウェアとオーディオでの新参

[1] ユーザーが個々の端末を意識せずに、環境全体をコンピューターのように操作すること。

者としては、悪くない成果といえる。

スマートホームの中枢、つまり、増え続けるありとあらゆる家庭用機器とつながる心臓部をめぐる争いは熾烈を極めた。リターンが非常に大きいと考えられているからである。世界のスマートホーム市場は、二〇一七年から二〇二二年の間に年率一四・五％で上昇し、五三四億五〇〇〇万ドル規模になると予想された。(4) 同時に三〇年に及ぶ試行錯誤（そのほとんどは失敗だった）からは、スマートホーム市場を制するには、室内の温度管理を自動化したり、遠隔操作で施錠するための単なるツール以上のものが必要なことは明らかだった。(5)

アマゾン創業者のジェフ・ベゾスは、初めから明確な目標を掲げていた。「自然に話しかけることができ、会話をしたり用事を頼めたりするコンピューターは、SF小説が出始めた頃からの夢だった(6)」。実際、映画やテレビ番組では何十年にもわたり、よくあるネタとなっていた。しかし、ユニークであろうとなかろうと、価値提案を支える適切なパートナーを集めて、消費者に相互運用性や利便性、機能性を提供するというビジョンは、ビジョンと呼ぶにふさわしいものである。

大企業には強力な技術的強みや素晴らしいブランド、市場との結びつきがあるだろう。しかし、これらの強みは、価値提案を実現できるパートナーたちと連携してこそ、初めて意味を持つ。実際、アマゾンのファイアフォンには巨額の資金が投じられ、プロモーションも大々的に行われたが、結局スマートフォン市場での戦いに敗れてしまった。このことは、素晴らしい企業が大掛かりなスタートを仕掛けたとしても、優れた計画の代わりにはならないことを明らかにしている。

第一段階 MVEの構築

アマゾンのエコシステム・ディスラプションの第一段階は、トロイの木馬から始まった。二〇一四年一一月に発売されたエコースピーカーは、プライム会員のみに販売された。すでに人気を博していたブルートゥーススピーカーの新製品としてのエコーの音質は、平凡なものだった。新機能としては、基本的な音声による指示で、プライムミュージック(Prime Music)で楽曲を聴くこと(アマゾンは、プライム会員とセットにした音楽ストリーミングサービスも展開している)や、初歩的な音声認識アプリケーション(天気や時間など)を採用していた。

アレクサ搭載のエコーの性能は発売当初、市場の先行者たちが設定した基準を大幅に下回るものだった。『コンシューマーレポート』[2]は、「エコーは、スマートフォンのカレンダーやメッセージ、電話の機能と密につながるシリやグーグルナウ、コルタナとは異なり、ユーザーの生

[2] 非営利の消費者団体による情報メディア。消費者向け製品・サービスのテストを実施し、評価を行う。

活を知らなさすぎる」と辛口の評価を下している。[7] その後、アレクサはアマゾンプライム会員でなくても入手できるようになったが、製品を試した一部のテクノロジー批評家は呆れてこう言った。「アレクサに質問して、『ごめんなさい、今はわかりません』と何度言われたことか。何度も、何度も、何度も……。もういいよ、アレクサ」[8]

目新しい音声コントロールができて、無料音楽ストリーミングを利用できる平凡なワイヤレススピーカーは、ある程度のアーリーユーザーをひきつけるには十分だった。決して大人数ではないし、アマゾンの売上に少しでも貢献するほどでもない。それでも、スタートを切るには十分だったのである。

第一段階の目標は、市場を圧倒することではない。MVEを構築し、進化の準備を整えることだった。アレクサの場合は、プライムミュージックがスタート地点だった。人気のスポティファイやアップルと比べると楽曲が少ない二流の音楽ストリーミングサービスだが、アマゾンはエコー発売の四カ月前にプライムミュージックを開始し、プライム会員に無料で提供された。このタイミングは偶然だろうか？　プライムミュージックがエコーより先に開始していたことで、重要なパートナーである音楽会社は、期せずしてアマゾンのスマートホームのMVEの一員となったのである。

エコー展開は当初、消費者市場での大きな成功を収めるというより、パートナーのためのごく小さな基盤を築く目的を持っていた。アレクサとエコーシリーズのディレクター、トニ・

図3-1　アマゾンアレクサのエコシステム構築チャート

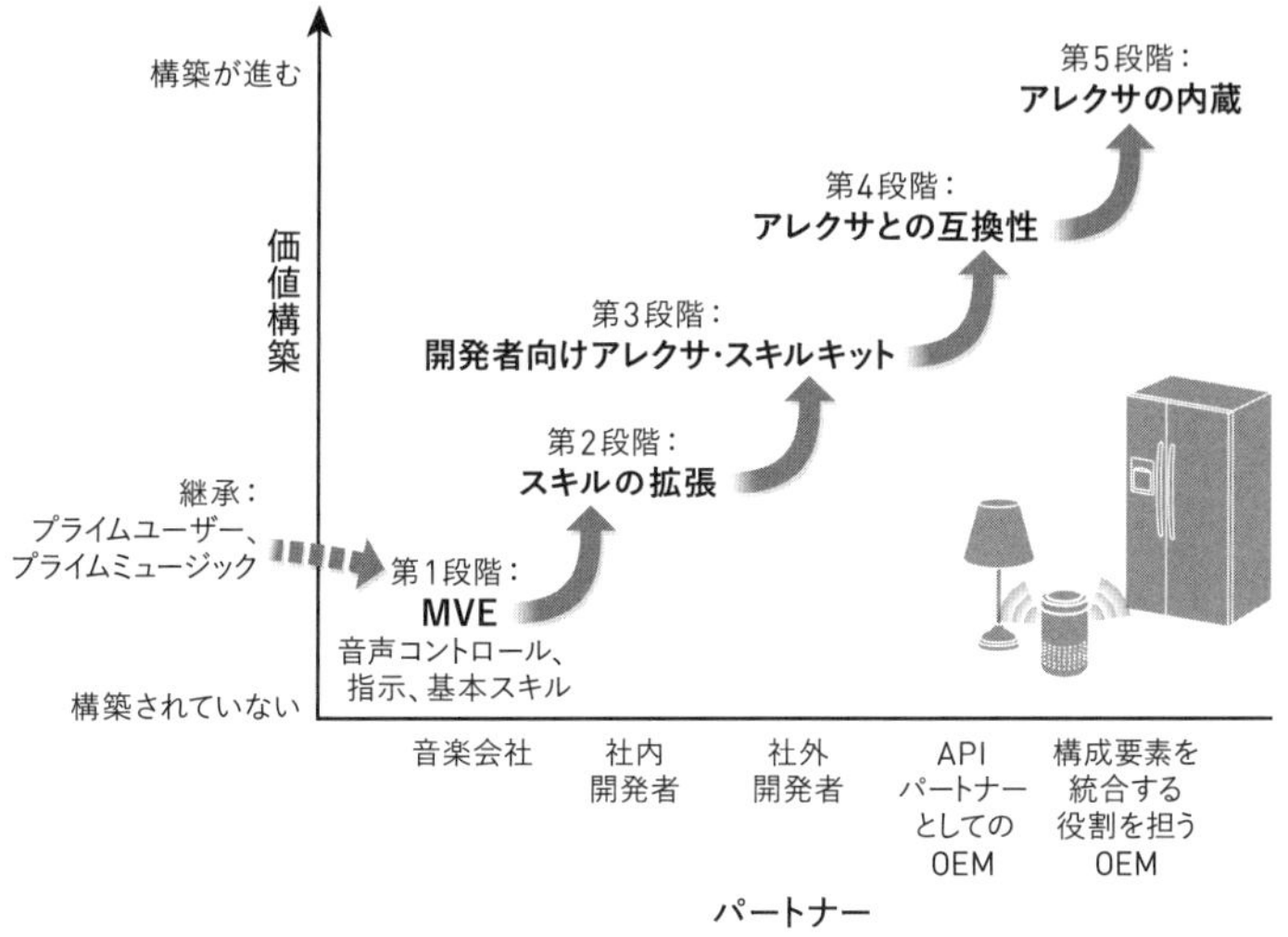

リードはこう説明している。「私たちにフィードバックを提供し、良い製品を作り上げたいと考えるユーザー層を狙おうと考えたが、それが奏功した。ユーザーは頻繁に利用し、早いうちからフィードバックを提供してくれた(9)」

つまり、焦点は売上でもマーケティングの話題性でもなく、利用してもらうことだったのである。これがクラウドベースの世界で進歩する秘訣なのだ。使えば使うほどデータが増え、それがアルゴリズムを洗練させ、ひいてはパフォーマンス向上につながる。このプロセスを加速させるうえでユーザーの利用データほど有用なものはなく、これこそが、アレクサの第一段階の要だった。

図3-1は、アレクサ・エコシステムの

構造の段階を示したものである。

第二段階　スキルの拡張

アルゴリズムとしての魅力を持つＭＶＥから始まり、次にアマゾンは、アレクサ・プラットフォームで使える「スキル」（機能）の拡張に着手した。まず、スポティファイやｉＴｕｎｅｓ、そしてパンドラで、音声アシスタントを提供すると発表した。[10] また、冗談半分に「サイモンが言うには」[3] の機能も加えた。この第二段階では、アマゾン・ウェブ・サービス（ＡＷＳ）を通じて展開された機械学習アルゴリズムを活用した。ＡＷＳが提供するクラウドベースの大規模ネットワークコンピューティング機能によって、アレクサのＡＩは進化し、より優秀になった。アレクサは発表から七カ月で、さらに進化したアプリケーションを提供した。たとえばドミノ・ピザのオーダー、グーグルカレンダーとの同期、（「良いことがありますよ」といった）運勢を教えてくれることなどが可能になった。

このようなスキルの進化はユーザーに魅力的なものだったが、より重要だったのは、（エコーを通して）アレクサが意義あるプラットフォームとなる可能性がある、あるいは、なるはずだと開発者たちが考えるようになることだった。テクノロジー評論家やユーザーがまだ気づいていなかったとしても、開発者は確実に気づいていたのだ。ＡＷＳが絶大な能力を持っていることは、アレクサが常に進化し続けることを意味していた。ベゾスは二〇一六年のコードコンファレンス[4]での講演でAIについて語り、「非常に大きな進化が見られるだろう」と述べている[11]。

アレクサが開拓した音声認識インターフェースは、そのスキルの進化が決め手となり、信頼を得つつあった。さらに、やり取りのたびにデータが追加され、それがアレクサのアルゴリズムをさらに的確で賢いものにした。

第三段階　開発者向けのスキルキット

開発者の注目を集めたアマゾンは第三段階として、アレクサのインターフェースに変更を加えて、ライバルのプラットフォームと比べて新たなスキルを作り出しやすいものにした。アレクサ・スキルキット（ASK）を発表し、外部の開発者がアレクサの新機能を作り出せるようにしたのである。これは、アップルにおけるサードパーティー・エコシステムとアップルストア（Apple Store）との関係と似ている。

同社は開発者のコミュニティに対し、ASKを使って新たな音声スキルの開発を外注するこ

[3]　条件付きでリーダーの指示に従う子どものゲーム。
[4]　テクノロジー業界のリーダーを対象とした会合。

とにした。二〇一五年六月に、アマゾンエコーとアレクサ音声サービス担当のヴァイスプレジデント、グレッグ・ハートは、「新たなスキルや能力をユーザー向けに開発したいと考える開発者やメーカー、さらに一般の人のために今回、ASKを用意した。このテクノロジーを利用して、開発者がどんな発明をするかが早く見たい」と述べている。[12] 同年末には、音声技術にイノベーションを起こす開発者や企業を支援する目的で、一億ドルを投じてアレクサ基金を創設することも発表された。

二〇一五年に一三〇だったアレクサのスキルは、[13] 二〇一六年には五〇〇〇、二〇一七年には二万五〇〇〇、そして二〇二一年には八万を超えた。[14] 使われるたびにアマゾンはデータを蓄積してAIを強化し、それがアレクサの機能を向上させ、同時に新たなユーザーや開発者をひきつけ、プラットフォームを充実させていった。

ベゾスによると、二〇一六年五月には一〇〇〇名以上の社員がアレクサにかかわっていた。二〇一七年にはそれが五〇〇〇名を超えた。[15] もはや「ピザ二枚の法則」[5] を超え、市場を独占しようと全社的に後押しするプロジェクトとなった。エコードット(Echo Dot)、ルック(Look)、ショー(Show)といったさまざまな価格帯の新モデルを発表した二〇一七年終わりまでには、アマゾンは従来のスピーカーメーカーやスマートスピーカーの競合を抑えて、世界最大のスピーカーブランドとなっていた。[16] エコーデバイスの種類は増えたものの、形は違ってもアレクサのプラットフォームという点ではまったく同じであり、使うたびにより優秀かつ的確になっていった。

第四段階　ワークス・ウィズ・アレクサ（他社製品の互換性認定）

ユーザーと開発者の両方で結果を出すために十分な数を得たアマゾンは、第四段階に入り、スマートホームのハードウェアメーカーを取り入れることにする。これらのメーカーには、自社製品が対応する数多くのプラットフォームや基準があったが（たとえば、アップルのホームキット［HomeKit］、グーグルのネスト［Nest］、サムスンのスマートシングス［SmartThings］など）、アマゾンのプラットフォームは、メーカーの注目と資源の投資のどちらも集めることに成功した。

他社製品との互換性を認定するワークス・ウィズ・アレクサ（WWA）を発表した二〇一六年は、さらなる転換点となった。GEは、Wi‐Fiとつながる冷蔵庫や食洗機、オーブン、コンロ、洗濯機といった家電製品シリーズを、アレクサに対応させると発表した。エコースピーカーに音声で指示を出し、家電を動かすというものだ。[6]

GEアプライアンスのある幹部は、「音声接続は、モノのインターネット化（IoT）と家庭

［5］プロジェクトチームは少人数に抑えて、全員がプロセスに参加するべきだとするベゾスの考え。

に対して大きな役割を果たすものだ。(中略)当社のコネクテッド家電(つながる家電)をアレクサと統合することで、ユーザーの生活がより便利で生産的に、そして少し楽しいものになるだろう」と述べた[17]。さらに、八社を超える大手照明メーカーがアレクサ対応の製品を発表したことで、インテリジェント照明装置の夢はかなえられた。しかしこれは氷山の一角にすぎない。二〇一九年一月までには、アレクサのアンビエントインテリジェンス(環境知能)で管理可能な製品は、四五〇〇を超える企業で、二万八〇〇〇点以上となっていた[18]。

第五段階　他社製品に搭載され、アレクサが頭脳になる

いよいよドラムロールが鳴り、アマゾンが当初から抱いていた野望が明らかにされるときが来た。真のブレークスルーとなる第五段階では、アレクサの音声機能が、他社製ハードウェアに対応するだけでなく、搭載されることになったのだ。

アレクサ音声サービス(AVS)は当初、サードパーティーのハードウェアメーカーに無料で公開された。各社はツールを用いて、アレクサを自社製の照明器具やテレビ、温度調節機などのハードウェアに簡単に搭載できるようになった。第四段階では、エコースピーカーを通して、照明器具をアレクサでコントロールできたが、第五段階ではアレクサがスイッチの一部となったのだ。

つまり、ユーザーはエコーに向かって「明かりをつけて」と言う代わりに、スイッチに直接話しかけるようになった。これは互換性から統合への、そして、オプション機能としてのコネクションから、搭載された頭脳への大躍進だった。

二〇一九年九月には、どんな装置も簡単に「スマートデバイスとする」アレクサ・コネクト・キット(ACK)モジュールが発表された。これによって製品メーカーは、約七ドルの装置(ハードウェアモジュールと、ACKクラウドサービスを含む)で、時間が経つほど賢くなるアレクサ搭載製品を製造することが可能となった。[19] 二〇二〇年一二月までに、サムスンやLG、ソノス、ボーズ、エコビーといった企業がアレクサ内蔵製品を発表した。

「アマゾンはアレクサをプラットフォームとして巧みに定義し直した。アレクサ搭載製品の数は圧倒されるほど多い」とある証券アナリストは述べている。[20] ベゾスはアレクサの軌跡を振り返り、「私たちは、この快挙を意外だとは思わない。さらに発展すると期待してもらいたい。他社や開発者がアレクサの採用をさらに加速させる重要な地点に到達したのだ」と語った。[21]

アレクサ成功の決め手は、段階的なアプローチをとり、必要なパートナーを引き込むことだった。ここでのキーワードは「段階」である。アマゾンがエコーの将来の姿について、明確なビジョンを持っていたことはきわめて明らかだ。家を管理するというビジョンは、二〇一〇

[6] GEの家電部門。二〇一六年に分離され、中国家電大手のハイアールが買収した。

年頃からすでに温めていたものだった。その頃アマゾンは、音声コマンドや身振りに対応する多様なサービスの提供につながる、仮想ディスプレイなどに関する特許を出願していた。ベゾス自身も、このような特許を多数申請している。[22]

エコー発表前のベゾスのビジョンについて、ある開発者は「この装置の究極の機能については、理不尽といってもよいほどの期待がかかっている」とコメントしている。[23] 達成に向けた実行可能で段階的アプローチが、そのビジョンに秩序を与えたのである。

ベゾスの「重要な地点に到達した」という発言は、プラットフォームになるのがスタートではなく、ゴールであることを意味していた。アレクサは第五段階から出発したのではない。アマゾンは段階を踏んで、自らが設計、構築したエコシステムをリードした。ゲームの部外者が巨大テクノロジー企業と並んで中心的立場に立ち、スマートホームの頭脳になりたいと本気で考えていたパートナーたちの願望を覆したのである。彼らがアレクサに対応した周辺機器を提供するようになり、スマートホーム分野の競争原理は変わった。

成功するエコシステム・ディスラプションは、一度にすべて起こることはめったにない。

千里の道も一歩から

アマゾンのスマートホーム分野での急上昇は、あらかじめ決まっていたわけでは決してない。

現在は成功を収めるアマゾンが、二〇一四年当時は負け犬だった事実は忘れられがちだ。アップル、マイクロソフト、そしてグーグルとの四社による競争で、アマゾンが一位になると想像した人はほとんどいなかっただろう。しかし二〇二〇年の実績では、アマゾンが一位(市場シェア五三%)、グーグルが後を追って二位(同二八%)、大きく水をあけられてアップルが三位(四%)につけている。[24] マイクロソフトに至っては、コルタナを競争から撤退させている。[25]

サムスンも戦いから撤退しているが、これは垂直統合の限界を示している。自社で各部分を賄おうとしても、パートナーとの連携という課題をすぐに解決することにはならない。サムスンは巨大企業であり、スマートフォンから家庭製品、自動車関連、医療、半導体などにおいて世界の主要プレイヤーでもある。

二〇一七年までに、サムスンは音声認識パーソナルアシスタント、ビクスビー(Bixby)を二〇〇カ国以上の消費者向け市場で展開した。当時、同社のある幹部は、「ビクスビーの音声認識能力の拡張は、その機能を継続的に展開するための第一歩となる。将来的にビクスビーは、より知的でパーソナライズされたやり取りや、さらに多くの装置とシームレスにつながるための学習能力を持つようになるだろう」と発言した。[26] しかし、二〇一九年九月の家電の報道陣向けコンファレンスでは、ビクスビーの名前すら話題にのぼらなくなっていた。

エコシステムの成功を阻む最大の課題は、ほとんどの場合、ビジョンでもテクノロジーでもない。エコシステムで最も難しいハードルは、信用できるパートナーを得て、協力してもらうことである。アマゾンがスマートホームのリーダーになったのは、プラットフォームにならないことを他社に受け入れてもらったからにほかならない。

▼MVEとMVP

必要最小限の製品（MVP）のアイディアは、市場テストのための重要なアプローチとなっている。スティーブ・ブランクやエリック・リースの研究および、リーンスタートアップの流れで紹介されたMVPを用いた手法は、イノベーティブな企業が製品デザインや市場の需要に対する仮説を、開発のかなり早い段階で掘り下げる手引きとなっている。

その目的は本格的な構築にコミットし、商品を完成させて発売する前に、大雑把な（そして安上がりな）プロトタイプを用いて、消費者から有益なフィードバックを集めてそれに応じて何度も反復することにある。人為的な顧客エンゲージメントと反復的な低コストのプロトタイプを組み合わせたMVPは、探索のための強力なアプローチであり、ツールボックスにぜひ備えておきたいものといえる。(27)

必要最小限のエコシステム（MVE）は、MVPとは異なる。MVEは消費者の需要を探るためのものではない。価値構築を行い、価値提案を展開するために（もちろんそれ自体、深いカスタマーインサイトに基づいて選ばれなければならない）必要なパートナーと連携をとることに焦点を当てたものである。

MVEはプロトタイプ的な要素よりも、相手をひきつけて連携する要素が強い。最初のパートナーたちをひきつける基盤を提供し、それが二番目、三番目のパートナーたちをひきつける役割を果たす。

両者の違いは、最初の顧客の役割を考えれば明らかである。MVPにおける最初の顧客は、製品を発売する前に市場について教えてくれる存在である。一方、MVEにおける最初の顧客は、パートナーをひきつけるための十分な裏づけをもたらしてくれる存在であり、それが次のパートナーをひきつけることになる。構造が強化されると、パートナーはこちらに価値提案をさせてくれるようになる。その価値提案は、本来の顧客に向けた営業活動のために、十分に準備されたものとなる。

自社の価値提案が複数の要素の集合体に依存している場合や、あるいは自社の価値提案を顧客にプレゼンテーションするためにパートナーをひきつけて連携する必要がある場合には、MVPのアプローチではうまくいかない可能性がある。大雑把なプロトタイプでパートナーに参加してもらうことは可能だが、連携させることはできない。彼らと共同で作り出すことは可能だが、そうすると自社でゲームのルールを設定できなくなる。

アマゾンが、MVEのアプローチで段階を踏んで拡張した代わりに、段階を飛び越えて、いきなり最終地点に飛び込もうとしたらどうなっていただろうか。

「こんにちは、サムスン。わが社を貴社スマートホーム製品の中枢に据えませんか？　そして、貴社も他の家電メーカーのように、わが社のパートナーになりませんか」

「こんにちは、ユニバーサルミュージック。貴社の音楽カタログは、わが社がスマートホームの中心的存在となるためには不可欠です。ところで、それはさて置き、一部の楽曲を安い価格で提供する条件を受け入れてもらえませんか」

「こんにちは、開発者の皆さん。わが社はテストを行わずに製品を数多く販売してきました。最新のハードウェアはひどい失敗作でした。でも、わが社は皆さんを信用しています。皆さんも同じように、わが社を信用してくれませんか」

共同作業による創造を行えば、パートナーは自分たちもリーダーシップをとるのが当然だと主張するだろう。しかし、MVEを土台とした連携戦略をとれば、リーダーシップの競争を避けながらリーダーの立場をとることが可能となる。MVEは、さらなる段階への拡大のために設計されているのである。

アマゾンが家電製品メーカーに対してとったアプローチは、このことをよく示している。エコシステムでリーダーシップをとる課題については、第5章で再び考察する。

MVPとMVEはツールキットとしてどちらも備えておくべきものである。しかし、混同してはいけない。MVPはカスタマーインサイトのためのツールであり、MVEはパートナーの連携と規模拡大のためのツールなのである。

▼スマートホームを超えた展開

当初、アレクサのクラウドインテリジェンス・アプリに格納されていたエコーは、初期の段階を踏んだ後、より大きなゲームに挑む姿を見事に見せている。最初は平凡なシリンダー型スピーカーの檻に閉じ込められていたアレクサは解放された。目には見えないが常につながり、フレキシブルで継ぎ目を持たない「アンビエントコンピューティング」は、拡大するコネクティビティの網であり、これこそが、装置を超えて生活環境の一部となるスマートホームの究極の姿である。

アマゾンの価値提案は、スマートスピーカー事業の勝者となることではなく、音声インテリジェンス事業の勝者となることだった。アマゾンがスマートホームの領域で少しずつ、パートナーごとに展開した活動は、段階的拡張の効果を示す説得力のあるケースといえる。

スマートホームのプロジェクト自体は、さらに大きな挑戦のための一段階にすぎない。アマゾンはスマートホーム・エコシステムを基盤として、すでに自動車や医療、携帯端末を通じたサービス、法人向けアプリケーションなどへの応用を行っている。このようにエコシステムを横断することは、成長を促す手堅い手法といえる。効果的に行えば、エコシステムの継承の原則を武器にして、ほぼ確実にＭＶＥのきっかけとできるのだ。この点を次に考察する。

3 オプラ・ウィンフリー
——継承を武器に、エコシステムへの参入を再定義する

エコシステムへの攻撃は、業界全体を大きく変化させる。そしてこれは、比較的規模の小さい競合関係の再定義にも当てはまる。企業や起業家が必ずしも他のプレイヤーを巻き込んでゲーム盤をひっくり返さなくても、新たな立場や市場参入の可能性を見出すことはできる。オプラ・ウィンフリーの起業家としての歩みは、彼女自身のブランドと同様、エコシステム・ディスラプションのために必ずしも破壊行動を起こす必要はないことを、はっきりと示している。[28]

オプラが歩んだ道のりは、エコシステムの継承を利用して新たなパートナーと連携し、新たな価値提案に加えて独特のＭＶＥを展開した事例である。オプラは、あるエコシステムのつながりを利用して新たなエコシステムへと目標を進めることに、非常に長けている。

皆さんも「どうしたら名声を得られるか」ではなく、「自分には今、どんな資源やつながりがあるか？　それらをどのように活かして、新たなエコシステムにおける連携を進められるか」と考えながら読み進めてほしい。

出発はテレビ・映画のエコシステム

オプラ・ウィンフリーのキャリアは、まるでおとぎ話のようだ。彼女の生い立ちは非常に厳しいものだったが、持ち前の才気や明るい考え方、天分によって、生い立ちとは対極の地位に上り詰めた。

オプラはテネシー州ナッシュビルとメリーランド州ボルチモアで、地方テレビのニュースやトーク番組の司会者を務め、その後一九八四年にシカゴに移った。シカゴでの番組が始まって最初の一カ月で才能を発揮し、視聴率最下位だった味気ない朝の番組を、視聴率トップに押し上げた。一九八六年にはその番組を卒業し、自身の名を冠した『オプラ・ウィンフリー・ショー』を始めた。同番組は二五年間続き、[29] ピーク時には毎朝一二〇〇万〜一三〇〇万人の視聴者をひきつけていた。[30]

この奇跡をどうすれば再現できるだろうか。オプラは才能と粘り強さ、運を独自に組み合わせて『オプラ・ウィンフリー・ショー』を成功させ、自身を誰もが知る存在にした。いったいどうすればこれを真似できるのか、それは本書の範疇外である。私たちが真似できる教訓は、スターの座を超越して行われた、彼女の選択にある。

オプラは(単なる)超有名人だったかもしれない。しかし、彼女はメディアの大物になり、コンテンツのエコシステムに足を踏み入れ、そして、それを超えてさらに成長した。アレクサのケースと同様に、ここでも運はもちろんのこと、大きなビジョンが重要な役割を果たしている。

オプラは番組が全国放送され始めた一九八六年のインタビューで、大胆にもこう述べている。「私は、米国で最も裕福な黒人女性に必ずなってみせます。実力者になってみせます」[31]

成功が保証されることはないが、偶然に成功することもまた稀である。

▼コントロールの掌握——スターからオーナーへ

スターは高報酬を得ているが、あくまでマネジメントの指示に従うスタッフである。一方でオーナーはリスクをとる見返りとして期待を上回った分のリターンを得る。しかし、より重要なのは、そのリスクをコントロールすることである。

一九八八年、『オプラ・ウィンフリー・ショー』は米国で昼のテレビ番組としてトップの座を不動のものとした。[32]誰もが番組を成功させたのはオプラだと考えていた。そこでオプラと彼女の弁護士兼エージェントで、ほどなく事業パートナーにもなるジェフリー・ジェイコブスは、番組の権利を買い取る交渉を行うことにした。

こうしてオプラは、自身の企業であるハーポ・メディアの傘下に帝国を築いていく。これが最初の教訓である。つまり、金を掘り当ててそれが金だと気づくことと、その真の価値は取引してこそ実現すると気づくことには、大きな違いがある。

オプラは起業家となった。リスクを抱えるが、それをコントロールしている。ハーポ・メディアは番組の権利取得以外にも、自身の番組を制作するスタジオも買収した。彼女はすぐに、コンテンツ制作の足場を自身の番組以外にも広げた。一九八九年のテレビ映画『ブリュースタープレイスの女(The Women of Brewster Place)』、一九九三年の『ここに子どもはいない(There Are No Children Here)』、さらに『オプラ・ウィンフリー・ショー』で大人気となった人物を起用した昼間の番組(『ドクター・フィル』『ドクター・オズ』『レイチェル・レイ』)を制作した。その後は映画にも進出し、一九九八年『愛されし者(Beloved)』、二〇〇九年『プレシャス(Precious)』、二〇一四年『グローリー　明日への行進(Selma)』を制作するに至った。二〇一八年にはアップルとパートナーを組み、ストリーミングサービス用の独占コンテンツを制作している。

これらのコンテンツに共通するテーマは、自己改革や共感、それに精神性である。一方で、事業に共通するテーマは統制だった。ハーポは、コンテンツやスタイルを統制したうえでリスクをとろうとしたのだ。

なかでも最も大切にして守られたのは、オプラが視聴者との間に築いた信頼関係だった。ある証券アナリストは、「オプラは視聴者の一部となった。彼女はゲストとともに泣き、個人的な話をし、視聴者にスピーチするのではなく視聴者と対話した。こうして人々が彼女を認め、信頼するようになったのだ」と述べている。[33] 視聴者を呼び込むのは彼女のカリスマ性だが、フォロワーを動かして「オプラ効果」をあげるのは信頼であり、それは市場で大きな影響力を持つことになった。

番組で紹介され、彼女の「お気に入り」リストに入れられた製品は、すぐにベストセラーとなった。一九九六年から始まった「オプラ・ブッククラブ」は、取り上げられた本の著者にこの上ない影響を与えた。ウォーリー・ラムなど、デビュー間もない小説家を出世させ、コーマック・マッカーシーらベテラン作家の地位を不動のものにし、六〇〇〇万冊を超える本を売り上げた。

これは、有名人による宣伝効果を超えたものだ。視聴者とのつながりが、真の文化的影響を生み出したのである。オプラ・ウィンフリーはこのつながりを展開して、新たな分野にパートナーを集めてイノベーティブな事業を展開した。つまり、エコシステムの継承を原動力としたのである。

境界を超越する——エコシステムの継承

オプラが段階を踏んで活動を拡大し、ビデオコンテンツのバリューチェーンをさかのぼったこと、つまりテレビタレントからプロデューサー、そして事業オーナーへと進んだことは、それだけでも素晴らしいことである。しかし、それは以前からある垂直統合であり、コンテンツ制作の枠の中での出来事でしかない。「素晴らしい番組を制作して対価を受ける」という基本的なモデルに基づいた、大金が賭かったゲームだ。

図3-2　オプラ・ウィンフリーによる、
継承を利用した新たなエコシステムへの参入

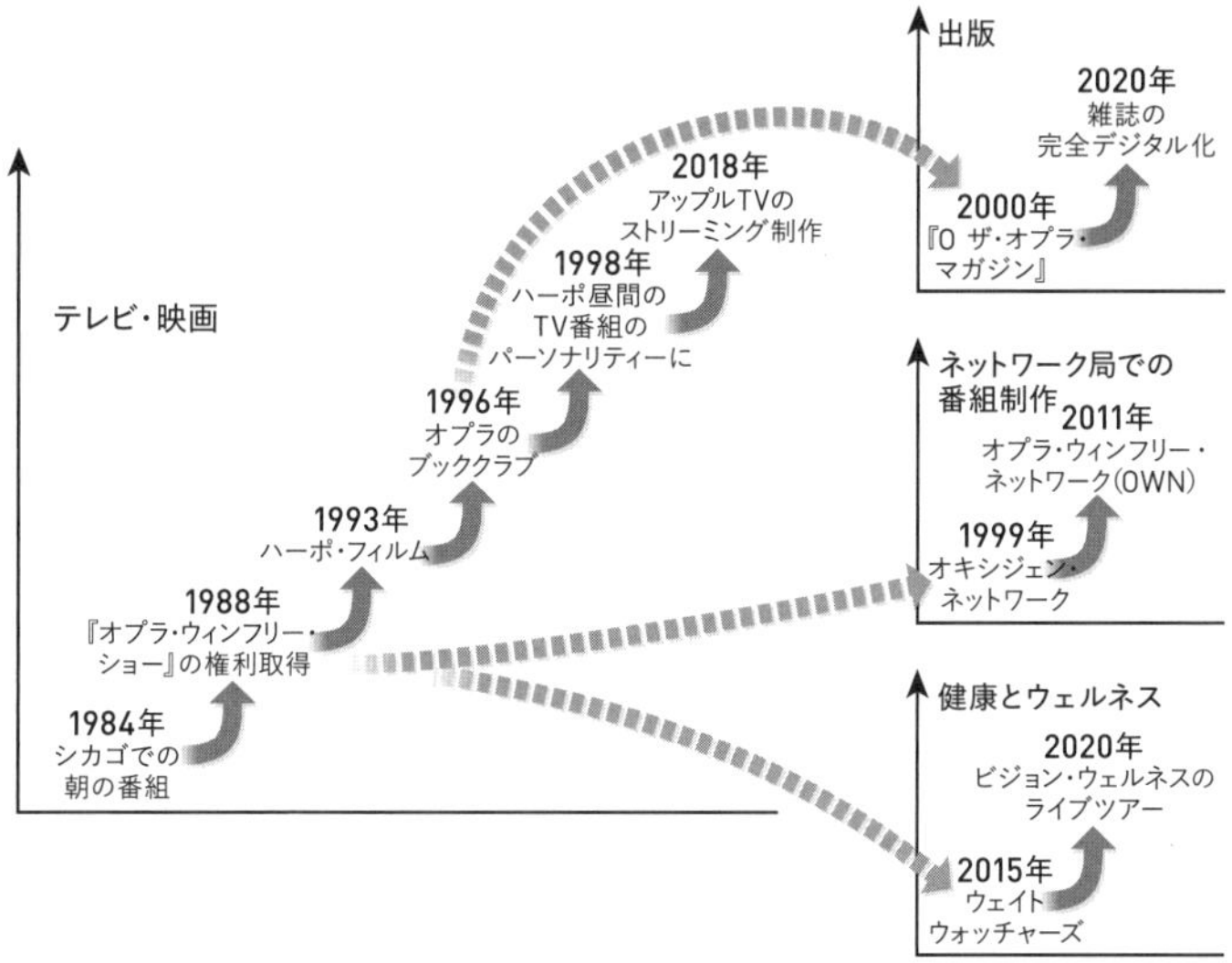

しかし、それ以上にイノベーティブなのは、オプラが自身の立場をどのように利用して、他の業界に進出したかという点にある（図3－2）。

▼継承による参入の第一段階——出版業

オプラのブッククラブは、テレビ番組のコーナーの一つであり、それ自体が出版への参入ではなかった。しかし、それによってオプラは必要なパートナーと連携して、放送から印刷メディアへ移ることもありうるというイメージに信憑性が加わった。二〇〇〇年、『O　ザ・オプラ・マガジン（O the Oprah Magazine）』が発刊された。雑誌刊行の権利をめぐり、米メディア企業のハースト社はコンデナスト社やAOLタイムワーナーと争った末に、オプラのブランドを雑誌メディアで届けることを約束して勝利した。

出版大手のハーストは出版社として専門性を有していたが、オプラの持続可能で素晴らしい文化的な影響力を前にして、新たなパートナーに編集の主導権を譲ることにした。[34] たとえば、これまでの業界内の常識では、雑誌の巻頭から二〇ページほどは広告が続き、目次はその後に置かれたのだが、『O』は二ページ目に目次を置いた。注目度が高い巻頭ページは広告主にとって重要であり、もちろん出版社にも重要だった。しかし、オプラは「読者第一」の考えを主張し、読者が雑誌の内容を知る前には広告を入れないこととした。[35] 彼女は自身のやり方を押し出したのである。これは継承を用いた連携であり、今までとは異なるMVEだった。

彼女の雑誌は、憧れと実用性が混在したオプラのメッセージを具体的に表すものとなった。そして競争の激しい雑誌市場にあって、新規参入者としては素晴らしい結果を出している。雑誌はたとえ成功しても、利益をあげるまでには五年程度かかるのが普通である。しかし、『O』創刊号の発行部数は一〇〇万部で、ハーストは第六号までには六二七ページもの広告を販売した。[36] 七号目の発売時には購読者数が二〇〇万となって黒字化しただけでなく、米国市場で最も成功した新雑誌となった。[37] 二〇二〇年に完全にデジタル化されるまで、印刷版の雑誌は二〇年間続いた。

しかし、重要なのは雑誌を創刊したことではない。それは参入者のすることである。重要なのは、パートナーと組んで雑誌を創刊し、さらに自身の条件を受け入れてもらい、元々のエコシステムにある独自の資源を武器にして、その力を最大化したことにある。編集の主導権を得たことで、雑誌とテレビ番組の間で直接的な連携が可能となった。本や「お気に入りの品」などの共通のテーマを連携させて、著名なファイナンシャルプランナーのスーズ・オーマンなどの有名人を、レギュラーの出演者とコラムニストの両方に採用した。これこそが、強みを活用してゲームを変化させることなのである。

▼継承による参入の第二段階——テレビ番組とケーブルテレビ

番組制作会社は、知的財産を開発して番組とする。テレビ局はそれを買って、束ねてセットにする。さらに局のブランドアイデンティティを構築し、広告主に時間を売り、月極めの月額ケーブル料金から契約者ベースで取り分を受け取る。番組制作会社とテレビ局は異なる課題を持ち、異なるゲームを戦っている。

歴史的に見れば、テレビ局は嚙みタバコを味わうようなメディア王のものであり、カメラに向かうテレビパーソナリティーのものではなかった。オプラは、新たなエコシステムに二つの奇襲を仕掛けた。一つ目は、女性に特化したテレビ局、オキシジェン・ネットワークを一九九九年に共同設立したことである。

オプラはこのベンチャー事業に対して二〇〇〇万ドルと、『オプラ・ウィンフリー・ショー』の過去の放映権(これについては、のちに後悔している)を投資し、その見返りに二五%の取り分を得ることになった。[38] ただし、持ち株比率が小さかったことや、共同創業者と経営方針に関する考え方が異なったせいで、オプラは期待していたほどの影響力を発揮できなかった。

同チャンネルが若い世代向けに『はみ出し者の娘たち(Girls Behaving Badly)』などの番組の投入を始めると、オプラの核となる考え方から乖離していった。「私の声は局に反映されていない」とオプラは述べている。[39] 二〇〇七年、オキシジェン・ネットワークは米三大テレビ局の一つであるNBCに九億ドルで売却された。[40]

その一年後、オプラは二つ目の奇襲を仕掛けた。今回は、彼女一人である。ハースト社と協働した雑誌と同様に、オプラはディスカバリー・コミュニケーションズと組んで、ケーブルテレビ番組の制作を全面的に統制し、OWN(オプラ・ウィンフリー・ネットワーク)の開局を発表した。しかし、OWNは独自の進化を遂げたものの、オプラのような大物でも失敗することもあることを再び示す事例となった。OWNを「精神的な気づきをもたらす目の覚めるような局にする」[41]という彼女のビジョンは、視聴者の共感を得られなかった。ディスカバリーは当初、同ネットワークに二億五〇〇〇万ドルを投資したが、一年経っても視聴率は低迷していた。

そこでオプラは方針転換して、テレビ制作のエコシステムで培った関係に頼ることにした。二〇一二年にはヒットメーカーのタイラー・ペリーに脚本を依頼し、独占シリーズ契約を結んだ。ペリーは「オプラに請われて引き受けないわけがない」と喜んで参加した。[42] 二〇一五年までに、OWNの広告売上は前年比で倍増し、アフリカ系アメリカ人女性層で第一位のネットワークとなった。[43] 重要なのに手つかずのままだった視聴者層である。

▼継承による参入の第三段階——ウェルネスと健康

オプラによるエコシステム継承の中で最も注目されるものは、ウェルネスと健康事業への参入だろう。番組のコーナーで健康志向の話題を取り上げていたことや、自身の体重との闘いをオープンにしていることからも、オプラが長年注目する分野だったことは明らかだった。ウェルネスについて語るだけでなく、ウェルネスのエコシステムへ参入したのである。二〇一五年、オプラはフィットネスや減量などに関するサービスを手がけるウェイト・ウォッチャーズの株式の一〇%を取得し、同時に経営陣に加わった。

ウェイト・ウォッチャーズはその名が示すとおり、点数をもとにした食事法やコーチングによる減量サポートを五〇年にわたって行っていたが、ブランドと業績の勢いは衰えつつあった。そこでオプラが提唱する総合「ウェルネス」のメッセージとともに切り口を変え、企業名もWWと変更して、新たな方向を強く打ち出したのである。

オプラの知名度や資金、さらに彼女がブランドアンバサダーとなっただけでは、この変革はかなわなかった。しかし、数十年にわたり、自身の番組で視聴者とウェルネスについて考えてきた、彼女独自の継承があったからこそ変革が成し遂げられたのである。オプラは自身の歴史と信頼により、WWの経営陣に、組織のミッションのまさに核心について考え直させることができたのである。

WWのCEOであるジム・チェンバースは、次のように語っている。「わが社は、減量だけに焦点を絞ったものから、人々がより健康的で幸せな生活を送ることに取組みを広げつつある。オプラと話をする中で、彼女の考えとわが社のミッションには大きな連携があることが明らかになった。オプラは人々につながりと刺激を与え、各人の最大の可能性に気づかせる素晴らしい能力を持っている。彼女の能力は、わが社の強力なコミュニティや素晴らしいコーチ、実績のあるアプローチを、独自の形でより強固なものにすると考えた」[44]

チェンバースの後継者としてCEOに就任したミンディ・グロスマンは、「痩せていることではなく、健康であることが新たな基準である」として、変革を継続させた[45]。二〇一八年、グロスマンは証券アナリストに、こう説明した。「(オプラ以外の)単なる企業の侵略者や、インスタグラムのインフルエンサーや、ハリウッドのスポークスパーソンでは、こうした根底からの変化を起こすことは不可能だろう。オプラはエコシステムの継承を利用して新たな関係を築いている。そこが重要なのだ」

オプラはウェイト・ウォッチャーズと組んで、「オプラのビジョン二〇二〇――自分の人生を大切に(Oprah's 2020 Vision: Your Life in Focus)」と題したライブツアーを開催し、ウェルネスのエコシステムへ活動を広げている。ライブショーには平均一万五〇〇〇名が参加し、レディー・ガガやティナ・フェイといった有名人のほか、「ウェルネス界の大物」をゲストに迎え、健康的な食事やより広い「ウェルネス」の話題について語り合った。[46] チケットの価格は、六九ドル五〇セント[47]からVIP待遇の一〇〇〇ドルまで用意された。[48]

新型コロナウイルス感染症の世界的流行で、各地で予定されていたライブショーは中断され、オンラインに変更されたが、ストリーミングで視聴する人々に希望を与え、彼らをWWへと誘導した。

「今ほど、健康で健やかであることが大切なときはありません。ともにリセットし、焦点を今一度合わせ、最も重要なことを探しましょう」と、オプラは呼びかけている。[49]

継承と制約

エコシステムの継承は、つながりのシナジーである。あるエコシステムで培ったつながりを、新たなエコシステムで立場を築く際に活用し、一般的な参入者、あるいはエコシステムを分割しようとするプレイヤーとの差別化を図る。オプラはエコシステムに参入するたびに、お金のためとか単なる有名人ということを超越して、昼のテレビ番組で長年かけて築いた視聴者との信頼関係を活用してきた。MVEのパートナーとの連携は本来なら難しいことだが、継承があったからこそ可能となったのである。

しかし、資源とつながりを活用することで、さらなるリスクにさらされることになる。あるところで問題が起これば、他にも波及する可能性があるためである。このため、継承には注意が必要となる。デビット・カーは、『ニューヨークタイムズ』紙のコラムで的確にこう述べている。

「何十年にわたり放映され、ほぼ一位をとっていたオプラ・ウィンフリーの昼のトーク番組を見れば、視聴者とのつながりを築いた彼女の姿に感心させられる。しかし番組の長寿と成功は、（中略）彼女が行わなかったことのほうに要因があるかもしれない。オプラは自身の会社を上場することはなかった。つまり、自身の手で経営と帝国の統制を続けたのだ。（中略）手首を軽く動かすだけでベストセラーを生み出したにもかかわらず、自ら出版社を作ることはなかった。（中略）強い影響力を持つブランドである自身の名前を、どんな商品にでも使うことはしなかった。（中略）雑誌に自分の名前だけを使わせることはなく、自身が描くイメージで作り、微調整し、そして、ついに出版界で大きな成功を収めたのだ。（中略）そして、自分の名前に影を落とすような振る舞いをすることは一度もなかった[50]」

継承を適切に利用すれば、イノベーションを起こす者は自らの実績を利用して、独自の参入ポイントを作ることができる。アマゾンが当初プライム会員にアレクサのプラットフォームを託し、そして家庭での利用を超えて拡大させていったように、これは一定のターゲットへの単なるクロスセルではない。連携の構造やパートナーと協働する際の条件を変えるものなのである。資金や定評のあるブランドをちらつかせて、いきなり現れるような存在には決してできないことである。

4 アッサアブロイ——既存プレイヤーの強み

オプラは個人起業家としてエコシステムの旅を始めたが、境界を定義し直す際には有名人であることが大きな強みとなった。もし皆さんが古い業界に属する既存企業で、保守的な財政規律に従わなければならないとしたらどうだろうか。業界が変化しつつある状況で、アマゾンのような方法でエコシステムを支配できる立場にないとしたら？　そのような状況で、どうしたらエコシステム戦略を推し進めて食物連鎖の上位に食い込み、業界での地位を確保して、新たなゲームで発言力を得ることができるのだろうか。

アッサアブロイはスウェーデンのアッサ（一八八一年創業）とフィンランドのアブロイ（一九〇七年創業）という、それぞれ機械式ロックや鍵を製造していたメーカーが合併して誕生した。(51) 低コストメーカーが広範な地域で展開するこの業界では競争が激化しており、さらにデジタル技術が機械式に置き換わりつつあった。そんな時代にこの旧世界の企業の合併に期待を寄せる向きはなく、ライバルたちとの競争により、コモディティ化、コスト削減の圧力、利益率の減少といったつらい道のりが待っていると考えられた。

このような状況で、アッサアブロイは自社と技術を変革させて売上と利益を成長させただけでなく、錠業界の境界自体を動かす変革を起こした。ディスラプションはスタートアップの独壇場とされがちだが、アッサアブロイがたどった道のりは、見識ある既存企業が、積極的に変化を進めるときに発揮する強みを見事に示している。ホテルの部屋を開けるのにプラスチックカードや電話を使ったことがある人ならば、アッサアブロイのイノベーションを利用したことがあるだろう。

CEOのカール・ヘンリック・スバンベルクは、一九九七年に投資家へ宛てた手紙の中で、野心的な目標について、「私たちのビジョンは、世界を代表する錠会社になることだ」と記している。(52) 野心的だが、もちろん業界の枠内での目標だ。この目標に向かって、同社は積極的な買収を立て続けに行い、規模を拡張して世界への足がかりを築き、そして、コモディティ分野で確固たる存在となった。

本書で注目するのは、このビジョンの変革にある。今日、アッサアブロイは「アクセスソリューションの世界的リーダー」を自称している。(53) 錠からアクセスへの変化は、単なるマーケティング用語の更新ではなく、同社を業界リーダーからエコシステムのディスラプターへと変えた、深い知見の影響を示すものである。

その知見は、「鍵となるのは、鍵だけではない。ＩＤも鍵となる」というものだった。機械式ロック業界で鍵といえば、ギザギザの歯が並ぶ独特の形をしたドングルがシリンダー錠の中で固定され、メカニズムが解除されて掛け金が外れるものを指す。しかし、別の見方をすれば、鍵は信号であり、証明でもある。鍵を持つことで、「信用できる人物」というアイデンティティが得られるのだ。

もちろん、機械式ロックには限界もあった。アクセスは、鍵システムに備わる階層の制約を受けていた。つまり、階層が上位でアクセスが多すぎるマスターキーが一本渡されるか、リングいっぱいに雑然とつけられた鍵が渡されるかのどちらかとなる。マスターキーを紛失すると、その鍵がカバーするエリアすべてのセキュリティを失うことになり、錠の付け替えには高い費用がかかった。また、違法に複製されないことが前提とされていたが、信頼に任されるだけであり、セキュリティ担当者にとっては頭痛の種となった。誰が出入りしているか、わかりようがない。見張りなしでは、出入りできる時間に制限がかけられなかったのである。

これに対して、アッサアブロイのビジョンの土台となる価値提案は、インテリジェント（集中管理）アクセスという、すべての人に必要なだけのアクセス権を付与するものだった。多すぎも少なすぎもしない、アクセス可能な場所と時間を与えられる。機械式ロック事業はいまだに同社の世界売上の二六％を占めていて健在だが、[54]ビジョンはもはや錠や鍵では定義されなくなった。同社の新たな価値構造は、アイデンティティの創造、管理、モニター、活用、そして消去として定義された。古い既存企業がいかにして、このような大きな変革を遂げられたのかを見ていくことにしよう。

第一段階　MVE――スマートキーと平凡な錠の組合せ

電子アクセス管理は一九七〇年代から存在していたが（映画などで、政府の職員がアクセスコードや網膜スキャンを使い、セキュリティで保護された部屋に入るシーンを見たことがあるだろう）、専門の企業が高いコストをかけて扱うニッチ市場だった。そして、そのコストのほとんどは、扉の錠の仕組みにインテリジェンスを追加するためにかかっていた。

インテリジェントアクセスを普及させるには、技術と市場開拓エコシステムの両方でイノベーションが必要だった。そこでアッサアブロイがとった第一手は、二〇〇一年に登場させたCLIQシステムだった。CLIQシステムが当時普及していたアクセスソリューションと異なるのは、ドア側に平凡で（そして安い）錠を取り付けて、インテリジェンス機能を鍵本体に移した点にある。いわゆるスマートキーである。新たな鍵には複数のアクセスコードが備わり、プログラム用のチップと錠を操作する電池が内蔵された。鍵と錠にはそれぞれ使用記録が残され、たとえば何かが紛失して、月曜の終わりから火曜の朝までに誰が研究室に出入りしたかを調べる際などに、調査の手がかりとなった。

図3-3　アッサアブロイのインテリジェントアクセスのエコシステム構築チャート

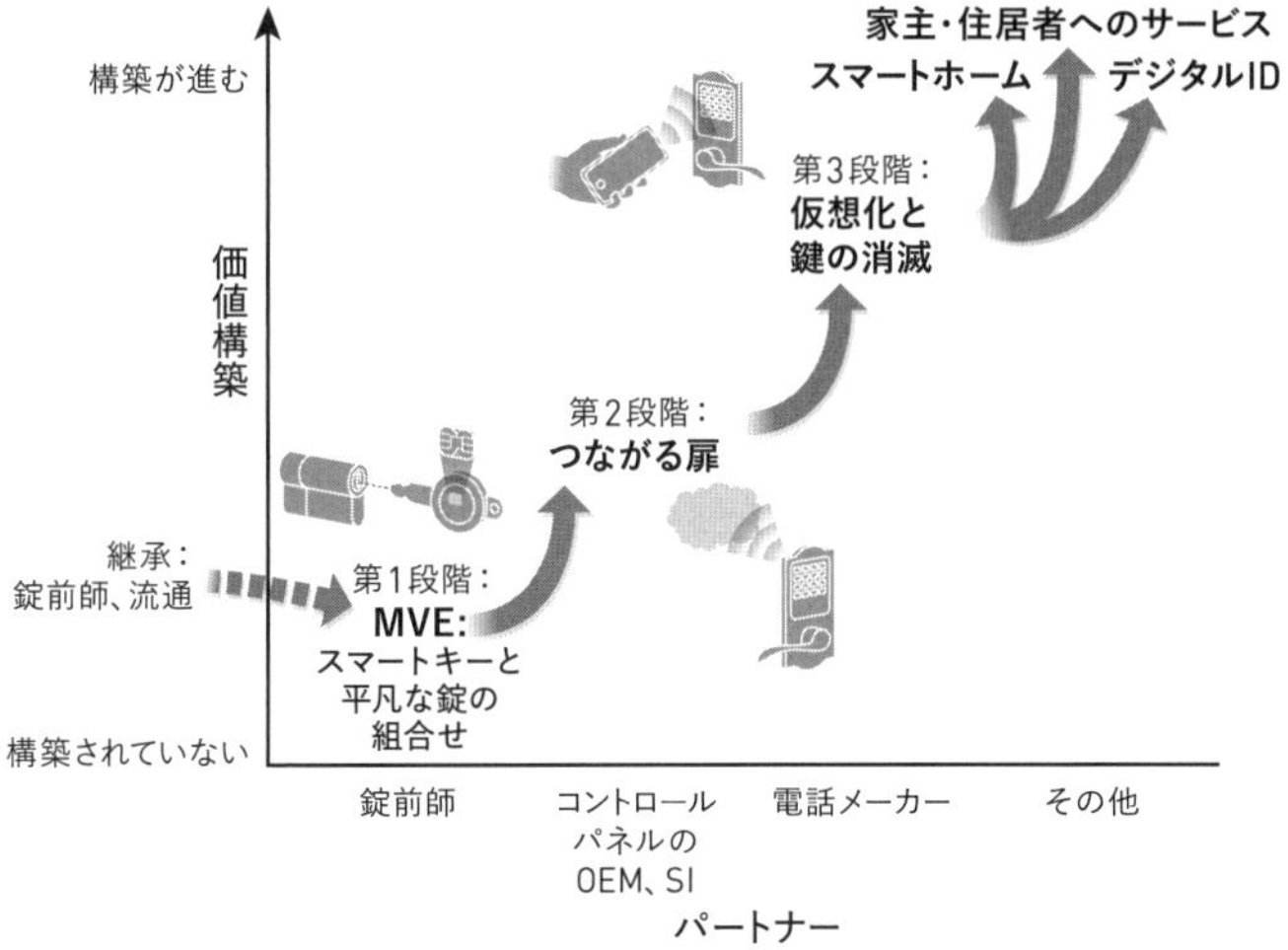

技術開発によって機会が生まれても、それを市場に出さなければ利益は出ない。CLIQは機械式アクセスのエコシステムから、電子アクセスのエコシステムへの継承が確実となるようにデザインされた。アッサアブロイは販売代理店、ゼネコン、建築士、警備管理者らとの関係などを基盤にして、CLIQの市場開拓を進めた。

ソフトウェア主導のシステムを導入するための重要な調整の一つに、錠前師に新たな状況を受け入れてもらい、彼らの数百年に及ぶ機械式ロックに対する知見を強化してもらうことがあった。アッサアブロイのMVEには、少数だが、自らのスキルを広げる意欲と能力を持つ錠前師が必要だったのである。そこで錠前師には、認定資格の授与と仕事を紹介する代わりに、必要とされる新たなスキルを身につけてもらうことにした。こうしてアッサアブロイは、パートナーである意欲的な錠前師を転身させて、ソフトウェアのサービスプロバイダーという新しい存在にした。

これが、既存企業の強みとしてまず挙げられる点となる。優れた企業であれば、素晴らしいイノベーションを起こすことができる。しかし、市場で商業的に成功するために、保守的なプレイヤーに調整を行わせることは、往々にして非常に大きな課題となる（イノベーションに関しては、たとえば建設業界は保守主義をとる典型例だ）。しかしアッサアブロイは、機械式ロックにおけるパートナーや彼らとの関係性を、インテリジェントアクセスの分野への切り札とすることで、それに続くより大きな段階への足がかりを築くことができたのである（図3－3）。

第二段階　インテリジェントネットワーク創造への扉

ＣＬＩＱは各鍵や錠にインテリジェント機能を持たせたが、ネットワークの水準に届くものではなかった。ネットワークを築くには、アクセスポイントをまたぐデータ接続が必要だったが、そのためにはエコシステムにおいて、新たなプレイヤーと連携する必要があった。それは、管理システムのＯＥＭ[7]や、コントローラーやソフトウェア、ドア、錠、鍵など包括的なシステムをデザインして導入するシステムインテグレーター（ＳＩ）との関係である。

アッサアブロイは、錠と鍵の領域では最大の魚（プレイヤー）だったが、それは狭い池の中での話にすぎない。ハネウェル、ジョンソンコントロールズ、ユナイテッド・テクノロジーズ・コーポレーションといったＯＥＭ企業は、大きな海に存在するずっと大きな魚だった。彼らにとって、二〇〇一年当時のアッサアブロイは、コモディティ部品の信頼できるメーカーではあったが、数百ある取引先の一社で、未来を描くような主張も特に持たない存在にすぎなかった。それでは、アッサアブロイはどのようにして巨大企業と交渉するテーブルに着いたのだろうか。

アッサアブロイは、扉をネットワーク化させるための最初の試みとして、二〇〇四年にＨｉ－Ｏシステムを発表した。Ｈｉ－Ｏはオープンな標準技術であるＣＡＮｂｕｓに準拠し、ＳＩによるさまざまなサービスの導入を容易にし、情報を整理する目的を持つ。Ｈｉ－Ｏシステムは理論上は素晴らしかったが、商業的には失敗した。ＳＩは、自社のクローズドなシステムに満足しており、大きなお世話だと受けとめたのである。彼らにはオープンな標準を受け入れたり、アッサアブロイをエコシステムのリーダーとする切実な理由はなかった。Ｈｉ－Ｏはアッサアブロイの社内ソリューションとしては存続したが、エコシステムとしては失敗に終わった。

二〇〇八年、アッサアブロイは控えめだが訴求力のあるソリューションを伴って、再び挑戦

［7］他社ブランド製品の受託製造会社。

した。機械式ロックをワイヤレスでつなげるアペリオ(Aperio)システムである。一〇〇種以上のセキュリティシステムと互換性があり、SIの既存プロトコルに搭載しやすいように設計されていた。Hi-Oとは異なり、導入が容易になることはなく、SIの選択に任されたが(この点で謙虚である)、ネットワーク側の調整を自動化し、リアルタイムの通信やドアの状態を監視することなどで、より強力な統制やセキュリティを持たせた(この点で説得力がある)。

ワイヤレス技術へのトレンドがアペリオの導入の後押しとなり、タイミング的にはこの上なかった。アッサアブロイはついに地位を確立したのである。もはやありふれた部品メーカーではなく、事業領域における真のソリューション提供者であり、パートナーとなったのだ。

第三段階　鍵の消滅と用途の拡大

鍵がIDであるとしよう。IDがデジタル化され、パーソナルなデジタル機器が普及している現在の状況を考えれば、……ポケットに金属片を入れておく必要はあるだろうか。こうした考えから、二〇一二年にSEOS[8]資格認定プラットフォームは誕生した。これにより本人確認が、現物での証明ではなく(鍵に金属の畝で一意的にコーディングされようが、スマートカードでデジタル的に並んだものであろうが)、各人が持つデジタル機器でできるようになったのである。

さらにワイヤレスでの管理が実現し、現物のやり取りのないアクセスが初めて可能となった。

たとえばホテルの客がフロントとのやり取りなしで、チェックインして鍵を受け取り、部屋に入るまでのすべてを、携帯電話で行うというような暗号化技術である。

電話の近距離無線通信（NFC）とブルートゥースシステムを用い、アッサアブロイは大手のグーグルやアップルといった他のプレイヤーに、SEOSプラットフォームのライセンス供与を行っている。「電話を使うことは未来だ。それですべてを理解し、統制できるようになる」と、当時アッサアブロイの入退室ハードウェア部門でプレジデントを務めていたマーティン・ハダートは語っている。[55]

たとえば二〇一九年時点で、サウスカロライナ州のクレムソン大学では、SEOSが有効にされたアンドロイド、iPhone、アップルウォッチで生徒が寮に入り、図書館で本を借り、カフェテリアで食事ができるようになっている。SEOSによってアッサアブロイの価値提案は拡大し、アクセスと支払いが結びついたプラットフォームを構築した。デジタルIDでドアを開け、ランチを食べることも可能となったのである。[56]

これを可能にするためには、どんなかかわりが必要だったのだろうか。エコシステムを従来のSIを超えて拡大する必要があった。そして現在はさらに広範囲のプレイヤーや、より深いレベルでのIT統合（予約システムや支払いなど）を抱えるまでに拡大している。SEOSは影響力

---

［8］ HIDグローバル社によって開発されたソフトウェアベースの認証技術。

のあるビジョンだが、それを活かせるかどうかは、アペリオで築いた信頼性と市場への足がかりにかかっていた。第三段階での成功の確率は、第二段階で築いた土台があったからこそ高まったのである。段階的拡張の順序が重要なのである。

次のステージへ——錠から生活へ

法人向けの斬新なイノベーションを成功させたことで、アッサアブロイは、二五年前には不可能に思われた方法で、ビジョンを活用できる立場についた。

今日、アッサアブロイはインテリジェントアクセスの可能性を、複数の新たな方向で探っている。たとえばスマートロック市場規模が二〇二五年までに三四億ドルになると予想される中、(57)スマートホーム・エコシステムのDIYで地位を確保しつつある。アクセントラ（Accentra）テクノロジー・プラットフォームを発表し、集合住宅や小規模オフィス建物で、高度なインテリジェントアクセスをより手頃な値段で提供できるようにした。

たとえばエアビーアンドビーの家主は、短期滞在のゲストに対して、延長滞在やキーを複製される心配をせず、リモートで鍵を発行できる。さらに同社ブランドのHIDが提供するgoIDプラットフォームでは、SEOS技術を活用することで、政府機関が運転免許証や旅行用ビザ、給付金などの受給証明といった公的なデジタルIDを交付し、モバイル機器に直接送付することもできる。

アッサアブロイが、アマゾンのようなエコシステムのディスラプターによってスマートホーム分野から追い出される可能性はあるだろうか。あるいは、携帯電話やモバイルＯＳを統制するグーグルやアップルが自社のやり方をデジタルＩＤの機能に持ち込み、アッサアブロイが価値逆転の犠牲になる可能性はあるだろうか。もちろんある。しかし、そのような競争を考える際には、エコシステムの構造を考察するのが賢明だ。

たとえば、個人宅にあるそれぞれの扉につけられた錠へのアクセスがゲームの基準となる市場では、連携の課題がある。一方で、誰がどの建物や部屋に入ることができるのかといった複雑なアクセスの規則がある市場では、キャンパスセキュリティや緊急サービスネットワークへのリンクといった高度な統合要求とともに、異なる連携の課題が存在する。これにより、エコシステムの防御の問題や、競合が対処する際には価値構造がどのような手がかりを提供するのかという問題に立ち返ることになる。

企業間ネットワークは価値構造の一部である。関係を構築するのは難しいが、守るのは容易だ。第2章で見たように、巨大企業を排除するのは例外なく間違いであるが、大企業を打ち負かすことも近づくこともできないと考えるのも、また間違っている。

見識ある既存企業

現在のインテリジェントアクセスは、学校や調剤薬局の保管棚、家、アパートへの入室を管理するものである。一方でデジタルＩＤは、場所へのアクセス機能を超えた存在である。オフィスでのサービスや図書館での本の貸し出し手続き、コーヒーショップでの支払いまで、あらゆる環境での選択肢を変化させて効率化するものである。アッサアブロイのイノベーションに対する不断の追求は、デジタル免許証やパスポートにまで広がっている。金属の鍵メーカーが今、正真正銘のＩＤ事業を行っているのである。

これこそが、見識ある既存企業だといえる。アッサアブロイはＩＤのデジタル化が未来にあることを予見し、受け入れた。そして、自社が持つ評価や他者との関係を用いて、その未来に信頼される市場を構築した。従来の錠市場における圧倒的な立場を維持しつつ、同時に組織内およびそれを超えた鍵市場で、デジタルトランスフォーメーション（ＤＸ）を起こした。

大学を中退した何物にもとらわれない若者がガレージで事業を始め、それが華々しく注目されるようになるといった描写は、お馴染みのものである。しかしアッサアブロイは、既存の関係から生まれるシナジーを持たない生まれたてのスタートアップに対して、既存企業が大きな強みを持つことを示した。規模が大きく、船が大きすぎたため、機械式からデジタルロックへの転換は難しいとも考えられた。しかし規模や歴史があり、評判を確立していたからこそ、重要だが非常に保守的でもあるパートナーを、機械式ロックからデジタルロックの世界へ誘導することができたのである。

パートナーたちは、アッサアブロイの技術力がなくては、実りある方法で規模を拡大できなかっただろう。他社との関係性という既存企業ならではの強みがあったからこそ、エコシステムの確立においてスタートアップに対して優位に立てたのである。そのエコシステムでは、新規と既存のプレイヤーの両方と新たな連携をとる必要がある。彼らの存在がなければ、イノベーションの夢は市場で現実とはならず、戦略的ビジョンのままで終わってしまう。

このことは、従来の破壊とエコシステム・ディスラプションのさらなる違いを浮き彫りにしている。従来の理論では、確立された顧客は初め、凡庸でそこそこの提案を拒絶し、既存企業に責任を持たせることになる。だから既存企業にとっては、ディスラプションをもたらす提案に資源を配分することは、最良の顧客からのフィードバックに反することになる。これは、クレイトン・クリステンセンの『イノベーションのジレンマ』の根本にある緊張関係である。[58] 対照的に、実績のある顧客との関係は、エコシステム・ディスラプションを売り込む際の強みとなる。それが信頼とエコシステムの継承への扉を開くからである。

見識ある既存企業は、エコシステム・ディスラプションの世界で大きく先を行く可能性がある。言い換えれば、エコシステムの継承は元のエコシステムですでに成功しているかどうかによる。また、すでに築いた資産と関係を、新たなエコシステムに規模を拡大して展開する熱意も重要となる。ここでの問題は、既存企業がこの可能性を実現させる気があるかどうかである。一般的なアドバイスに従って、新たな成長事業を社内の主要な組織の政治や圧力から守るために隔離させれば、継承に必要なコミットメントを得ることは難しくなる。これはよくある間違いで、既存企業は最大の強みを奪われ、制約に直面するベンチャーキャピタリストのような存在になってしまう。つまり、柔軟性のない資金に縛られ、自らが生み出した機会のみに投資が制限されるのである。これでは期待を下回る成果しか上げられないケースが多いのもうなずける。

第6章では、マイクロソフトがクラウドへ転換を遂げるケースを引いて、コミットメントへの意欲が、変革に大きな影響を与えることを考察する。

5 企業戦略におけるエコシステムのレンズ

アマゾンアレクサ、オプラ・ウィンフリー、そしてアッサアブロイでは、規模も力も資源も制約もまったく異なる。しかし、単に成功したことだけではなく、境界を再定義し、新たな方法でパートナーと連携して成功した点に共通項がある。それぞれがエコシステムの構造に破壊をもたらしたが、常にＭＶＥ、段階的拡張、エコシステムの継承という、エコシステム構築の三原則に従って行動した。これはパートナーと連携し、野心的なビジョンを変化させ、調和的で協力的かつ首尾一貫した現実にするための鍵である。

紹介した三つのケースで解説された戦略は、新たな市場へ参入して市場を変えるうえでの新たなアプローチを示すもので、成長のための大切な教訓を与えてくれる。どこにどうやって新たな事業ラインを広げるかという多角化に対する問いは、企業戦略の重要な問いである。歴史的に見て、成功を遂げた多角化は、次の二つのうち、どちらかのシナジーに根差している。

一つ目は、「コアコンピテンス」という供給側の理論、つまり多角化の成功は、企業の能力を新たな状況に拡大することで達成されるという考えである。一つの能力が二つの市場で展開できることを意味する。本田技研工業が車とバイクのエンジン技術で船の船外機市場へ参入したこと、キヤノンが光学の能力を利用して、写真や画像診断、半導体製造などの業界に参入したことだ。

二つ目は需要側の理論で、既存顧客にクロスセルを行う能力をもとにした、「顧客シナジー」である。同じ顧客に二つの異なるものを同時に売り込むことは可能で、別々に行うよりも効率が良い。ウォルマートは、同じ買い物客に食料品と、創業時から扱っていた日用品を販売している。

従来は、多角化企業がある業界に参入すると、既存企業に対して低コストまたは高品質の組合せで対抗する。今までに多角化を遂げて大きな成功を収めた企業（化学・電気素材の3M、特殊ガラスやセラミックのコーニング、ドイツの複合企業シーメンス、ソニーなど）に限って考えても、彼らは既存の境界内で戦い、自社の資源を使って、既存の価値構築を再現する傾向があることがわかる。

つまり、業界は存在し続けるのである。たとえば、ソニーは電化製品の技術力と小売チャネルの強みを生かして、ビデオゲーム機器の市場に参入した。しかし、同社はハイエンドのグラフィックやハードウェアの技術で最先端を行く一方で、価値提案の質、競争の基盤、業界の枠を変えることはなかった。従来の多角化企業は、業界の枠組みの中で市場シェアを獲得し、利益を上げ、競争を激化させたが、枠自体が変化することはなかった。

これに対してエコシステムの攻撃の特徴は、ディスラプターが既存の図式を再現するのではなく、新たな価値構築を持ち込んで業界の枠を壊すことにある。ディスラプターは新たな顧客の可能性を広げつつ、旧来の顧客も必要とする。需給のシナジーを超えて、新たなアプローチ、エコシステムの継承が可能にする「関係性のシナジー」にイノベーションをもたらすのだ。(59) ある業界の枠の中でのパートナーとの具体的な関係を別の分野に持ち込み、パートナーの資産と能力を活用しつつ、同時に自らのMVEのきっかけを作り、業界間の境界を曖昧にする。まずは今までのパートナーとの連携を再確認し、それから初めて、エンドユーザーとの関係を変化させるのである。

競争戦略と競争政策の密な関連

業界の境界が崩れれば、政策決定者や規制当局にも影響を及ぼす。競合戦略と独占禁止の戦略は緊密に関連するもので、利益を生んで保護しようとする者もいれば(「持続可能な競争優位性」とも呼ばれる)、独占状態による深刻な損失から社会的厚生を保護しようとする者もいる。実際、交渉力、競争意識の激化、競合参入の緩和といった戦略立案者の業界分析による伝統的な要素は、規制当局が独占力を測るテストとは真逆のものである。

この緊張関係には、新たな複雑性と切迫感がある。というのも、競合する場所が、比較的はっきりした境界を持つ従来の業界を超えて(たとえばニュース、携帯電話、自動車)、境界が流動的でより大きなエコシステムに拡大しているからである(たとえばソーシャルメディア、モバイルプラットフォーム、モビリティ)。旧来の業界ルールを引き続き用いるにしても、調整が必要となる。政治レベルで競争にかかわる人々にとって、本章が直接的に示唆するのは、市場支配力や垂直・水平関係などの重要概念の分析を再検討し、規定し直す必要があるということになる。

価値構築を強化するという考えに基づいて企業戦略を立案した場合、一見すると無関係に見える市場に参入した企業が、後から明らかにつながっていることがわかる。しかし、その関連性が明らかになる頃には、両者の価値提案への期待は変化を遂げている。アマゾンが音声アシスタントと音声スピーカーを連携させたアプローチは、その好例といえる。アマゾンはそれ以外のところでも同様のアプローチをとっている。第2章で考察したように、このような参入に対抗することは不可能ではない。ただし、防御する側は新たなゲームを戦うことになる。

価値構造のためのM&A

エコシステムの継承でディスラプションが可能になると、拡張段階ではパートナーの選択と連携が重要となる。企業の戦略立案者にとって、従来のような構築、買収、同盟といった手段は残るが、特定の業界に集中するのではなく、より広い価値構築を念頭に置いて取り組む必要がある。たとえば、市場へのアクセスや規模の拡張が目的の合併買収を超越して、価値構造を強化するためのM&A戦略を策定する必要がある。そして、その結果は売上とコスト効率への貢献のみで評価されるのではなく、今後のMVEやエコシステムの連携に貢献するかどうかで評価される。

優れた戦略立案者であれば、こうした目的を持つ買収の評価にあたっては、次の二つの視点が必要だと理解するはずである。

①すぐに売上を増やすよりもパートナーを迎えることが目的であることを念頭に、さまざまな方法で評価すること。

②段階を踏んだ拡張による、より広範な価値構築を築くための計画を強調する形で評価すること。

鋭い洞察力があるふりをすることに価値はない。どのような計画や戦略でも、直面する現実によって細部は変化する。しかし戦略を策定することで、自社が進化する過程で直面する新たな機会や課題に対応する構造が作られる。これこそが、「計画ではなく、計画を立てることに価値がある」というアイゼンハワー[9]の有名な格言の核心である。価値提案や構造が変化する可能性があれば、構築の順番が変わる可能性もある。能動的な航行と盲目的な探索の違いは、自社の活動を生産的な方向に導くためのコンパスを持っているか否かということである。

エコシステムの攻撃は、攻撃の本質を再定義するための明確な原則に従って行われる。この攻撃はエコシステムの防御と同様、同盟の行動次第であるため、目的にもパートナーにも目を向ける必要がある。攻めるにせよ守るにせよ、他者との調整や協働が必要となるが、重要なのはどのように持ち駒を動かすかだけではなく、そのタイミングである。次章では、行動の適切なタイミング選びについて考察する。

[9] 第三四代米国大統領。在任は一九五三〜六一年。

第4章

Timing Ecosystem Disruption:
Too Early Can Be Worse Than Too Late

エコシステム・ディスラプションのタイミング

——遅すぎてもいけないが、それ以上に早すぎてもいけない

“

ドリルを欲しいと思う人はいない。欲しいのは穴だ。

——セオドア・レビット

”

“

刃のないドリルは何の役にも立たない。

——アドラーの推論

”

スタートラインに最初に着き、旗が振られるのを待っているとしたら、間違ったレースに勝ってしまうことになる。ディスラプションの現実に気づくのが遅すぎた巨人の転落には、多くの人が注目する。トップ企業が最も恐れるのは、遅きに失して大変革を逃すことである。もっともなことだが、早すぎて大変革が実際に始まるまでに資源を使い果たすことにも、少なくとも同じくらい警戒する必要がある。(1)

エコシステムの世界では、行動が早すぎると、本当のレースが始まるまで、他の要素やパートナーが追いつくのを待つことが多くなる。防御側にとってはいつ新たな価値提案に積極的に取り組むのか、つまり、まだ実績のないサービスや製品に資源をシフトして、収益性の高いこれまでのコア事業への投資をいつ減らすかが問題になる。早くレースを始めすぎると利益の損失につながり、遅すぎれば市場におけるポジションを失う。攻撃する者にとっては、従来の勢力がそれぞれ進化を続ける中で待たされることでフラストレーションが高まる。ディスラプターになろうとする企業はスタートラインで身動きがとれなくなり、一方でゴールはどんどん遠ざかっていく。

攻撃側の企業と防御側の企業に共通することだが、重要な存在であり続けるには、ディスラプションが起こるかどうかだけでなく、それがいつ起こるかを察知することが必要となる。ディスラプションが必然だからといって、それがすぐに起こるとは限らない。

オランダの電気機器メーカーのフィリップスは、一九八六年に高解像度テレビ(HDTV)へ向けた革命を進めるという大胆な計画を立てた。HDTVは、ピクセル画像による視覚コミュニケーションを大きく向上させるものだ。当時会長だったジャン・ティマーは、HDTVを「カラーテレビ以来の大革命であり、(中略)二一世紀の主役となる可能性がある」と述べている。フィリップスが当初行った消費者調査では、回答者の九四%がHDTVの登場に期待を示していた。その二年後、フィリップスはアスペクト比を横長にし、高解像度でクリアな画質のディスプレイを開発して、約束どおりの技術革新を達成することになる。

しかしHDTVは、高解像度カメラ(技術)、新しい放送規格(規則や規制)、撮影後の新しい編集プロセスが商業的に可能となり、映画制作や放送コンテンツで実際に使用されるようになるまで、市場を牽引することはなかった。HDTVには優れた視聴体験という素晴らしい可能性があったにもかかわらず、エコシステム全体の準備が整うまでは、HDTVが約束した技術革新がかなうことはなかったのである。

顧客の好みに対するフィリップスの洞察は正しいものだった。しかし、場所(HDTVコンソール)は適切だったものの、タイミング(他のシステムが最終的に揃う二〇年も前)を間違ったために、二五億ドルの評価損を計上することになり、同社は倒産寸前にまで追い込まれた。そればかりか、ＨＤＴＶがついに市場に出回り、世間がデジタル標準へと動いたときには、フィリップスのイノベーションの多くは時代遅れになっていたり、特許切れになってしまっていた。経営陣は、従来のテレビ技術と真っ向から勝負して勝つ自信があったため、社運を賭けて行動した。しかし、それは明らかに間違ったレースだったのである。

ＨＤＴＶが市場に出回るためには、エコシステムの変化が必要なのは明白だった。コア技術を開発するほど聡明なフィリップスの経営陣は、乗り越えるべき課題についても、もちろん理解できただろう。しかしその行動を見れば、この問題に真剣に取り組んでいなかったことは明らかである。エコシステムに対して、はっきりとした構造的なアプローチをとっていれば、「既知の未知」が死角となることを避けられたかもしれない。原因は簡単にわかるのに、その影響や重要性を遅きに失するまで見過ごしていたのだ。

本章では、エコシステム・ディスラプションのタイミングを理解するフレームワークを示し、次にそれで特定されたシナリオごとに適した行動を考察する。そうすれば移行のタイミングを予想し、一貫した戦略を策定して脅威と機会に優先順位をつけ、最終的に資源をいつ、どこに配分するかについて、賢明な決定を下す手立てとなる。

1 どのレースで戦うか？

イノベーションに関するレースでは、最初に技術が注目されることが多い。しかし、これから考察するが、技術的な制約の解決は、より大きな価値創造パズルの一ピースにすぎない。成功は、適切なパズルを適切な場所、適切なタイミングではめることにある。

価値提案について考察した第1章で、エコシステムの定義を定めたのには理由がある。それは、自社あるいは自社の技術だけで考える罠に陥ることを避けるためである。ディスラプションのタイミングを理解するには、市場を奪い、新たな価値提案をもたらす攻撃者に対抗する手段、つまり防御側のリードを拡大する要素、従来の価値提案を強化する要素、そして、その二つの要素のかかわりを考察する必要がある。

自動運転開発に関する現在進行形の冒険物語は、ディスラプションのタイミングが難しいことを示している。自動運転はリスクを追い求めるテスラの創業者、イーロン・マスクの目下の大きな計画であるばかりでない。GMやフォード、フォルクスワーゲンなどの既存のプレイヤーから、クルーズやアルゴAIなどの（既存企業が数十億ドルを投資する）スタートアップ、さらにグーグルの自動運転部門であるウェイモ、アップル、インテル、ウーバー、中国のテンセントやバイドゥなどの、新興プレイヤーにとっても同じだ。

自動運転が大きな注目を集めているのは、乗り物をコントロールする技術だけでなく、自動車業界をこの一〇〇年間牽引してきた価値提案の根底を覆すからである。自動運転は、「運転しながら道を楽しむ」から「道を気にせずに移動する」へと、車の最終的な目的を変化させる。枠の中の破壊ではないことは明らかだ。

自動運転の市場は、二〇五〇年までに七兆ドルに達すると予想されている。今からその時までどう行動するか、それが今日の企業にとっての課題である。非常に大きな収益が予想されるだけに、ディスラプションのタイミングをいつにするかが問題となる。この重要な問いに答えるため、本章ではさまざまな観点から、自動運転に関する多様な側面を考察する。考察は具体的な状況に基づくものではあるが、そこから導かれる価値は、それぞれの状況に応用できるはずである。

自動運転開発の最初の一〇年は、技術に関する課題が圧倒的多数を占めた。道路を「見る」ためには、どのカメラ、ソナー、レーダー、レーザーセンサーの組合せが最適か、自動車とクラウドにどの程度のコンピューティングやデータプロセシングを使うか、ローデータを有用な情報に変換するにはどの機械学習の手法が最適か、というようなことである。[1]

自動運転を制する技術を定義するのに重きを置くのはもっともなことである。成功は、今までよりも優れた技術ソリューションを打ち出せるかどうかにかかっているのだ。投資家や経営

図4-1　新・旧技術の性能の軌道で示されたイノベーションレース。市場の破壊は地点Aで起こる

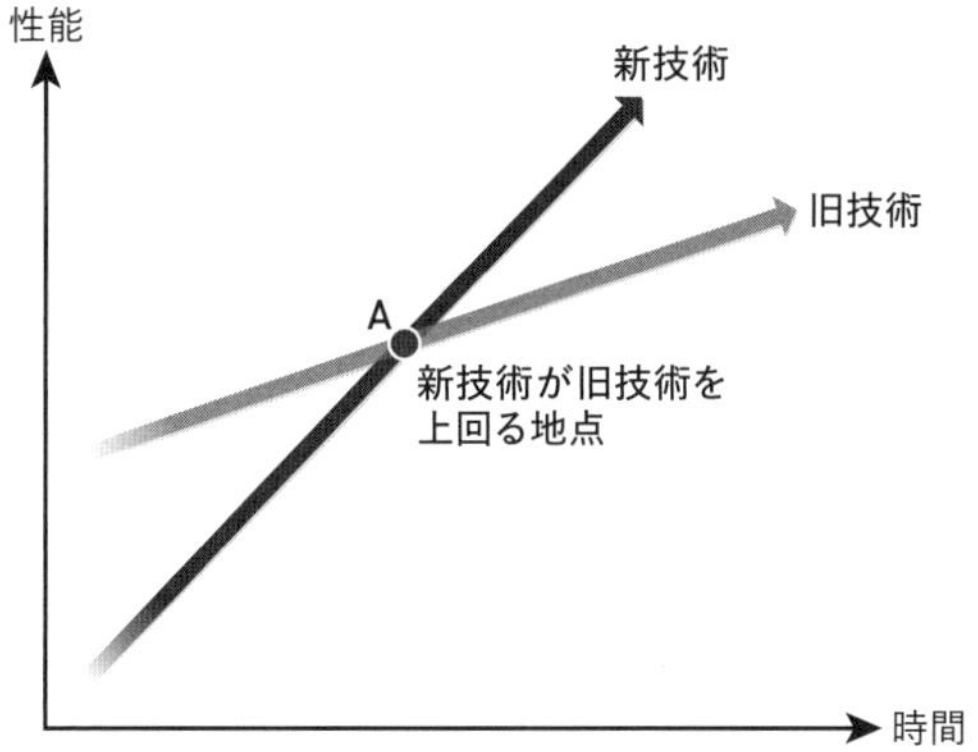

陣は、可能性を評価しようと新技術を掘り下げる傾向がある。性能面で優位に立つためにはどの程度の追加開発が必要か。製品の経済性はどうか。価格競争力はあるか、といったことである。

図4-1は、標準的なアプローチを表したものである。代替技術が、時間とともにたどる性能の軌道を旧技術と比較しており、それが重なる地点(地点A)、つまり新技術が旧技術の性能を上回る地点を求める。やがて新技術は大きくリードし、市場を独占するようになる。

単純な図だが、考察すべき点は多い。たとえば新技術の出発点は、旧技術と比べた性能の劣勢(この図ではy切片にあたる)で示されており、参入者はそれを乗り越える必要がある。つまり旧技術と比べて改良速度(この図では傾きにあたる)を上げ、軌道に沿って上昇す

[1] 手を加えていない状態のデータ。

るための行動と資源を投入するのである。

技術へ注力すれば技術的課題を解決することにはなるが、価値創造に関する広範に及ぶ力学（コダックのケースで考察したように、これにディスラプションも含まれる）を見逃すことになってしまう。イノベーションは必ずエコシステムに内包されるものであり、エコシステムは価値創造を進める役割を担う。たとえば新たなテレビにはそれを駆動するための電気が、新たな製薬会社には製造のための滅菌装置が、新刊本には流通させるチャネルが必要であるように。

一方で、新たなイノベーションが既存のシステムに「プラグイン」され、システムを調整する必要がない場合は、このような依存関係は存在しない。従来と同じ電気インフラ、滅菌技術、流通チャネルが新製品にも利用できれば、コーイノベーションやパートナーとの連携、エコシステムの力学を気にする必要はない。こうした環境では、技術や技術関連のパフォーマンスに集中するのが有効で、それが従来のアプローチの長所であるといえる。

しかし、本書をここまで読めばおわかりのように、イノベーションが新たな価値を創造し、新たに境界や構造を定め、今までのプラグアンドプレイ[2]の状況がなくなるとしたら、境界内の技術に集中していては、失敗して赤字という結果を招くことになる。価値の構築と構造には異なるアプローチが必要なように、タイミングにも異なるアプローチが必要になる。

エコシステムの準備を整える——新たな価値提案のために乗り越えるべき課題

価値提案の観点から考えるには、単に製品や企業、技術、業界レベルで考えるのではなく、一歩下がって、今いるエコシステムのレベルで課題を考察する必要がある。

エコシステム内でイノベーションを起こすことは、連携が必要な要素が複数あることを認めることを意味する。必要な技術の準備ができていても、他のプレイヤーの準備ができていないことで生じるボトルネックの埋め合わせにはならない。つまり、自社の活動を管理すること以外にも、エコシステムの別のところで起こる、乗り越えるべき課題を把握しなければならないのである。

図4−2は、この思考の過程をわかりやすく示している。縦軸は「性能」ではなく、「価値創造」となる。対応する軌道は、狭義の「技術」ではなく、総体的な「価値提案」となる。これを頭に入れれば、自社の技術軌道に沿って進化する性能と、全般的な価値提案の進化との違いをはっきり理解できる。自社の準備が整っていても他の要素から乗り越えるべき課題が現れ、価値構築を遅らせる可能性がある（新たな価値提案の軌道が、右方向へ移動する）。それにより新技術が優勢となる交差地点（地点B）が後ろにずれることになる。

［2］接続するだけですぐに使えること。

図4-2　乗り越えるべき課題のある新たな価値提案（黒の実線）と、
旧来の価値提案（グレーの実線）の競争を、価値創造の観点から示す。
純粋な技術競争の場合（点線）と比較すると、
市場のディスラプションまでの時間は、
地点Aから地点Bに遅れることになる

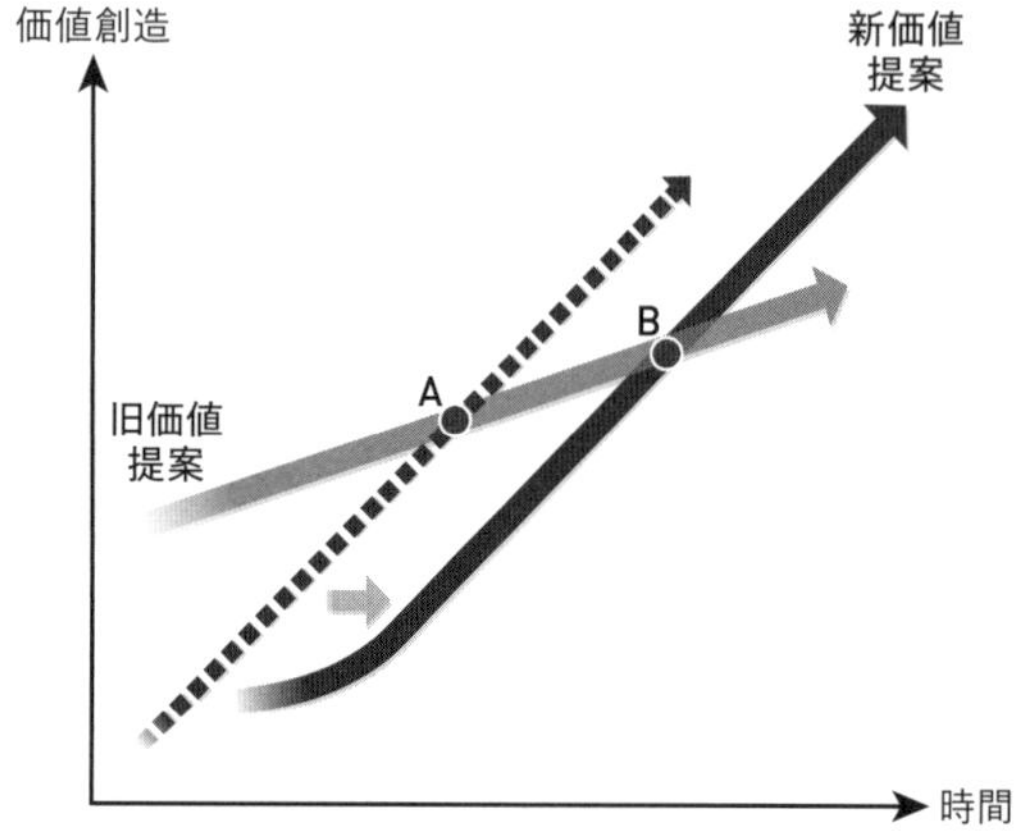

乗り越えるべき課題については、エコシステムを創造する広範囲な要素について考える必要がある。自動運転のケースでは、ハードウェアセンサーや処理技術、ソフトウェアのアルゴリズムなど、土台となる技術開発が注目されてきた。しかし後から振り返れば、これらの技術的な偉業は比較的容易な側面だったとなるだろう。自動運転の普及が遅れている最大の要因は、コーイノベーションに関する課題である。これは技術的な課題の解決とはあまり関係がなく、むしろ社会やインフラ、規制に関する課題とかかわるものである。

ここで、自動車保険について考えてみよう。従来、衝突の刑事責任は、事故を起こした運転手だけが負い、民事責任は所有者（自動車保険への加入を法的に義務づけられている者）にかかっていた。しかし本格的な自動運転車の場合、当然ながら運転者は存在しない。自動運転のアルゴリズムが、すべてをコントロールするからである。この場合、事故を起こした自動運転車の搭乗者やその所有者は、どのような責任を問われるのだろうか。自動車メーカーや車載ソフトウェアのメーカーについてはどうなのか。保険会社は責任の度合いをどのように評価して保険料率を設定すればよいのだろうか。

車が衝突事故を起こした際の、まだましな選択肢をどう選ぶかという倫理的ジレンマについて考えてみよう。これは長年にわたって漠然と話し合われてきたことだが、自律走行の実現にあたっては、メーカーが具体的な決断を下し、その結果をプログラミングに組み込む必要がある。そしてそれを、司法制度などの社会的な諸機関の支持が得られる形にしなければならない。

ドライバーが法を破るケースについても考えてみよう。たとえばスピードオーバーや二重駐車、二重駐車した車を避けるために反対車線に入り込むことは、それほど珍しいことではないだろう。しかし、これらは明らかな交通法違反行為である。運転者自身がクルーズコントロール[3]を制限速度以上に設定して違反のリスクを冒すことはできても、自動車メーカーが法律違反を犯すようなプログラムを組むことはできない。

しかし、そのような柔軟性がないとしたら、たとえば、二重駐車できないようにプログラミングされた自動走行車に市街地まで迎えにきてもらうためには、乗り降りするためのエリアを

[3] アクセルペダルから足を離しても、車が一定速度を保って走る機能。

新設する必要がある。

あるいは、自動運転は人間が運転する車より早いスピードでも安全性は高いと主張する意見が正しいとしても、その価値を実現するためには、自動運転には他の車と異なる速度を設定しなければならない。つまり、自動運転の価値提案を実現するには、道路規則のイノベーションが必要なのである。

そうしたことは可能ではあるが、規制や法律を変えるのは簡単ではない。しかし、自動運転の価値提案を実現するためには、そのような課題を解決しなければならない。暫定的であるにせよ、自動運転が法律を順守しなければならないとしたら、低速走行車線しか走れない車を誰が好んで買うだろうか。

メーカーや規制当局、保険会社、政治家、さらには市民の代表といった関係者から、技術以外の課題を包括的に解決するよう支持を得るには、技術的な課題解決よりも見通しの悪い道を進まなければならない。こうした課題の解決は、エコシステムを成立させるために乗り越えるべき重要なハードルなのである。技術的な問題ではないが、すべてが成功とかかわっている。

新たな価値提案に向けた課題を理解することは、連携を包括的に考える必要性を浮き彫りにする。その一方で、コーイノベーションに必要な条件について、技術面と非技術面の両方からじっくり考える必要がある。目標とする価値提案をサポートするためには他に何が必要か。それは誰が用意するのか。新たな創造以外にも、適応に関する課題も検討しなければならない。

つまり他に誰が、価値提案を実現させるための変化を受け入れる必要があるのか、ということである。[2]

新たな価値提案が自動運転以外であっても、新たな価値構築のためのコーイノベーションに関する課題やアダプションチェーン・リスク[4]の課題解決に時間がかかれば、既存企業の代替にも時間がかかる。ディスラプションに必要な時間が長くなると、技術レベルも高まる。一〇キロ走がどんどん長くなるように、である。

エコシステムの連携が必要なために新たな価値提案が押しとどめられる一方で、従来の価値提案は（商業的に成功していれば、すでにエコシステムが存在することがわかる）、中心となるプレイヤーあるいはコア技術とは無関係な価値構築の進化によって、さらに強化される場合がある。

たとえば、バーコードを支える基本的技術は数十年変化していないが、それを支えるＩＴインフラにより、今まで以上の情報が取り出されて利用されることで、有用性は向上し続けている。一九八〇年代には、バーコードは、値段をレジにスキャンできるようにした。さらに一九九〇年代には、バーコードからのデータを日次や週次で合計し、在庫に関する全般的な知見を提供した。二〇〇〇年代には、より能動的な在庫管理やサプライチェーンの在庫補充を可能とした。ＱＲコード（二次元マトリックスコード）の採用と、進化したＩＴインフラが組み合わさるこ

[4] パートナーたちが提供される価値を有益と考えるかというリスク。

図4-3　乗り越えるべき課題のない新たな価値提案（黒の実線）と、
拡張機会に恩恵を受ける、旧来の価値提案（グレーの実線）の競争。
拡張機会のない場合（グレーの点線）と比べると、
市場のディスラプションまでの時間は、地点Aから地点Cに遠のく

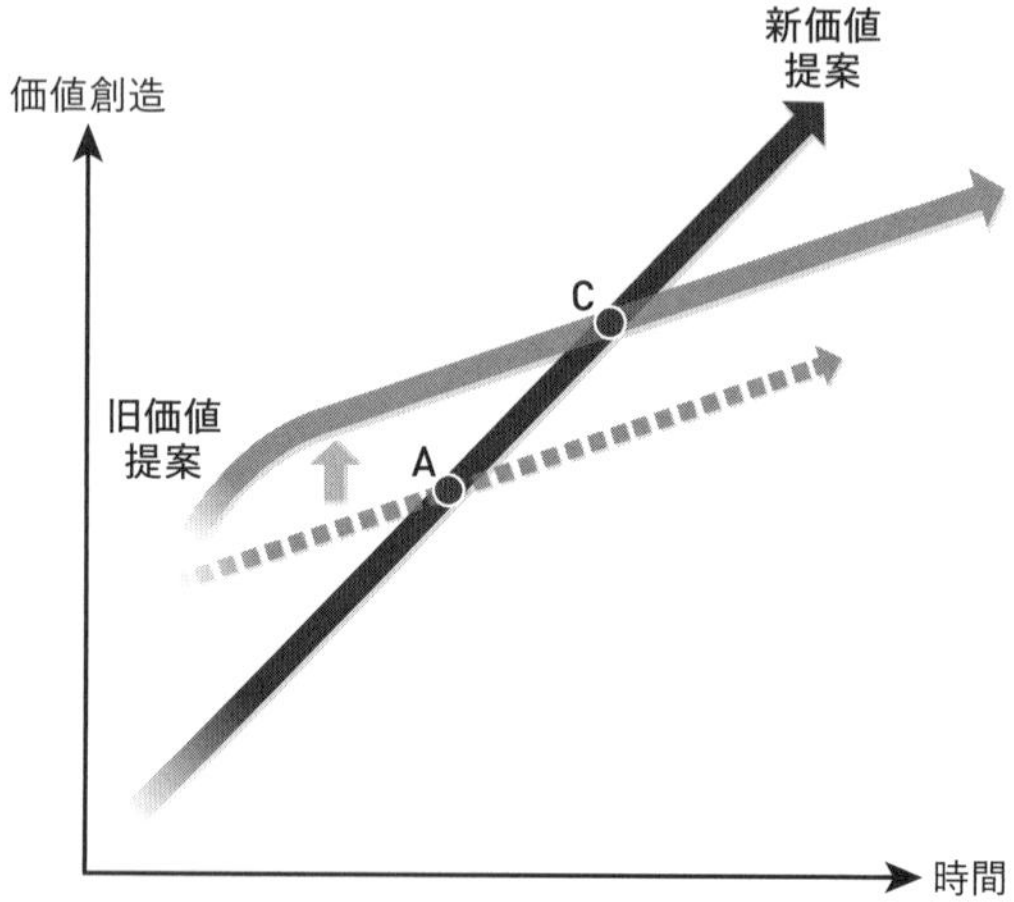

とで、既存のコア技術が飛躍的に展開されるようになったのである。

従来の価値提案の競争力が向上したことで（図4－3では、従来の価値提案の軌道が上方向に移動している）、新たな価値提案が優位となる地点が（地点C）さらに遠のいた。これらの変化を起こした要因には、従来の技術自体の向上、より広範なエコシステムの改善、新たな価値提案をもたらすと同時に従来の価値提案にも効果を与える、イノベーションによる改善がある。

たとえば自動運転の場合、完全自動化に向けた技術が進化の段階を踏むたびに「リバウンド」を起こし、人間が運転する車の競争を激化させた[3]。それにより、センサーやコントロールシステムの進化で、死角のモニタリングや車線逸脱警告、緊急ブレーキ、アダ

プティブクルーズコントロール（ACC）といった機能が進化したのである。これらのイノベーションが起こるたびに、従来の価値提案を越えるための水準が上がり、ディスラプションのタイミングが遅れている。一〇キロマラソンがハーフマラソンになったのである。

スタートの遅れと目標の移動が、タイミングを変えてしまう

両方の要因が働くとき、つまり、エコシステム登場の遅れが新たな価値提案の登場を妨げ、エコシステムの拡張によって古い価値提案の軌道が拡大されるような場合、（性能よりも）価値創造の視点から考えることがさらに重要となる。技術に焦点を当てたレンズでディスラプションのタイミングを予想すれば、誤った期待につながる。技術競争に注目し、エコシステムのレースを見逃せば、ビル・ゲイツが、「次の二年間に起こることが過大評価され、一〇年後に起こることは軽く見られることが多い」と語ったような結果に終わる。(4)

つまり、新たな価値提案が勝利すると一〇〇％確信していても、まだリスクがあるということである。もしで正しくても、いつで間違うのだ。これには大きな犠牲が伴う可能性がある。新たな技術開発を推し進めながら、時期が早すぎたことで資源を使い果たしてしまう企業（HDTVのフィリップス）や、既存の技術を活用していたが早々と投資をやめてしまい、その立場を失う企業が犠牲となる。

図4-4　乗り越えるべき課題が新価値提案を遅らせ、
さらに旧価値提案の拡張機会と交わる。
そして、地点Aから地点Dへと大幅にディスラプションのタイミングを
遅らせ、さらにディスラプションに必要なパフォーマンスも変化させる

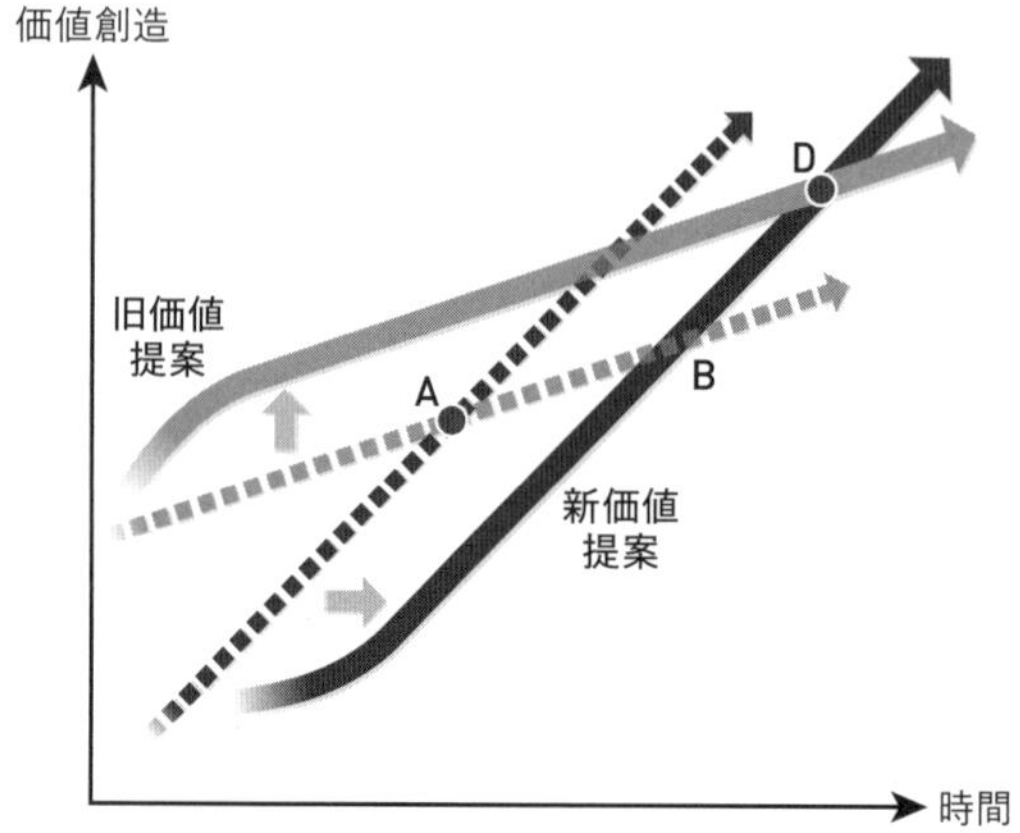

目下、移動通信システムの第四世代（4G）から第五世代（5G）への移行が進行しているが、通信業界はHDTVと同じ状況に陥っている。次世代の通信規格に積極的な投資を行うことによって、現世代における立場を弱めるリスクを負うことになる。実際、二〇〇〇年代初頭の2Gから3Gへの移行時にも、同様の動きが見られた(5)。

遅れと目標の移動が影響し合い、タイミングと性能の基準を新たな水準に押し上げる（図4-4の地点D）。ハーフマラソンが、起伏の多い地形を走るフルマラソンとなり、準備ができていないプレイヤーにはさらに厳しい状況となってしまう。

エコシステムの出現と拡張の道筋も、外部の衝撃に反応して移動する可能性がある。たとえば米国では新型コロナウイルスのパンデミック

によって遠隔医療の診療報酬制度が見直され、それまで二の足を踏んでいた医療サービス提供者がこの技術を採用し、新たな価値提案が飛躍的に普及することとなった。

また、新型コロナウイルスによるサプライチェーンの混乱がきっかけで製造拠点の国内回帰の動きが見られた。新設工場については、(労働者不足に対応する)インテリジェントオートメーション技術の採用が加速することが予想される。

これと同様に、規制政策や生産要件の変化によって、従来の価値提案が拡張する機会が大きく減少または拡大することもある。いずれにせよ、より広範囲なエコシステムの力学に目を向けることにより、ディスラプションのタイミングを戦略的に見極めることができる。

2 エコシステムの競争を判断するフレームワーク

新たな価値提案に関するエコシステムの問題点と、従来の価値提案の拡張機会がはっきりとわかれば、その相互作用に注目し、エコシステムの競争を判断できるようになる。まずフレームワークを開発し、次いでそれを応用していく。

技術のレースではなくエコシステムのレースという見方をすれば、タイミングの重要な決定要因が理解できる。新たな価値提案で重要なのは、エコシステム全体がどのくらいのスピードで開発され、ユーザーが新たな技術の可能性に気づく水準に達するかという点である。たとえば、クラウドベースのアプリケーションやストレージの場合、成功の鍵はサーバーファームでデータを管理する方法だけではなく、重要な補完財であるブロードバンドやオンラインセキュリティの性能を十分なレベルに引き上げることにあった。

一方で、従来の価値提案にとって重要なのは、既存のエコシステムの改良によって、競争力がどれほど増すかという点である。たとえば（クラウドベースのアプリケーションによって代替される）デスクトップ・コンピューティングシステムの場合は、より早いインターフェースや優れた構成要素が拡張の機会となった。

これらの力の相互作用により、表4－1に示される四つのシナリオが考えられるようになる。市場の破壊、安定的な共存、復活の幻想、そして現状の拡張だ。

▼市場の破壊（象限1）

新たな価値提案に対するエコシステムの準備が整っていて（プラグアンドプレイの状態）、従来の価値提案が拡張される機会が限られている場合（既存企業の停滞）は、エコシステムの力学が働かず、関連する技術のポジションだけが重要となる。新たな価値提案は短期間で市場を独占できると予想される（図4－4の地点A）。価値創造の力は、エコシステムの他の部分で起こるボトルネックに妨げられることはなく、従来の価値提案が脅威に反応して進化する可能性も限られて

表4-1 エコシステム・ディスラプションのペースを分析するためのフレームワーク

		従来の価値提案を拡張する機会：低	従来の価値提案を拡張する機会：高
新たな価値提案のエコシステムの準備	高	**象限1：市場の破壊** **（最も急激な代替）** • 16GB vs. 8GB USBメモリ • インクジェットプリンター vs. ドットマトリックスプリンター • スマートフォン vs. フィーチャーフォン	**象限2：安定的な共存** **（漸進的な代替）** • SSD vs. HDD • クラウドコンピューティング vs. デスクトップコンピューティング（2020年時点） • RFIDチップ vs. バーコード（2020年時点）
	低	**象限3：復活の幻想** **（均衡状態の後に急激な代替）** • GPSナビゲーション vs. 紙の地図 • 高解像度TV vs. 標準解像度TV • MP3ファイル vs. CD	**象限4：現状の拡張** **（最も緩やかな代替）** • 2018年時点の拡張現実のヘッドセット vs. フラットスクリーン • 2012年時点の100％電気自動車 vs. ガソリン車 • 2010年時点のRFIDチップ vs. バーコード

いる。

新旧のどちら側にもエコシステムの力学は作用しないため、この象限では直接的な競争や従来の枠の中での破壊が最も起こりやすい。それが急激に起こり、よく知られた「創造的破壊」の波、つまりイノベーティブな新興企業が勢いよく既存の競合を崩壊させるようなことが起こるのは、この象限である。従来の技術は長期にわたってニッチ市場に存在し続けるが、多くの市場では、新たな技術のほうが好まれて古い技術は比較的すぐに捨てられることになる。

▼現状の拡張（象限4）

バランスが崩れるとき、つまり、新たな価値提案が大きな課題に直面してエコシステムの準備が遅れ、さらにエコシステム内の従来の価値提案が進歩する機会が確実にある場合、ディスラプションが起こるペースは非常に緩やかとなる。従来の価値提案は、リーダーの立場で長期にわたって成功を維持すると予想される。この象限に当てはまるのは、発表されたときには革命的だと思えたが、後から見れば過度に評価されたような技術などである。

たとえば、バーコードと、RFIDチップとの初期の関係が挙げられる。RFIDチップはバーコードと比べて格段に多くのデータを記憶できるが、しかるべきITインフラを巻き込んだ展開が遅れたことと、規格が統一されなかったことで利用が遅れた。一方で、ITの進歩によりバーコードデータの有用性は拡張され、すでに説明したように、RFIDの利用を限定的なものとして、RFIDによる革命を一〇年以上も寄せ付けなかった。[5]

二〇一〇年代半ばになると、RFIDが乗り越えるべき課題の多くは解決された。その力はついに象限4から出て、置き換わりのペースも上がった。しかし、これは早い時期にRFIDに完全にコミットした人たちにとっては、大した慰めにはならなかった。他のシステムが追いつくのを待つ機会費用は莫大である。適切な場所に一〇年早くたどり着くことは、革命をまったく見逃すよりも高くつく可能性がある。

さらに、置き換えが遅れるほど、新たな価値提案が優位に立つための性能基準は上がる（図

4－4の地点D）。ITの進化でバーコードの有用性がさらに高まると、RFID技術の品質基準も上がる。このように、エコシステムが未開発なために普及が進まない一方で、イノベーションに対する期待は高まり続ける。次に考察するゼブラ・テクノロジーズのケースで、このような移行について考察する。

▼安定的な共存（象限2）

新たな価値提案エコシステムの準備が十分に整っていて、従来の価値提案が拡張される可能性も高い場合、両者の競争は激しくなる。新たな価値提案は市場へ進出するが、一方で既存のエコシステムは進歩して市場シェアを守るため、共存期間は長期化することになる。従来の価値提案の拡張機会は新たな価値提案の出現を覆すことはないが、独占をある程度遅らせることになる。

異なる市場セグメントでは、異なるディスラプターが現れることを覚悟するべきである。たとえば自動運転のケースでは、家族旅行や街中への配達、州をまたぐ高速道路での移動、あるいは通行止めの工事現場への資材運搬など、さまざまな場合を比較することで、重要な性能要件やエコシステムの準備など、必要な要素が大きく異なることがわかる。多様性があるからこ

［5］電波により、RFタグのデータを非接触で読み書きするシステム。

そ、自社の価値提案をいつ、どの顧客をターゲットにするかの選択が重要となるのだ。

ここで（ガソリンと電気の）ハイブリッド車と、従来の内燃エンジン車の競争を考えてみよう。ハイブリッド車は充電ステーション網などの新たな要素を必要とする完全な電気自動車とは異なり、エコシステム成立のための課題に制限を受けることはなかった。一方で、従来のガソリンエンジン車はより燃費が向上し、暖房、冷房システムなどの他の要素ともうまく融合したことで、従来の価値提案に対して、さらに優れた価値創造を生み出すようになった。

安定的な共存は、消費者には非常に魅力的である。どちらのエコシステムの性能も進化し、従来の価値提案のエコシステムが進化するほど、新たな技術のエコシステムの性能に対する基準も上がる（図4－4の地点B）。既定の企業の内部で、競合する技術が共存する場合も、この象限に当てはまる。

▼復活の幻想（象限3）

新たなエコシステムの価値提案の準備が整わず、従来のエコシステムが拡張される可能性も低い場合は、乗り越えるべき課題が解決するまでほとんど変化はない。しかしその後、急速に入れ替わりが進むことになる。ここでのディスラプションは、ヘミングウェイが自著で倒産について、「最初はゆっくりと、そして突然に」と描写したように訪れる。高解像度テレビ放送と従来のテレビ放送や、GPSと紙の地図などがその好例である。どちらの革命も、従来の価値提案のエコシステムの進化によってではなく、乗り越えるべき新たな課題があったことで遅れた。

この象限では、従来の価値提案は高い市場シェアを維持するが、成長は鈍化するというようなシナリオが考えられる。新たな価値提案がその価値創造の可能性を発揮させるとすぐに、急激な市場シェアの逆転が起こると予想され、従来技術の独占は脆《もろ》いものとなる。既存企業は、自らの努力で市場でのポジションを維持していると誤解してはならない。地図の出版社がそうであるように、製品の寿命が迫っていることを理解して、収穫の時期だと考えて改善はわずかにとどめるのが賢明だろう。

イノベーションをフレームワークに位置づける

四つの象限にイノベーションを位置づけるには、まずはエコシステムの出現で生じる課題を考える。次に、各課題の解決方法に対する見解をまとめる。最後に、解決方法の難易度を評価する。さらに拡張機会についても同様のプロセスをたどる。当然ながら位置づけには判断が必要だが、このプロセスを使うことで根拠のある判断が下せる。自社だけでなく、不可欠な仲間となる他社にとってもわかりやすいものとなる。

なかには、二〇二一年時点の自動運転はまだ象限4にあり、規制が壁となって中心的な市場にならない一方で、人間が運転する車の性能は技術の回復によって強化され続けるという意見もある。他方で、自動運転は象限2の入り口にあるという意見もある。限られた区域での運転は実証されており、テスラのオートパイロット機能によって高速道路での運転が事実上実現しているというのがその理由である。あるいは、ウェイモが自動運転タクシーの運転テストを行っているのは、象限1にあることの証拠だとする見解もある。

位置づけた象限の違いをチーム内ではっきりさせることで、それぞれの考えや直感の裏づけとなる前提条件、たとえば価値提案の決定方法や、市場セグメントや境界に対する考え方、成功を測る指標の選び方を理解し、説明することができる。これには、外部環境と社内見解の明確化という、二つの効用がある。

四象限における価値提案の位置づけは、静的なものではない。エコシステムのボトルネックが解決し、既存のエコシステムが拡張される機会が減れば、新旧のパワーバランスは変化する。クラウドコンピューティングは一九九〇年代と二〇〇〇年代の大部分では象限4にいたが、二〇一〇年代までには完全に象限2に移り、二〇二〇年代は象限1に向かっている。

エコシステムは次にどこに向かうか？

新たな価値提案の約束が達成され、従来の価値提案を上回って初めてディスラプションが起こる。これは市場全体にも起こりうるが、市場セグメントごとに展開されることのほうが多い。全面的な置き換えが起こるのはシステムが象限1に到達したときだが、そこまでの道のりはさまざまである。象限4から象限3、そして象限1へと移行するという仮説は、従来の技術が限界を迎えることを前提としている。つまりイノベーションを起こす企業は、性能基準の動向をあまり気にせずに、新技術のエコシステムの連携に注力できる。

対照的に、象限4から象限2、そして象限1へと移行する考え方では、既存技術のエコシステムの進化と戦うことになる。イノベーションを起こす企業は性能を向上させ続ける必要があるが、同時に既存技術のエコシステムも完全なものとなっていく。

価値提案が象限をどのように移動するかに関する見解は、当面行うべき投資の意味合いを示すと同時に、それを立証する指標ともなる。新旧のエコシステムの動きをはっきりと予想することで、位置の変化をより能動的に監視して、見解が妥当かどうかの判断ができる。そうすればより自信を持って、自社の動きを続けるか変更するかを判断できるようになる。

社内で価値提案を共存させる

コミットメントについて考える際、新旧のライバル関係は、必ずしも二者択一の選択ではないことを頭に入れておく必要がある。競合する価値提案は、市場でも既定の企業内でも共存することができる。これは、象限4の現状の拡張の状況で、イノベーティブな既存企業が新たな価値提案を育む際に向き合う魅力的な機会といえる。そして、次に象限2に移動すると、新たな投資の足がかりを探す必要が出てくる。

ウォルターズ・クルワーは二〇〇年近く続く出版社で、長きにわたるイノベーションの歴史を持つ。インターネットの商用化のごく初期から積極的に電子出版に進出し、一九九五年から世界各地の医者や弁護士、金融専門家向けのオンライン情報サービスに投資を行ってきた。もちろん、先見の明があるといえるが、「早すぎる」といわれることもある。こうなるとリーダーは必然的に難しい立場に置かれるのだ。

二〇〇三年から同社のCEOを務めるナンシー・マッキンストリーは、顧客組織内部におけるエコシステムと、外部におけるエコシステムで乗り越えるべき課題への対処に迫られた。そして「変革を行うことはできるが、顧客があれこれ行動して、間違った方法で適応する場合もあるだろう」と語っている[6]。

つまり、ビジョンを持つと同時に、パワーと忍耐を持ち続けることが必要とされる。そこには、外部環境の力学と同様に、社内のガバナンスと財務部門の意向が大きく影響する。「印刷からデジタルへの第一波では大きな利益は出ず、印刷とデジタルの二つの形態への投資が必要だったが、その負担は重かった」とマッキンストリーは語っている[7]。第二波では多少成功したものの、成功が広がるには時間が必要だった。「世界が追いつくまでに何をするべきか？」という問いに、「投資を続ける余裕があるか？」という財務部門の圧力が加わり、問題はより深刻化する。

フィリップスのＨＤＴＶで考察したように、アーリームーバーが抱えるリスクは、利益を出すまでに時間を要するだけでなく、新規技術自体がさらに進化することで、それまでに投じた投資の価値が低下する点にある。

移行の初期から、デジタル化によってウォルターズ・クルワーが提供する価値が高まることは明らかだった。アクセスや効率性が向上し、新たな知見が得られ、明らかにより優れたものとなる。しかしマッキンストリーは、顧客が新たな方式を本格的に取り入れるには一五年かかると見た[8]。「（印刷）媒体を健全に維持しつつ、同時に移行も進める必要がある。資本配分をよく検討してはっきり決めなければならない。この二つのプラットフォームをしばらく持ち続けるのだ。（中略）そして次に、顧客の移行を手助けする必要がある[9]」

課題は、法律家の論文検索に役立つ技術とソリューションを開発するだけでなく、そのソリューションを、非常に保守的な彼らのワークフローや行動パターンに組み込む方法を見つけることだ。実際、かさばって共有もできない学術書を持ち歩くことは不便なのだが、法律家の伝統と行動を変えるためには、手厚いサポートが求められた。時間も投資も必要とされた。

ビジョンとパワーの維持、そして忍耐は、象限４を抜け出すために必要な要素である。ビジョンなしで進むべきではないし、忍耐とパワーがなければ成功はおぼつかない。ここで、待つ間に何をするかが問題となる。既存企業特有の強みは、顧客とともに基礎作りができることにある。

ウォルターズ・クルワーにとっては、それは顧客の仕事のプロセスへの理解を深め、彼らにとって最も有益な価値構造を突き止めることだった。それこそ明確に定義された戦略プロセスであった。その取組みは、カスタマーインサイトを得ることから進化したデジタル製品を開発し、エコシステムを拡張し、広告主との関係を定義し直して専門的なソリューションを提供することに至るまで、一五年以上に及ぶものとなった。

象限4から象限2への移行と並行して行われた段階的拡張は、素晴らしい結果を残した。ウォルターズ・クルワーのデジタル部門の売上は二〇〇四年には全売上の三五%だったが、[10]二〇一九年にはデジタルおよび関連サービスの売上が八九%を占め、[11]売上は四一億ユーロとなった。加えてデジタル事業は、印刷事業よりも利益率が高いのである。

▼共存から拡張の機会を作る

新旧の価値提案に同時にかかわることで、さらなる機会が生まれる。新たな価値提案の開発を活用することで、従来の価値提案を拡張するチャンスができる。

ゼブラ・テクノロジーズは一九八二年に行われた展示会で世界初のバーコードプリンターを発表し、次の三年をかけて消費財から医療、自動車など、さまざまな産業に供給した。一九九一年には株式公開を行い、同年の年末までには三億八〇〇〇万ドル規模のバーコード市場で、推定二五％のシェアを獲得していた。同社は感熱式バーコードプリンターとラベルのイノベーションに注力し続け、売上は一九九三年の八七四〇万ドルから二〇〇〇年には四億八一五〇万ドルにまで増えていた。[12]

一方で、緩やかではあるが着実にＲＦＩＤは進化して普及しつつあり、さまざまな用途で既存のバーコードに置き換わる脅威となっていた。充実したリアルタイムのデータ収集と分析は、在庫管理や資産の追跡、さらに小売の店頭販売などに革命を起こした。

ゼブラはこの競争力のある技術に積極的に投資することを選択し、二〇一四年にはモトローラの法人向け事業を三四億五〇〇〇万ドルで買収した。その結果、ＲＦＩＤベースの先進データ収集通信技術とモバイルコンピューティングが、事業ポートフォリオに加わった。

「世界中の顧客がデータ分析やモバイル機器を活用して業績を向上させる中、わが社はモノのインターネット化（ＩｏＴ）ソリューションの根幹となる要素を提供する」とＣＥＯのアンダース・グスタフソンは述べている。[13]社内では、ＲＦＩＤは代替ではなく、新たな事業ラインと捉えられた。どちらの技術も依然優れたものだったが、社内では、生み出されるデータは統合されていた。ゼブラのデータ管理システムは、技術ソースにかかわらずデータを取り込み、それを活用可能な知見へと変化させた。

ディスラプションの時期に関するリスク回避という目的を超え、このアプローチによってゼブラは、まさに顧客の社内に技術を共存させ、バーコードからRFIDへの移行に必要な構成要素を、関連する事業から徐々に移行させることを可能とした。このアプローチは、象限1と2との間を取り持つものといえる。RFIDが独占するセグメントもあれば、バーコードとQRコードが共存するセグメントもある。重要インフラで一斉に移行するというリスクの高いシナリオに代わる案を提供することで、ゼブラは顧客が自ら実験して最終的に新たなアプローチを受け入れられるようにした。同時に、ゼブラ自身も、どちらの世代の技術でもポジションを維持できるようにしたのだ。

ゼブラは古い技術を武器にし、既存企業としての力を活用して、未来のデータ収集にイノベーションを起こそうとした。そうすることで、情報に関するバリューチェーンの上位へとのぼった。縦線の集まりでデータを記憶して読み取るシンプルな機器のメーカーから、電波で機器に情報を取り込む情報ブローカーとなり、さらに捉えたデータを分析してそれをもとに行動する能力により、顧客のパートナーとなったのである。

イノベーティブな既存企業の最大の強みは、顧客とすでにつながりのある立場を利用して知識を得て、新たな価値提案の牽引力を築くことにある。主要事業と新たな取組みを切り離せば、既存企業であってもこの力は活用できない。アッサアブロイのケースと同じく、ウォルターズ・クルワーとゼブラ・テクノロジーズも、レガシー事業の資源とつながりを規模を拡大して利用することで、新たな価値提案をサポートした。また同時に、新たな価値提案によって、既存の価値提案の強みも生かしたのである。

3 決断にコミットする
――チャンスをつかみ、待ち、移行し、そして具体化する

成功に必要なあらゆることを実行すれば、イノベーションへの投資は素晴らしい結果をもたらすだろう。複雑な事柄に直面しても物事が複雑になるわけではなく、より多くの情報が得られるだけである。成長の過程では、新しく不確実な取組みに資源を投じる必要が生じる。しかし、そのような投資に関する戦略が不透明なケースが多く、断片的な投資になりがちである。財務チームと厳しい予算会議を終えた製品マネジャーに聞いてみれば、このことが理解できるだろう。

ここで示した考え方をとれば、漸進主義の姿勢をとることなく、自信を持ってコミットメントできる。自社の立場が持つ力学をはっきりさせたうえで実践能力を見極めることは、ことさら重要である。新たな価値提案のエコシステムの準備は整っているか。乗り越えるべき課題が多すぎて圧倒されていないか。従来の価値提案にまだ改良の余地があるか、それとも、もう限界なのか。これらの問いに対して冷静な思考ができれば、行動するにしても、戦略的に待つにしても、解決策が導き出せるだろう。

▼オプションA　今ある機会をつかむ

あらゆる条件が熟したら、市場にディスラプションをもたらす機会をつかむために前へ急ぐ。優れた実践力が必須であり、なおかつ困難ではあるが、これさえ乗り越えられれば勝利できる。

▼オプションB　自信を持って待つ

将来の技術は予想できても、それがいつ実現するのかを予想できない人は多い。ここでのフレームワークは、物事が起こらない場合を予想するための心強い手引きとなり、本格的な行動のゴーサインを出すための重要な指標を提供する。特に乗り越えるべき課題の数と内容が、自社で解決できる水準を超えている場合や、計画したMVEをまとめられないような場合には、実際はしばらく何も起こらないだろう。スピードを落として課題の解決を待つことは、資源を燃やし尽くした後で長い間待つよりも懸命といえる。フィリップスのアナログHDTVの大失敗を見れば、時期尚早であることが、いかにつらく実りのないものかがわかる。

待つことを選択した場合、その対象をはっきりさせることが重要となる。つまり、監視対象を理解し、FOMO（取り残されることへの不安）により間違った条件とタイミングでコミットする衝動に駆られそうになっても、意思を持ち続けるのだ。自信を持って待てば、その場しのぎの行動や、最初は良いと思っても次第に混乱し、フラストレーションを感じ、最後に必ず落胆するといった典型的な投資を避けることができる。

▼オプションC　目標を変える

自社の歩みを遅らせる代わりに、価値提案の目標を変えることがある。同じイノベーションでも市場が異なれば、異なる性能基準やエコシステムの要件に直面する。たとえば、公道と比べて私有地内の工事現場で走行する自動運転車は、高速運転での操作性やよくある包括的な規制環境をクリアする必要はない。

このような「足がかりとする」市場に目標を定めれば、技術開発の機会を得ながら学習曲線や費用曲線を引き下げ、さらに努力に対するリターンも得られて、新たな可能性を開く機会も獲得できる。ただしこのような変化では、組織の柔軟性や乗り越えるべき課題をよく理解する必要がある。(14)

生物学者のリンダ・アヴェイと起業家のアン・ウォイッキは、二〇〇六年に23アンドミーを創業した。DNA分析から個人のルーツを解読するサービスを提供するスタートアップである。同業他社との大きな差別化要因は、利用者に固有の遺伝子突然変異を分析し、特定の疾患にかかりやすい体質を明らかにすることだった。レポートでは、利用者に固有の遺伝子性質が、ガンや心臓病、肥満といったリスクにどう影響するかを示す「確率計算」などが記された。

同社の免責事項には「23アンドミーは、病気や医療状態を診断するためのテストやキットではなく、医療的アドバイスをめざすものでもない」とある。[15]ただし、医師や生命倫理学者、プライバシー擁護派などは、レポートの内容が良いものではなかった場合、利用者が医療情報に対して建設的な方法で対処できるかを懸念していた。それでも23アンドミーは、二〇一三年までにキットの値段を九九ドルから九九ドルに引き下げ、約五〇万人に利用されていた。[16]

共同創業者のウォイツキはこう述べている。「自分を大事にしなければ、誰がしてくれるのか。[17]医療で屈辱的だと感じるのは、患者のために下される決定は多いのに、患者には選択肢がないということだ。遺伝学は人が今後より健康的な生活を送るための、生き方の一部であり、ビッグデータによって私たちはより健康になる」[18]。23アンドミーは医療に対する力を、個人的な遺伝情報という形で利用者に与えたのである。

一方で、米食品医薬品局（FDA）は異なる見解を示した。[19]同社のテストが医療診断を下すために使用されることから、「医療機器」と見なし、同社に厳しい（さらに費用も時間もかかる）臨床試験を経て規制当局の承認を得るよう求めたのである。FDAによる認可が必要になったことで、23アンドミーの目標とする価値提案には、乗り越えるべき予想外の課題が生じた。

これに対して同社は、利用者と直接かかわるアプローチを再検討して、製薬会社と組むことにした。規制を熟知した製薬会社は、創薬の可能性のあるターゲット、研究の参加者、さらに患者となりうる人などを特定するための分析用に大量の遺伝子情報データを渇望していた。独自の遺伝子情報データベースを持っている23アンドミーは、パートナーとして魅力的な存在だったのである。

二〇一五年、23アンドミーは製薬大手のファイザーと共同で、五〇〇〇名を対象とした紅斑性狼瘡に関する研究を行うと発表した。さらに製薬大手のグラクソ・スミスクラインは二〇一八年、23アンドミーに三億ドルの出資を行った[20]。新薬の開発を目的としたもので、当初はパーキンソン病をターゲットとした。

その翌年、23アンドミーはバイオ医薬品会社アルナイラム・ファーマシューティカルズと提携して、プラス・マイファミリー・プログラムを発表した。遺伝性疾患と関連のある遺伝子変異体を持つ個人の一親等を対象とし、無料キットを配るというものである[21]。さらに二〇二〇年初めには、23アンドミーが炎症性疾患をターゲットに開発した抗体の使用ライセンスを、スペインの製薬会社アルミラルに供与した[22]。アルミラルは治療薬の商品化に向けて臨床試験を開始している。

暫定措置として別の市場に移動する場合、主流へ戻るのが難しくなるというリスクを負う。異なる市場に出るためには、元々持っていた目標に必ずしもつながらない組織やプロセスを作ることになる。しかし、経営を能動的に行い、中間目標を賢く選ぶことで、そのリスクを軽減することはできる。23アンドミーは製薬会社とのパートナーシップを組むことで、規制当局に対する対応を継続し、二〇一七年には個人向け遺伝子情報解析サービスを再開した。このケースは、経路変更を余儀なくされても、異なる目標を持つ市場へ変化することで、生き残りだけでなく発展も可能なことを示している。

▼オプションD　ポジションを確立する

いうまでもなく企業は、外部の力が支配するエコシステムの旅の、単なる乗客ではない。強みを戦略的に作って前もって配置することで、乗り越えるべき課題に直面してもそれを理解し、対処するために確固としたアプローチがとれる。ここでは、テスラがとった自動運転へのアプローチが参考になる。二〇一六年からテスラは、オプションパッケージである先進的運転支援システム、「オートパイロット」に必要なセンサーやソフトウェア、テレマティクス用のサブシステムをすべての車に搭載している。[6]

テスラは、購入者がオートパイロットのパッケージを選ぶかどうかに関係なく、これらの機能を搭載して、そのコストを負担した。ユーザーは購入時にオートパイロットのオプションに八〇〇〇ドルを払うこともできるし、後から機能を有効にするために一万ドルを払うこともできるし、あるいは、何も払わずに機能を使わないことも選択できる。[23] しかし、ユーザーがオートパイロット機能を使うかどうかにかかわらず、同社はオートパイロットのパッケージを搭載し、あらゆる車のあらゆる運転者の運転データを常時取り込んでいる。車とワイヤレスでつながることで、増え続けるテスラ車からデータ収集を行っているのである。

二〇一八年までに、およそ五〇万台のテスラ車が、オートパイロット機能を搭載して公道を走っている。テスラ車のドライバーの走行距離は一〇〇億マイルにのぼり[24]（同時にデータも供給される）、自動運転のレースで他社を大きく引き離している。この分野でデータ収集を行う車の台数では、テスラが他を圧倒している。もしテスラに追いつこうとする企業があれば、途方もない課題に直面することになる。勝ち目があるかどうかはわからないが、自動運転の未来に賭けたい企業にとっては、絶対に避けられない課題である。

4 大胆な賭け——時間圧縮の不経済と重要性の半減期

選択肢を作るのに時間がかかり、かつコストが高いような場合、戦略は非常に重要となる。エコシステムのレースで投資の速度を決める際には、次の二つの補完し合う考え方について検討するとよい。

まず「時間圧縮の不経済」は、急ぎすぎて行動にコストがかかるようになる（効率的でなくなる）程度を評価するものである。[25] 典型的な例が、レピュテーション（評判）の確立である。確立のための時間が不十分な場合、パートナーや顧客に、自社の行動に対してこちらと同じように

［6］ 自動車搭載のネット接続端末を利用したサービス。

信用してもらうのは難しい。資源が時間圧縮の不経済の影響を大きく受けるほど、初期の投資が重要となる。時間圧縮の不経済は、特に技術以外の活動やパートナーシップなど、つながりや相互信頼の構築が連携の礎となる分野に当てはまる。

その逆が「重要性の半減期」、つまり、展開後に資源の価値が減少するペースである。たとえば、スマートファクトリーやスマートホームでは、ワイヤレスのつながりが進むにつれて有線インフラの重要度が低下する。また、新たな投資がなければ、パートナーの忍耐と熱意も低下する傾向がある。自社がまとめるべき構成要素は長い時間のうちに活力を失うが、逆にまとめるのが早すぎても投資の価値を損なうことになる。

こう考えると、テスラがすべての車にオートパイロット機能を装備するコストを負担した理由がわかる。それは自動走行技術の実現は、自動運転アルゴリズムにあるのではなく(常に新たな手段が生まれるため、重要性の半減は速い)、アルゴリズムを洗練させて調整するための運転データの蓄積(重要性の半減に時間を要し、時間圧縮の不経済が当てはまる)に依存するからなのだ。

価値提案が依存する要素が、時間圧縮の不経済に当てはまる場合、早いうちに種を蒔くことが大きな強みになる。たとえば第3章を思い出すと、新たなエコシステムにMVEを築くための投資などである。ここではテスラが、思い描くサービスを展開する何年も前から、自動車保険の分野に参入していることが参考になる。

二〇一九年、同社はテスラ保険を発表し、こう宣言している。「テスラ車のオーナー向けに二〇％、場合によっては最大三〇％安い、競争力のある保険料を設定している。わが社は自社の車体や技術、安全性や修理費を熟知し、従来の保険会社が徴収していた手数料を排除する。わが社のすべての新車に標準装備されるアクティブセーフティや先進運転支援機能を料率に反映させたテスラ車専用の自動車保険は、ほとんどの適格運転者に、より安価な保険を提供できる[26]」。イーロン・マスクは決して安い値段を提示することはないが、「市場のどの保険よりも、魅力的なものとなる」と明言している[27]。

伝説的な投資家（そして、自動車保険大手ガイコのオーナーである）ウォーレン・バフェットはテスラのこの動きに対して、「自動車会社が保険事業に参入して成功するのは、おそらく保険会社が自動車会社に参入して成功するのと同じくらい難しいだろう」と、否定的に述べた[28]。この発言は、業界の枠の中で破壊が起こっている状況や、既存の業界内での競争を激化させるだけの多角化企業に対しては、もっともな批判である。しかし、価値構造において要素を超えた変化が見られる場合、あるいは変化を起こす場合には、その可能性を見落とすことになる。

第1章のコダックでの考察を思い出してみよう。製紙会社と液晶ディスプレイ（LCD）のメーカーが多角化して相手の業界に参入しても、成功することは確かにないだろう。しかし、コダックのケースのように、業界の枠自体が侵食されるときには、ゲームが大きく変化する。運転アルゴリズム向上のために集められたテスラのデータは、運転者の安全のために利用され、デジタル印刷のケースでの「見る」と「作り出す」と同様に、「輸送」と「保険」の要素が統合を始めるのである。

エコシステムのレンズを通して見ると、バフェットの否定的な言葉は軽率に思われる。テスラは安全な車を製造しているだけではない。すべての車に無線でアップデートを行う機能を備えることで、すでに販売した車をより一層安全にできる。アルゴリズムとソフトウェアの舵取りを絶えず向上させることで、たとえば購入したのはシートベルトのついた車だったのに、二年後に目が覚めると車が進化してエアバッグがつけられていた、というようなことが起こるのである。

さらに、保険会社が顧客を説得し、車内にブラックボックスを搭載して（急ブレーキの回数や荒い運転を示す兆候などの）運転傾向を監視し、安全運転のドライバーにメリットを与えようと何年もかけて取り組む一方で、テスラは運転者のさまざまな行動を完全に監視している。もし可能となれば（実現は疑わしいが）、第三者の自動車保険会社には太刀打ちできない形で、各運転者にオーダーメイドの保険を提供することもできる。

最後に、オートパイロットのパッケージが完全に自律するよりずっと早い段階で、テスラが完璧に近い防御的介入を行う可能性がある。つまり安全運転を、アクチュアリーによる一般向けの保険とつなげるのではなく、自動車とつなげた製品保証とするのである。価値逆転の力学を目の前で見ることができるかもしれない。歴史的には、自動車メーカーが自社の車の安全性を向上させることは、保険会社にとって好材料となった。ところが安全性が格段に進歩し、つまり、安全性がもはや懸念とならない程度に向上すれば、従来の保険会社の価値創造の土台が根底から覆される可能性がある。

一方でこのビジョンは、エコシステムに対して膨大な手続きと規制のイノベーションを迫るものとなる。したがってこの分野では、時間圧縮の不経済が予想される。つまり、技術と事業モデルで準備を整えること自体は、技術以外の課題の解決を早めることにはならない。ここに、テスラが二〇一九年にとった行動が、時期尚早ではなく適切な時期に行われたと考えられる理由がある。つまり、既存の保険会社ステート・ナショナルとパートナーシップを組んで足がかりを作ったことで、保険のゲームに関する知見を得たのである。

おそらくさらに重要なのは、それがゲームを戦うのに必要な、政治や規制のイノベーションに影響を与えるきっかけとなることである。防御側の既存企業が技術開発を押しとどめることは、普通はほぼ不可能である。しかし、既存のエコシステムのステークホルダーが新たなエコシステムの台頭で何かを失う場合(利益を守る保険会社や、会員を守る運送業者の組合など)、積極的にロビー活動を行い、ディスラプターが技術以外の課題を乗り越える負担を重くするように仕掛ける。その結果、ディスラプションのタイミングは大幅に遅れることになる。

共通の関心があることで自然に進化できるとは考えられない。優れたディスラプターであれば、システムを構築して硬直した組織に抵抗するためには、ホワイトボード上でコンセプトを証明するだけではなく、実際に市場で活動することが必要だと気づいている。

テスラは、乗り越えるべき課題が片づくのを願って待つだけでなく、MVE展開前の製品に資源を投入することで、積極的に課題を方向づけようと行動している。成功が約束されているわけではない。それでもテスラは自社の賭けが成功する確率を上げ、同時に他社にも探索コストを抑えて参入できるように門戸を広げようとしている。既存企業は考えなしにこれを却下するべきではない。

5 組織内の相互理解を深める

本章で述べたことを、臆病者に対する呼びかけだとか、変化に直面して何もしないことへの言い訳などと捉えてはいけない。タイミングに関するリスクをしっかりと理解すると不確実性に目がいくが、それで不確実性が高まることはない。むしろその逆で、不確実な状況で判断を下す能力が高まる。本章で考察したアイディアを利用して、惰性や停滞を回避し、物事を前に進める手立てを話し合ってほしい。

イーロン・マスクは先見の明を持つ創業者兼CEOで、独自の「現実歪曲フィールド」[7]を持つ。一般的な組織にいるイノベーションの名手と呼ばれる人たちを上回る策略家であることは確実だろう。ただし、こちらの姿勢を押しつけるのは、説得を試みても進んでついてきてもらえない場合に限るべきである。明確な論理を持ってそれを伝えることは、意思決定者の合意を促すのに大いに役立つ。これについては、第7章で改めて考察する。

企業の選択肢や制約はそれぞれ異なる。タイミングという観点で、世界共通の正解は存在しない。重要なのは、首尾一貫した答えを出すことにある。一つの企業の中でも個人やチームごとに異なる視点を持っているが、異なる考え方を構造的な手法でまとめるプロセスを踏むことで、チームとして共通の知見を最大限に活用できるようになる。これは、自社の価値構造を自社の価値創造の理論と見なした対話と似ている。異なるメンバーは、異なる感覚を持っている。経営陣の課題は、どのような行動をとるかに同意するだけではなく、その行動を選択した理由について相互理解を得ることにある。

誰もがイノベーションを成功させたいと容易に賛同するが、夢を追うために必要な資源を配分しようとすると緊張が生じる。その後の話し合いではほとんどの場合、どちらかがいつという問題を包含する。しかし、これら二つは異なる問いである。戦略とは、とらない行動を選択することだとよく言われるが、動的な世界においては、すべきでないときを理解し、そして自信を持ってコミットするときを選択することも、戦略に含まれる。

何を連携すべきか、連携が起こる時期はいつかという問いが導く意思決定を下せば、イノ

[7] 誰もが不可能だと思うことを、巧みな論法を駆使して可能だと思わせること。

ベーションへの動きがより確実に、効果のあるものとなる。重要なのは、誰が必要な連携を進めるかである。誰がエコシステムのリーダーとなるべきか、そのリーダーシップに任せるほうが良いのは誰か。それについては次章で考察する。

第5章

The *Ego*-System Trap

「エゴ」システムという罠

“

あとに続く者がいないのに、自分が先頭に立っていると思う人は、
単に散歩をしているだけである。 ——ジョン・マクスウェル

”

常に、自社が中心的プレイヤーだと考えるエコシステムを何と呼ぶか。それは、エゴシステムだ。

子どもは、周囲の出来事を自分と自分の興味に結びつけて理解する。つまり、子どもの世界は自分中心に回っている。その子どもが世界観を広げ、他者の視点から状況を見られるようになれば、成熟したことになる。自分は存在するが、同時に自分が必ずしも中心にいるわけではないと理解することは、重要な転換点となる。

エコシステムについても同様である。企業のリーダーが、価値創造には持ちつ持たれつの相互依存が非常に重要だと理解し始めるときには、まず「自社」のエコシステムの視点からかかわりを考える。つまり、自社を中心に置いて世界を理解するのである。それはごく自然なことで、「アップルのエコシステム」「グーグルのエコシステム」「(XX社の)エコシステム」といったようなラベルをつけるようになる。大きくて成功している企業ほど、こうした傾向は強い。

しかし、最初からエコシステムは自社を中心としたものだと決めつけると、エゴシステムの罠に陥ることになる。自社が中心的役割を担うという考えに縛られて、頼りとすべきパート

図5-1　参加者たちが、我こそがリーダーになる野望を抱き、
依存するパートナーもそれを認めてくれるだろうと考える。
一方で、パートナーもまったく同じ野望を抱いている場合、
エゴシステムの罠に陥る

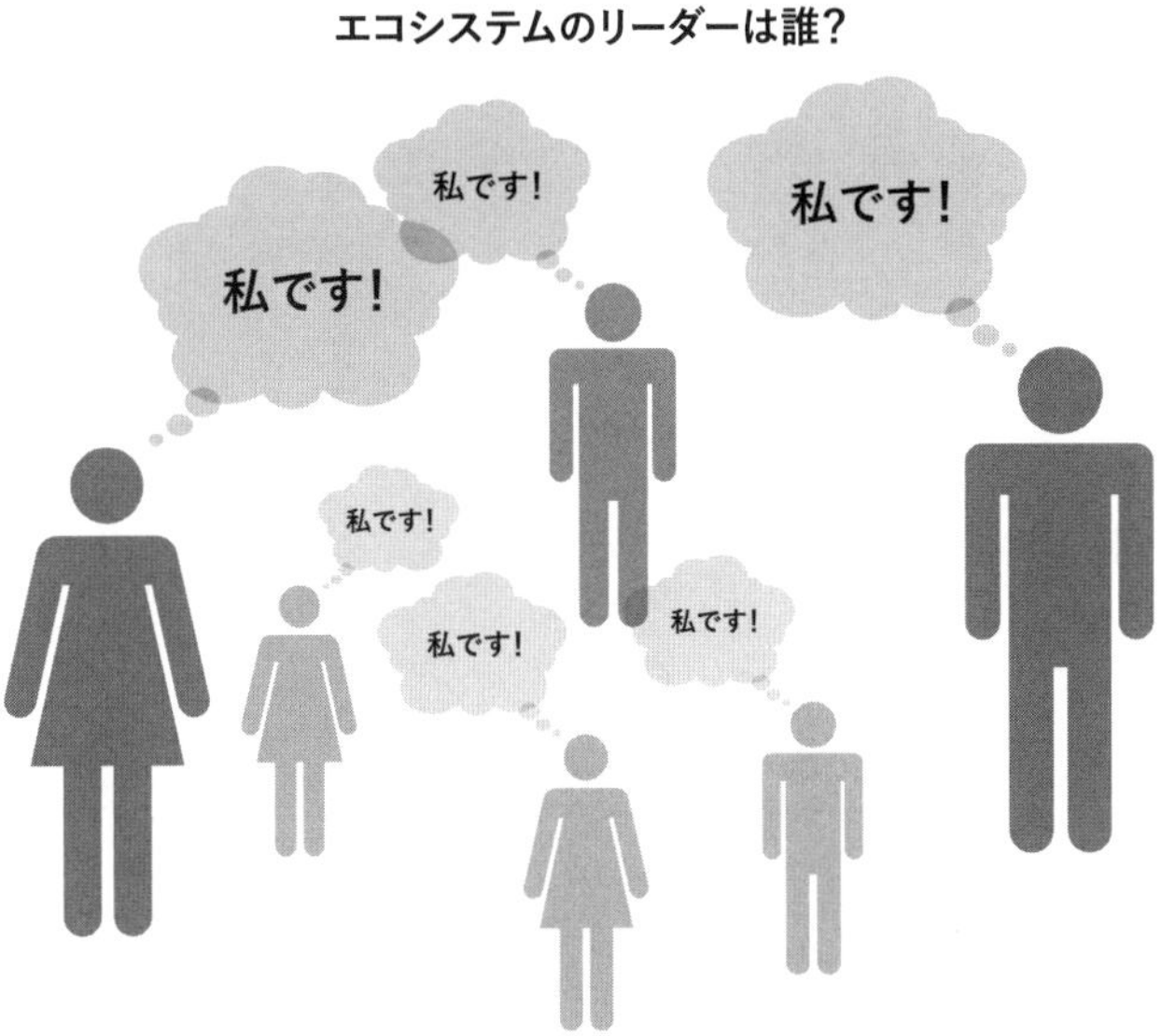

ナーも同じように考えている可能性を見落としてしまう（図5－1）。

エコシステム内においても組織と同様に、連携の構造や行動のタイミング、プレイヤーの編成、取組みのルールなどを決めるチームがあるとよいだろう。誰もが自分がリーダーだと考えればリーダーは存在しなくなり、調整は難しく、効率も悪くなる。

エコシステムのリーダーシップは、どうあるべきなのだろうか。さらに同じくらいに重要なのは、機会は多いのに戦略的とは言いがたいフォロワーの役割をどう捉えるべきなのかである。

「フォロワー」はビジネス用語で

はネガティブな意味で捉えられる。市場に出るのが遅い、利益や市場シェアが低い、イノベーティブさに欠ける、野心がない、といった数々のネガティブな事柄と結びつけられる。しかし、エコシステムにおいては、そうした考えは間違っている。

エコシステムのリーダーとなることは、業界内でリーダーとなることとは違う。業界におけるリーダーシップは、自社の競争優位性を示す結果で測られる。たとえば他社と比べた市場シェア、利益、ブランド力などである。一方、エコシステムでは、リーダーシップは結果ではなく役割となる。そして、それは価値提案をもたらす価値構造の周辺に存在する他者を連携させる能力で測られる。

「エコシステムをリードする」(役割)ことと、「屈指のエコシステムに参加する」(結果)ことの違いをはっきりさせる必要がある。連携のとれたエコシステムでは、すべての参加者、つまりリーダーとフォロワーは、価値提案が果たされれば勝利できる。それとは対照的に、リーダーシップをとろうとするが、連携を調整できない企業は負ける。簡単でわかりやすいことだ。

本章では複数の企業レベルで、第6章では個々の企業レベルで考察していくが、戦略的成熟とは、他者を適切にリードすること、あるいは他者が中心となる場合には、エコシステムの一員としてうまく立ち回る方法を理解するということを意味する。

1 エコシステムの衝突――米国のモバイル決済

携帯電話を使ったモバイル決済は、リアルの経済活動に革命を起こすと考えられていた。アップルCEOのティム・クックは二〇一四年にアップルペイ(Apple Pay)を発表し、その期待を具体化した。(1)「アップルペイの出現で、物を買う行為はどこまでも変化し続けるだろう。アップルペイは日々進化し、やがてリアルのクレジットカード(広義では財布)は消えるだろう」。皆がこの見解に賛同した。(2)

しかし米国では、モバイル決済が経済活動に与えた影響は、全体的に見ればわずかなものだった。これは、モバイル決済の価値提案に魅力がなかったからではない。それは、スターバックスの自社モバイル決済アプリが受け入れられていることからも明らかだ。さらに、取組みが足りなかったからでもない。二〇一一年以降は、グーグルやシスコシステムズといったテクノロジー大手や小売大手、通信大手をはじめとする多くの企業が、モバイル決済で現物のクレジットカードの座を奪おうとする、大きな賭けを積極的に仕掛けている。

モバイル決済のビジョンは、いくつかの市場で実現している。特に中国では実際に、ウィーチャットペイ(WeChat Pay)やアリペイ(Alipay)が金融取引にイノベーションを起こしている。

これについては本章の後半で取り上げる。しかし、米国で見込まれた革命は期待外れとなっている。二〇一九年には、アップルペイがスターバックスのアプリを抜いて米国のモバイル決済でトップに立ったが、これでは失敗だ。コーヒーチェーンに僅差で勝ったくらいでは、影響を与える存在とは言いがたいからである。

アップルペイのケースについてはこれから詳しく考察するが、グーグルウォレット(Google Wallet)などのライバルも、同様の結果となっている。大企業がモバイル決済のエコシステムをリードできていないのはなぜなのだろうか。それは、自らがリーダーとなることに集中しすぎて、エゴシステムの罠の餌食となったからである。

新型コロナウイルスによる緊急事態により、米国でもモバイル決済が普及した。しかし、この変化は世界的なパンデミックが原因であり、アップルあるいはグーグルが主導したものではない。さらに言えば、この一生に一度あるかないかのチャンスに恵まれても、利用額はクレジットカードには遠く及ばず、「物を買う行為がどこまでも変化し続ける」という言葉には到底届かない。

とはいえ、米国でもいつかはモバイル決済が主な決済手段となる日が来るかもしれない。そして、そのときには、次の二つのことが必ず現実となる。まず、プレイヤー間の連携がついに遂げられる。二つ目は、その時点での成功は、かなり効率が悪いことである。必要以上に時間がかかり、長い失敗の末にやっと当初の期待に応えられたことになるからである。

重要なのは、それが史上最高の利益を計上した、独占的なスマートフォンメーカーであり、最盛期にあるエコシステムの巨人、アップルに起こったということである。これは、あるエコシステムのリーダーだからといって、他の分野でもリーダーになれると考えるべきではないことを物語っている。

リーダーシップには、意欲的なフォロワーが欠かせない

米国でのモバイル決済エコシステムの成功は、スマートフォン、銀行、小売、そして通信事業者という四種類の重要なプレイヤーとの協働にかかっている（技術や法律、規制といった細かいことにとらわれず、さまざまな状況を考察するために、ここではかなり単純化している）。

アップルはiPhoneのエコシステムの紛れもないリーダーであり、一〇億を超えるiPhoneユーザーを抱え、アップストア[1]（App Store）を直接管理していた。そして、エコシステム拡張のためには、モバイル決済が非常に重要だと考えていた。

アップルは当初、他の三プレイヤーたちも喜んで従うと考えた。あらゆるプレイヤーが、モバイル決済への移行に価値を見出していたことから、フォロワーシップの確約は、容易に想像

［1］アップル社製品向けのダウンロードサービス。

できた。実際、銀行と小売は喜んで自社アプリを差し出して、アップストアで取り扱うために必要な精査と承認のプロセスを進めた。さらに通信事業者も、小売やサービスプロバイダー以上に連携を深めた。モバイル決済のキーワードは結局のところモバイルであり、携帯電話ありきで初めて存在するものだった。誰がエコシステムのリーダーとなるのかが、まだわからない読者がいたら、ブランド力がヒントになる。アップルペイである。

ところが、通信事業者は異なる見方をしていた。彼らにとってのキーワードもモバイルであり、モバイルは自社の領域だと考えていた。通信事業者は最も長きにわたり、モバイル（携帯）通信料を収益源としていたのである。二〇一〇年には早くも、AT&Tやベライゾン、Tーモバイルが、携帯電話を用いた決済を進め、しばらくすると市場牽引力を高めようとして、ビザやマスターカード、アメリカン・エキスプレスを共同体に迎え入れた。

通信事業者は、アイシス（Isis）[2]に対し、数億ドルを投じた[3]（テロリスト組織を思い起こす名称であることから、二〇一四年にソフトカード［Softcard］と改名してブランドを刷新した）。

「本日、アイシス・モバイルウォレットが発表されたことは、ユーザー、小売、銀行にとって画期的な出来事だ。よりスマートな支払いが始まる」。当時のアイシスCEOのマイケル・アボットはそう語った[4]。

さらに、小売事業者にも独自のアイディアがあった。クレジットカードでの取引のたびに、不当に高いと感じる手数料の支払いを余儀なくされてきた彼らは、モバイル決済がこの条件をリセットする好機と捉えた。さらに、スマートフォンと支払いを紐づけることで消費者の好みや行動に関するデータを集め、より効果的なプロモーションのターゲティングやロイヤルティプログラムの改善、在庫予想の精度向上などに役立てる絶好の機会だとも考えた。

これらの目標を念頭に置き、米国の小売大手（ウォルマート、ターゲット、CVS、ライトエイド、ベスト・バイなど多数に及ぶ）は二〇一一年に結束して、MCX（Merchant Customer Exchange）を結成した。MCXの加盟店は一一万店舗となり、年間の決済額は一兆ドルにのぼった。彼らが提案したカレンシー（CurrentC）と呼ばれるモバイル決済システムは、ユーザーの銀行口座と直接つながることでクレジットカードをなくし、小売店が負担する処理手数料を排除するものだった。ところが、アップルペイが発表された二〇一四年時点で、MCXが結成されて三年が経過していたにもかかわらず、カレンシーはまだ商業化前のベータ版だった。期待外れの状況に直面して、小売事業者は果たしてアップルペイのエコシステムに喜んで参入したのだろうか。ウォルマートはアップルペイの始動に際して如才ない見方をしている。

「素晴らしい技術が数多く開発されていることは確かで、モバイルEコマース全体にとって歓迎すべきことである。しかし最終的に重要なのは、安全に広く利用でき、ユーザーを第

［2］AT&T、ベライゾン、T－モバイルによるジョイントベンチャー。

一に考えた支払いの選択肢ができるようになることである。（中略）ＭＣＸの参加企業は、顧客のショッピングや購入体験に対する最も深い知見を有しており、小売こそがモバイルソリューションを提供するのに最適な立場にあると考えている」(5)（傍線は引用者による）

一方で、如才ないとはいえない動きも見せていた。ＭＣＸは参加企業に対し、アプリの準備が整うまで、他のモバイル決済システムの利用をしないというルールを課した。(6) 薬局大手ライトエイドは店舗責任者に対し、アップルペイに参加していないことを顧客に伝える指示をはっきりと出していた。

「顧客がアップルペイで支払おうとした場合、別の支払い方法を促すメッセージが、顧客とレジ係の両方に向けて（レジスターに）表示される。レジ係は顧客に対し、現在アップルペイを扱っていないことを説明して詫び、来年には独自のモバイルウォレットが出ることを説明すること」(7)

カレンシーやアイシス／ソフトカードにとって、アップルペイよりも技術的に優れているとか、顧客にさらに良い提案ができるとかいうことは重要ではない。どちらも数年かそれ以上続くかもしれないし、終わりを迎えるかもしれない。重要なのは、アップルペイが依存する重要なパートナーの多くが、自社を新たなエコシステムでのフォロワーと考えていないことだ。リーダーになると思い込めば、フォロワーはついてくると幻想するものだが、フォロワーも同じように考えている場合、それはとんだ仲間となってしまう。

こうした中、アップルが優れた戦略で連携を進めたのが銀行である。アップルペイのユーザーは、アップルペイでのすべての取引に使われるデフォルトのクレジットカードである「トップカード」を最初に選ぶことになっている。[8] 戦術ははっきりしていた。アップルペイをすぐに受け入れない銀行は、ユーザーのトップカードとなる機会を逸し、さらに支払いごとの手数料も逃すことになる。銀行は先を争って行動し、二〇一五年二月までには二〇〇行が参加した。しかし、すでにおわかりのとおり、たった一プレイヤーとの連携が成功しても、エコシステムは保障されない。

フォロワーを当然の存在と考えてはいけない。プレイヤーがリーダーとなることを諦めたとしても、必ずしもフォロワーになるわけではない。フォロワーとならなかった存在があったからこそ、アップルは米国でモバイル決済のリーダーとなる力を発揮しきれなかったのである。より広く考えれば、参加プレイヤーが発展的な連携の構造を見出せなかったために、誰もモバイル決済の真の効用を得られなかったということになる。連携がとれていないエコシステムに、価値提案をすることはできない。誰もが負けることになる。

では、どうしたらうまくいくのだろうか。

2 成長のために連携を維持すべきか、それとも再構築すべきか

エコシステムで重要なのは、こちらが他者と何をしたいかではなく、他者がこちらと何がしたいかにある。

自社のMVEを形成する主要プレイヤーは、こちらが提示する価値提案を支持するかもしれないが、価値提案をどのように構築するかや、誰が責任者になるかに関しては、特に時間が経つにつれて、まったく違う考えを持つようになる可能性もある。第1章のエコシステムの定義を思い出してほしい。

定義：エコシステムとは、パートナー同士が協力し合い、エンドユーザーに価値提案を行う構造のこと。

特定の企業ではなく、価値提案を作り出すパートナーらの役割や立場、順序といった構造を中心にしてエコシステムを規定するには理由がある。この観点から見れば、アップルのエコシステムは一つではないことになる。アップルが参加するエコシステムは数多い。それらはパー

トナーらが連携して(あるいは連携せずに)価値提案をもたらす構造により、区別される。

成長への取組みを行っても構造が維持される場合、つまり、パートナーがそれぞれの役割や立場に満足している場合、拡大は現状のエコシステムの拡張ということになる。しかし、新たな価値提案が台頭し、新たな機会を求めるうえで既存の構造の維持をめぐって緊張や衝突が起こるとしたら、拡大は既存の構造を脅かすものとなる。これはリーダーとフォロワーの役割を見直し、新たなエコシステム開発の必要がある可能性を示唆するものである。

アップルがiPhoneやiPadからアップルウォッチへと歩んだ道のりは、エコシステム内での拡大を的確に表している。ここでは、スマートフォンのエコシステム内にあるアプリ開発者や販売代理店、通信事業者との関係性は維持されている。価値提案が拡大して構造因子や使用事例に広がり、パートナーがアップルのリーダーシップを進んで受け入れ続けるからだ[9]。

この拡張と対照的なのは、モバイル決済のケースや、これと同じような特徴を持つアップルの医療や教育、スマートホーム、テレビ、ビデオ、自動車のケースに見られるような、エコシステムをまたぐ拡張である。これらは別のエコシステムだと考えられる。なぜなら、約束した価値提案をするためには、今までとは異なるパートナーと、異なる連携をとる必要があるからだ。アップルはすべてのエコシステムに参加するだろうし、各エコシステムが共通の要素(iPhone、iOS、アップルストア)を軸にしているとしても、重要なパートナーとの同盟におけるアップルの役割と立場は、エコシステムごとに異なる。

アップルはこれらすべてでリードをとるべく尽力しているが、実現するのは簡単ではない(10)。たとえばアップルの医療サービスは「人類への素晴らしい貢献」、ホームポッド(HomePod)は「家庭用オーディオの復興(11)」、学校における教育プラットフォームは「アップルにしかできない形で学習や想像力を育む(12)」という大きな目標を掲げていたが、結果は残念なものとなっている。

本書の執筆時点で、アップルは業績面で大きな成功を遂げているが、エコシステムの活動では成功と失敗を繰り返している。もしもゲームを戦う方法を少し調整すれば、成功する確率は大きく高まるかもしれない。

アップルがモバイル決済に向けた取組みの早期に、フォロワーを育てることが重要だと気づいていたら、異なる道を進んでいたかもしれない。たとえば、銀行とは「トップカード」戦略で素晴らしい連携を築いているが、小売に対しては、同じような提案は見られなかった。アップルペイはiPhone 6と同時に世に出された。iPhone 6は、NFC(近距離無線通信)技術(これにより小売店での支払い端末との「会話」が可能となった。アップルペイの重要な要素である)が搭載された初の機種である。つまり、アップルペイの発表時点で普及していたiPhoneでは、決済ができなかったのだ。米国で利便性を求めていたはずの七二〇〇万のiPhoneユーザーではなく、当時としてはハイエンドモデルだった新機種を購入した人だけが対象だったのである(13)。

NFC技術を旧来のモデルに組み込んでいたら(そして、第4章で考察したテスラのように、そのコストを吸収していたら)、小売との連携はうまくいっただろうか。データの取得や取引手数料の引き下げを求める小売のニーズを、優先する方法は考えられなかったのだろうか。

エコシステムのリーダーが、モバイル決済に関する課題解決に必要な判断をきちんと下していれば、アップルは別の道を歩んでいたかもしれない。それは第3章で考察した、アマゾンがアレクサでとったような道だが、実は、アップルが音楽からスマートフォンへ進んだ道のりもそうだ。今行っている考察から考えると、「自社のMVEは?」という問いは、「自社のリーダーシップの基盤は?」に対応するものだということがわかる。

モバイル決済は米国で普及することはないとか、アップルがモバイル決済のエコシステムをリードすることはないと言っているのではない。わかっているのは、リーダーシップは当たり前のものではないこと、もしリーダーとなるのが当たり前だという態度でいれば、フォロワーがついてこない可能性があるということである。

リーダーシップは必ずしも単独で発揮する必要はない。時には、攻撃的な競合であってもライバル関係を忘れて連携の構造を調整することもある。アップルがグーグルと共通点を見出し、ともにスマートフォンのオペレーティング・プラットフォームのメーカーとして、エコシステムのリーダーとなることを正当化できた可能性もある。通信と小売はそれぞれ共通の利害を見出して提携した一方で、アップルとグーグルは単独であることを選択した。皮肉なことだが、モバイル決済に対する考えや事業を進めるために必要な連携の構造に関しては、この

ライバル同士の関心は、どのゲームのプレイヤーよりも似通っているのである。(14)

3 エコシステム・リーダーシップのリトマス試験

価値提案が拡大する際には、連携の構造と役割を考え直す必要がある。まずは、明確なプロセスにより、拡大が既存のエコシステムの枠組みで起こっているかどうかを確認することが重要になる。既存のエコシステム内で起こっている場合は、現在の役割がそのまま続くと予想できる。境界をまたいで新たなエコシステムに及ぶ場合は、役割をめぐる争いや駆け引きが予想される。どちらのシナリオでも成功することは可能だが、異なる戦略が求められる。

いずれの場合も、現在のエコシステムでリーダーかフォロワーかにかかわらず、現在のリーダーシップの基盤を明らかにすることがスタート地点となる。エコシステムのプレイヤーはすべて、自社の参加は正当である、つまり、自社が価値創造に貢献すると考えている。しかし、エコシステムのリーダーには、貢献以上のことが求められる。リーダーは、指導権を争うのではなく、他のパートナーがフォロワーとなることを選択する理由を与える必要があるのだ。

次の二つの質問でリトマス試験を行えば、拡大がエコシステム内のものか、エコシステムをまたぐものかを判断できる。

●質問1　価値提案を拡大するにあたり、自社のリーダーシップは、現在のパートナーと同程度かそれ以上に、新たなパートナーにも理解されるだろうか？

皆が理解しているとは限らない。さまざまなパートナーや状況に対して、この質問をする必要がある。パートナーの種類や状況が変化すると、疑問が生じる可能性もある。

●質問2　自社が価値提案を拡大しても、既存のパートナーは引き続き現在の役割を受け入れるだろうか？

状況が変化すれば、パートナーが参加する理由も変化する。フォロワーとなることを受け入れるかどうかは、分野によって異なる場合がある。

どちらの質問にもはっきりと「イエス」と答えられれば、現在の連携構造を維持する形で拡大している裏づけとなる。引き続きリーダーシップを発揮することが可能だろう。たとえば、アップルがｉＰｈｏｎｅで確立したリーダーシップ、つまりオペレーティングシステム（ＯＳ）やハードウェアの支配により、アプリ開発者やその他の参加者に対して、スマートフォンを基盤とした価値提案だけでなく、タブレットやウェアラブルに対して支配的な条件を適用することも可能になる。どちらの質問にもはっきりと「イエス」と答えられれば、今まで同様にスムーズに拡大できる。

いずれかの質問の答えが「ノー」だった場合は、役割に関する反対意見が出て、リーダーシップの妥当性について改めて確認する必要があるサインだ。「イエス」「ノー」の答えはパートナーによって変わるために、質問をすることで自社の役割の選択肢がわかり、同時に選りすぐりのパートナーも判明する。

質問1と2は、フォロワーとなることへ同意するかどうかをテストするものである。新たなパートナーの場合は(質問1)、双方が価値提案に強い意気込みを抱いて自信過剰とならないよう、注意が求められる。ここでは、連携するメリットが問題となることは稀だが、そもそもどちらがどちらに合わせるのかという根本的な議論が大きな障害となる。どちらがスピードや方向性、規則を決めるのか。関係者全員が、それは「自分だ」と考えれば進化はない。米国におけるモバイル決済の難しさが、それを現している。

既存のパートナーの場合(質問2)、強い意気込みを抱くことで自信過剰となって自然と期待が高まり、さらに自信を深めることになる。これこそが、モバイル決済におけるエゴシステム問題の核心である。小売と銀行は、自社と顧客を結びつけてくれるアプリのフォロワーには積極的になったが、つながる利便性から金融事業に価値提案が移ると、誰もリーダーシップを手放そうとはしなかった。

リーダーは誰しも、フォロワーは満足していると思いたがる。しかし、喜んでフォロワーとなる企業でも、自社がリーダーであるもう一つの世界を思い描くことは珍しくない。新たなパートナーよりも既存のパートナーのほうが、リーダーになるという自然に抱く権利を幻想してそれに溺れる傾向があるので警戒が必要である。

このことの意味を、自社に当てはめて考えてほしい。

異なる道を選んで成功を収める——中国のモバイル決済

米国におけるモバイル決済の苦戦とは対照的に、中国ではイノベーションを起こすことができた。その結果だけでなくリーダーシップ戦略も対照的で、興味深いケースといえる。米国では、従来技術のエコシステム、つまり、クレジットカード支払いに関するシステムがすでに確立されて普及し、利用者と店舗の両方に高水準の利便性を提供し、(第4章で行った分析から見れば)しっかりした拡張機会も提供している。

これに対して中国では、まだクレジットカードが普及しておらず、現金ベースの決済エコシステムの生産性が低かった(つまり、利便性と安全性が低い)。そして、クレジットカードと現金の双方に、拡張してイノベーションを進める余地がなかった。これが両国の重要な違いである。

中国では基本的に白紙の状態だったため、パートナーが既存の役割に異議を唱えることはなかった（たとえば、前出の質問2の答えは「イエス」しかなかった）。そのため、リーダーシップの確立は、完全に新たな連携構造を作り出すこと（つまり、質問1に対する「イエス」の答えを作り出すこと）にかかっていた。

したがって、エコシステムにまだ参加したことのないパートナーを集めるアプローチが重要だった。試験1の答えは、誰が質問をするか次第だということがわかる。中国では、モバイル決済事業をリードしたのは、携帯電話会社でも既存の小売でもなかった。それぞれ別の動きをとって平行してエコシステムを創出したのは、（Eコマース事業ですでにリーダーだった）アリババと（メッセージング事業ですでにリーダーだった）テンセントである。彼らがモバイル決済で成功したのは、エコシステムの継承と段階的拡張をとったからである。

アリババの場合、代金引換の代わりとなるものを探していたユーザーが、アリペイにつながった。アリペイは専用口座に入金された資金を原資とすることで支払方法として信頼を得たデジタルウォレットだ。テンセントの場合は、ユーザー同士がピアツーピア[3]で資金移動を行う方法、ウィーチャットペイ・メッセージングシステムだった。増え続けるサードパーティーのオンライン店舗やサービスによるアクセスを許可したのだ。最終的にはアプリが生成したQRコードを店舗側のスマートフォンカメラでスキャンさせることで、大きな投資を要せずに実店舗での決済に参入した。段階的拡張である。

中国の大手二社は、まさに第3章での考察に従って、それぞれが元のエコシステムでの立場を利用して、次の段階への足がかりを作ることで、モバイル決済のリーダーシップを確立したことになる。まだ確立していないエコシステムのフォロワーとなるように求めるよりも、質問1に「イエス」の答えを得てからリーダーシップをとるほうが、ずっと生産的といえる。アリババとテンセントにとって、モバイルコマースは最終地点ではなく、さらに大きなサービスに向けた道のりへの段階の一つだった。

新たな分野に進んでも自身が引き続きリーダーシップをとれると確信するには、リトマス試験のどちらの質問にも「イエス」と自信を持って答えられなければいけない。そうでなければ、厳しい結果が待っているだろう。

4 エコシステム勝者のヒエラルキー

代替案が提示され、それが選択肢となる。もし、最初からエコシステムのリーダーとなるこ

［3］コンピューターなどの機器同士が、サーバーなどを介さずにネットワーク上で接続・通信する方式。

とを前提としているなら、つまりエゴシステムの罠にかかれば、フォロワーとなる案を検討することがなく、代替案は貧弱なものとなる。しかし、既存の業界にいる企業にとっては、リーダーをめざすことは当然のことである。業界のリーダーとなれば、大きな誇りと利益が手に入る。社会的階層で見ればリーダーは勝者であり、フォロワーは敗者とはいえないまでも、確かに小さなパイを食べる存在である。

したがって、既存の業界においてリーダーシップを追求するのは理にかなっている。リーダーになれば仮に目標が達成できなくても、行動することでより優れた存在となり、優位性を高められる。ライバル同士は、目標とする指標（市場シェア、利益シェア、営業利益率など）の細部では異なるかもしれないが、共通の目標をめざしている。それを考えれば、皆がリーダーをめざすのは当然だろう。

一方、エコシステムはそれとは違うゲームである。エコシステムのリーダーとフォロワーは、価値創造のパズルにおいてまったく異なるパーツとなる。成功するエコシステムには、勝者も敗者もいない。パートナーはそれぞれが異なる形で勝利する。それに対して、失敗に終わるエコシステムには敗者しかいない。エコシステムのリーダーになれないということは、パートナーと連携できなかったということであり、価値創造ができなかったことになる。つまり、失敗には敗者復活戦はない。努力によって少しは良くなることもない。単に失敗したというだけなのである。

図5-2　エコシステムの勝者と敗者のヒエラルキーは、リーダーとフォロワーで分かれるものではない

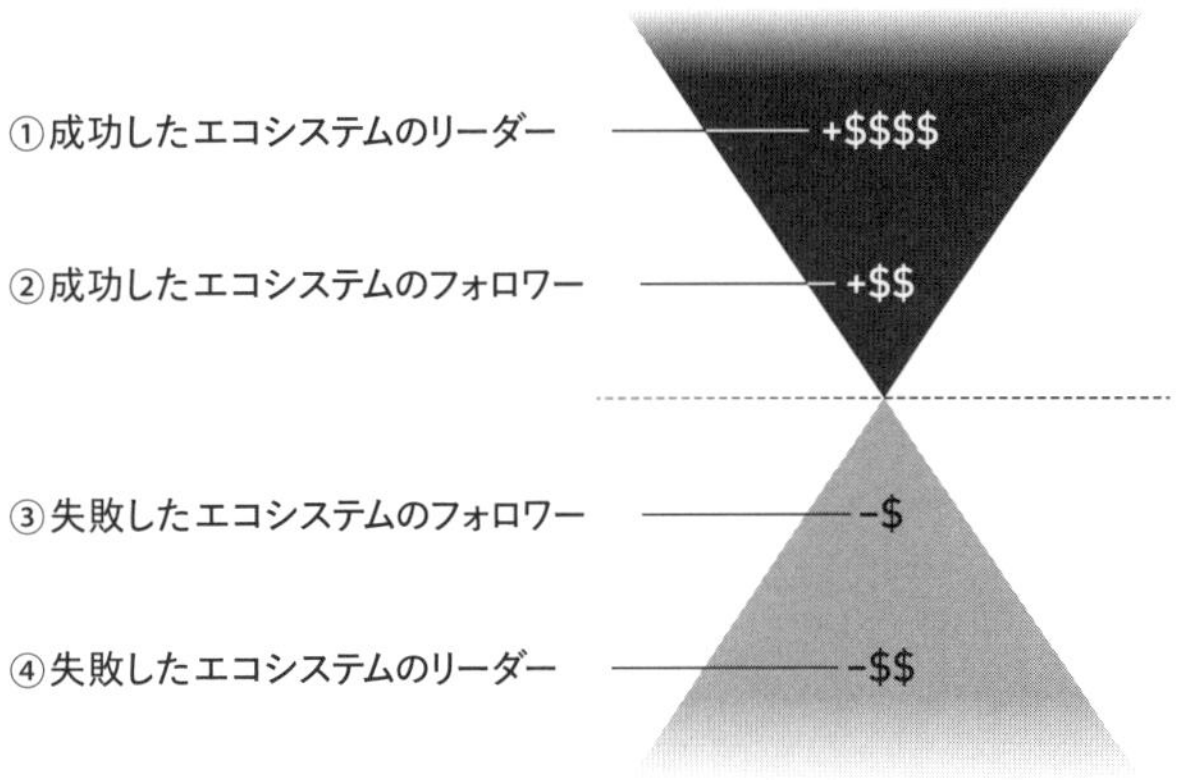

連携がなければ、協働できないとは限らない。たとえばテストであれば、役割が明確でなくても、始動して成功するものはいくらでもある。しかし連携がなければ、規模を大きくした協働はできない。つまり、テストは曖昧な状況の中でも成功できるが、役割を明らかにしなければ、商業レベルでの成功に必要な資源を割り振ることはできない。事業開発のエコシステムで難しいのは、契約書に署名してスタートさせることではなく、スタートしても向かう場所がないケースである。そのような取組みは、テストから抜け出せない。

以上のような理由から、エコシステムには、今までの状況とは異なる勝者の階層が存在する（図5－2）。

▾第一位

いうまでもなくトップに立つのは、成功したエ

コシステムのリーダーである。そのような企業は、互いに納得して首尾一貫した立場でパートナーたちと連携する。フォロワーとなるほうが良いと理解しているからこそ、パートナーはリーダーのアドバイスや管理を受け入れ、それが活動とかかわりの仕組みの両面から提携をうまく機能させる。リーダーは初期投資をタイミング良く行い、協働のために資源を投じ、そして、全体の利益の大半を得ることになる(アップルのiPhoneのように)。

▼第二位

第二位は、成功したエコシステムのフォロワーである。彼らは価値提案を発揮させる能力によって貢献するが、それによる恩恵も受ける。エコシステム内で協働して固有の価値を作り出し、それを捉えることができる。エコシステムに従うからといって、必ずしも規模や影響が小さくて野心がないわけではない。単に、他者が設計したものに従って順応するということである。たとえば、スポティファイの活動から利益を得るレコード会社などがこの階層に位置する。

自身の業界やこれまでの協働において主要な役割を担っていた企業がフォロワーの役割を受け入れることは、経営面でも企業文化面でも課題となりうる。パートナーシップが業界の枠組みを超え、とりわけ複数のパートナーがそれぞれの業界で独占的な地位にあるような場合には、役割を明確にすることが重要となる。フォロワーの絶対的な取り分は(常にそうとは限らないが)、エコシステムのリーダーよりも小さい。一方でフォロワーに必要な投資も小さい。つまり、成功するエコシステムに参加するフォロワーの相対的なリターンは、非常に魅力的なものといえる。

▼第三位

ヒエラルキーの第三位は、失敗したエコシステムのフォロワーである。エコシステムが失敗したのは、説得力のない価値提案が基盤になっていたためである。つまり、うまく実践できたとしても、顧客が興味を持つことはほとんどない。しかしそれ以上に、約束した価値提案を約束した規模で実現できなかったため、失敗に終わったエコシステムは多い。米国のモバイル決済のケースのように、パートナーと連携がとれなければ、エコシステムの失敗につながる。この場合、フォロワーは失敗するが（たとえば、MCXを支持した小規模な小売店など）、投資が少ないために負けも限られる。

▼最下位

最下位に来るのは、失敗したエコシステムのリーダーである。彼らは資金や時間、余力、さらに威信など、大きな先行投資を行っている。これらの企業は、エコシステムが失敗した場合、最も大きな評価損を計上することになる。損失が認識されるスピードは緩やかでも、その後は突然現実のものとなるため、痛手はきわめて大きい。

失敗に終わったリーダー——GEプレディックス

GEの産業用IoTプラットフォーム分野におけるプレディックス(Predix)の取組みには、大きな期待が寄せられていた。当時の会長兼CEOだったジェフリー・イメルトは、「GEはトップ一〇のソフトウェア企業になる」と宣言し、[15] プレディックスの売上が二〇二〇年までに一五〇億ドルになるという予想を立てた。産業界の巨人は、「産業が必要とするあらゆる場面で、より速く、よりスマートに、より効率的に業務を遂行することを可能にする」[16]というビジョンに四〇億ドル以上を投資した。[17]

GEがそのような行動をとった理由は、社内で行っていた、ジェットエンジンの遠隔監視・診断システムが成功していたからである。プレディックス以前、一回のフライトから収集できる有益なデータは約三・二キロバイトだった。[18] これは基本的に、フライトの詳細を記録するログシート程度のものである。これに対してプレディックスでは、約一テラバイトのデータを有意義なものにして、詳細な技術データをリアルタイムで記録し、運航や保守、予防保守管理に役立てることができるようになった。

先のビジョンは、この能力を拡張して、社外にエコシステムを構築するというものである。イメルトはプレディックスの始動にあたり、「このツールはインダストリアルインターネットの可能性を実現し、顧客やGEの生産性を高めるものである」として、「世界中の機器とつながって監視して管理するほど、顧客により確度の高い知見と透明性を提供し、さらに想定外のダウンタイムを低減して、予見可能性を高めることができる」と語っていた[19]。

イメルトはこれが重要であることを強調して、「インダストリアルインターネットは、GEと顧客にウィン・ウィンの関係をもたらす。この提案によりGEのサービス収入は向上し、産業部門の有機成長を促すことになる。さらに、当社の事業全体で年間約二〇〇億ドルのコスト削減をもたらす可能性がある」と続けた。

しかしこの発言には、素晴らしい価値提案と、成功するエコシステムを分ける言葉が欠けていた。それは「パートナー」である。パートナーの有無が、付加価値のある販売事業者に依存するサービス事業と、パートナーを連携させて構造的な方法で新たな価値を作り出すエコシステムとを分ける。確かにGEのような優良銘柄が大きな発表をすると注目が集まり、プレスリリースでは、インテルやシスコといった大企業との関係が取り上げられることが多い。しかし、テストでの提携と、規模を拡大したパートナーシップとを混同すべきでないことは、すでに誰もが承知している。

GEのチーフ・デジタルアーキテクトは二〇一六年に、この計画について明確に述べている。「われわれは、プラットフォームとデータを集める方法を考える。相手には、それぞれの分野における知見と全体的なエコシステムの構築で貢献してもらう[20]」

「相手には、それぞれの分野における知見で貢献してもらう」という言葉と、エコシステムの構築を任せるという発言には、はっきりとエゴシステムが現れている。成功するプラットフォームは単に発表されるものではなく、構築されるものである。パートナーを迎えるにあたり、はっきりとしたMVEを備えず、段階的なアプローチもとらないとしたら、その連携は計画されたものではなく、仮定されただけのことだ。

一目置かれた企業が内部顧客と新たな活動を行う際には、リーダーシップの幻想を持つ可能性が高まる。扱いに注意すべき諸刃の剣だ。一方で内部顧客がきっかけとなり、活動の規模が広がって活性化するというプラスの要素もある。

しかし、①内部顧客の需要が市場の需要を適正に示していると解釈され、②内部顧客による事業が、早期のパートナーをひきつけて連携するための手段というよりもベンチャー事業の収入源とされる。さらに、③内部顧客をサポートする障壁が人為的に低くなっているために、社外パートナーや顧客に応えるために、社内エコシステムを連携し直す必要性を見えなくするという危険がある。第6章ではマイクロソフトのクラウドコンピューティングを考察し、これらの葛藤について取り上げる。

プレディックスのケースは、企業がいかに簡単に、リーダーシップの幻想の罠にはまるかを示している。[21] 見当違いの野心を抱けば、経営陣の交代や度重なる解雇、事業売却やスピンオフの発表と撤回、周囲の期待を大きく下回る結果などの事態を招くことになる。[22] 今日のプレディックスは、産業にイノベーションを起こすエコシステムというよりは、従来のデジタルサービス事業のようである。後にGEが低迷することを思うと、失敗に終わったエコシステムの夢に投じた四〇億ドルも、リーダーシップさえあれば別の使い方ができたのではと考えずにはいられない。

諦めのパラドックス

エコシステムは、成功するまでは成功ではない。しかし、リーダー志望者が諦めるまでは、失敗だと結論づけることもできない。これがエゴシステムの罠の難しいところである。不可欠なパートナーたちに、リーダーになるチャンスも資格もないと思われていても、資金が続く限りはリーダー志望者でいられる。失敗した事業にさらに資金をつぎ込む企業を止められるのは、限りある資金か投資家の忍耐力の限界かのいずれかしかない。

ところが、これら二つの制約は、コア事業によってキャッシュフローが潤沢な企業にとっては、手痛いものではない。だから多くのエコシステムでは、ほとんど進歩の見られない「容疑者としていつも名前が挙がる企業」が存在することになる。

新たなエコシステムをリードするという大胆な宣言が、最初の光を灯すことはよくあるが、盛り上がりは持続しない。野心に戦略が伴わなければ、それは燃料を消費して注意をそらし、興奮と不安に種をまいて、進歩よりも混乱を招くことになる。

賢明なイノベーターは、役割を明言する前に必ず、勝者のヒエラルキー内のあらゆる選択肢を確認する。エコシステムでは、アイディアと実践のための適切な資源を備えることは、終わりではなく始まりであると理解しているからだ。他社と連携して自社のリーダーシップを確立できなければ、いつでも諦めて別の機会を探すことができる。リーダーになれない場合は、単に去るのではなく、他社のビジョンの中に自分の提案を適合させる方法を見つけるほうが得策といえる。つまり、フォロワーとなることを自ら設計できる役割と捉え、手にすべき勝利と考えるのである。そして、フォロワーとして成功する戦略を生み出すのである。

5 賢いフォロワーの戦略

リーダーシップはフォロワー次第であることを受け入れれば、エゴシステムの罠は避けられる。このメッセージは、リーダー志望者がリーダーとなることを当たり前と考えるのを防ぎ、積極的にフォロワーを確保するためのものである。では、フォロワーとなる存在にとっては、どんな意味があるのだろうか。

フォロワーとなることはリーダーに劣らず戦略的だが、そのルールは異なる。初期のエコシステムでは、リーダーを決める力を持つのはフォロワーである。しかし、リーダーが決まり、システムが固まれば、フォロワーの力は薄れる。賢いフォロワーであれば、影響力のある期間についてしっかり考えるだろう。さらには、役割は永遠のものではなく、フォロワーにはリーダーを変える力があり、自身がリーダーとなる可能性があることも理解している。賢いフォロワーとそうでないフォロワーの違いは、この点を理解しているかどうかにある。

自社に適したリーダーを選ぶ――電子書籍

新たなエコシステムの賢いフォロワーは、特別な力を持っている。彼らは自ら選択して、リーダー志望者が商業規模のプロジェクトとしてエコシステムを構築するのを支援する。不確実性が片づくのを傍観する企業とも、自社がリーダーとなることを期待して試験運用に参加する早期のパートナーとも異なる。フォロワーは、リーダーの背後に立って勢いをつけるように支援する。そして賢明なフォロワーは、それと引き換えに影響力を握る。つまり、賢いフォロワーがリーダー候補者を慎重に選び、その見返りに何を求めるかをじっくりと考えるのである。

賢いフォロワーになるためには、まずリーダーがめざす価値構築をしっかり理解する必要がある。価値はどのように定義されているのか、提案に対する自社の貢献については、どのように考えているのか、それは自社のビジョンや戦略と一貫するか、といったことである。エコシステムは協働ではあるが、それぞれのプレイヤーが、構造や役割、リスクに対する考え方を含む独自のエコシステム戦略を策定している。それらの戦略は、一致するものもあれば、正反対のものもある。関係するプレイヤーの戦略が一致するほど行動はまとまり、成功の確率は高くなる。

次に、候補者にリトマス試験の質問をしてみる。自社にとってリーダーの存在は理にかなうとしても、それは他の主要参加者も同じだろうか。アップルペイのケースにおける銀行を思い出せば、一パートナーが積極的に従っても、他の重要なパートナーが従わなければ不十分なことがわかる。他にどこが最初から同盟に参加するのか、どのように協調するかも確認する。

三つ目に、賢明なフォロワーは、貴重な資源や信頼をリーダーに差し出す前に、リーダーを動かす目標や動機についてはっきりさせている。自社が勝利すれば彼らも勝利するのか。彼らが勝利すれば自社も勝利するのか。答えはどちらも「イエス」である必要がある。

ここでは、電子書籍のエコシステムが好例となる。アマゾンとアップルは、それぞれ自社のプラットフォームに他社をひきつけようとして、出版社に選択肢と制約を提示したが、その内容は大きく異なるものだった。アマゾンが電子書籍の価格設定を主張したのに対し（当初は九ドル九九セントを主張したが、出版社は低すぎると考えた）、アップルは出版社が価格設定できるとした（出版社がスティーブン・キングの小説を一〇〇〇ドルとするなら、それで良しとしたのである）。

出版社は、価格設定の権利を出版社が持つとしたアップルの姿勢を歓迎した。しかし、不可思議な点は多く残されていた。出版社が見落としていたのは、アップルの利益は、ハードウェアの販売からもたらされるという基本的なことだった。アップルにとっては書籍売上がなくても、ｉＰａｄさえ売れればダメージはない。一方で、アマゾンの利益はコンテンツの売上にかかっていた。彼らにとってハードウェアは赤字覚悟の特売品なのである。出版社とアマゾンは価格では意見が合わなかったが、書籍の販売量を増やしたいという点では完全に連携していた。実際、アップルのデジタル書店での書籍売上は、アマゾンに大きく差をつけられている。[23]

より大きなゲームにする――電子健康記録

賢いフォロワーは、リーダーだけでなく、他のフォロワーとのかかわり方についても熟考する。非常に優秀なフォロワーは、リーダーと交渉するのではなく、他のフォロワーとのルールを決めることで賢く立ち回るのだ。このことは、米国医療システムの電子健康記録（ＥＨＲ）のケースを見れば、はっきりとわかる。

ＩＴ業界は、規制はビジネスに影響を及ぼすと考えて二〇年にわたりロビー活動を行い、米国政府がＥＨＲの議論に関与しないように働きかけてきた。しかし二〇年経っても医療システムに食い込めなかったことで、ＩＴ大手は自社がリードをとる立場にはないことを悟った。そこで医療情報サービス企業大手のサーナーとエピックが先頭に立ってフォロワーとなり、この複雑なエコシステムの調整を率先して行うよう、米国政府へのロビー活動を行ったのである。[24]

医療システムにとって、適応の最大の障壁はコストと（高額な初期費用と前払金、年間サービス料を必要とする費用のかかるITシステムだ）、医師の反発だった（システム導入によるデータ入力の負担を懸念していた）。しかし、このようなデータとシステムこそが、エラーの回避やプロセスの効率化、検査の重複防止といった、生産的なデジタルトランスフォーメーション（DX）を約束するものであるのはいうまでもない。

二〇〇九年に制定された、経済的・臨床的健全性のための医療情報技術に関する法律（HITECH）により、政府が正式に介入することとなった。ITベンダーの目的に対しては、EHRを利用しない医療サービス提供者にペナルティーを課すことで対処し、医療システムには、EHRの利用に助成金を支給することで対処することとした。メディケア（高齢者向け医療保険制度）とメディケイド（低所得者向け医療保険制度）への支出を増やす形で、「意義ある認証EHRシステムの利用」のために合計で二七〇億ドルの予算が組まれた。[25]

二〇一五年には、人参の役割を果たしていた助成金は鞭に変わり、「意義ある形で」（診断のデジタル記録の更新や、薬物相互作用の管理、処方薬の指示などを常に行うなど）EHRを導入していない医療機関に対する給付をカットすることとなった。[26] 自社の行動が制限され、細かく管理されることを喜ぶフォロワーはいなかった。医療機関は意義ある形でEHRを利用するのを煩わしく思ったものの、規則を破るほど面倒なことはないと考えて、結局は妥協点を見出した。

ここには重要な点がある。医療機関はフォロワーとなることに同意したが、その代わりに金銭的保証を要求し、リーダーと条件を交渉した。しかし、これはフォロワーとして手ぬるいアプローチである。これとは対照的に、IT企業は賢く立ち回った。リーダーと交渉して金銭的保証を得て売上の足しにしたばかりでなく、意義ある利用に参加できるように交渉したのである。これは他のフォロワーの行動にも影響を与えた。彼らは賢明にも、規則がまだ変更可能なときに、長期にわたるエコシステムのガバナンスを形作ったのである。

連携と合意のために話し合いが行われている間、医療機関は、EHRシステム内における相互運用の基準を求めることもできたはずである。しかしITベンダーは、開発コストの高騰とベンダー内の競争激化を招くという明らかな理由から、これに反対した。だからと言って交渉の余地がなかったとは考えにくい。ITベンダーにも合意する十分な理由があったからである。それでも医療機関は、少なくとも交渉がまとまり、法案が可決されるまで要求することはなかった。そして、そうなったときには遅きに失していた。規則は決まり、連携の構造は整っていた。……相互作用用性に関する重要な動きが再び勢いを増すまでには、あと一〇年はかかるかもしれない[27]。

これは、エゴシステムの罠のフォロワー版である。ゲームは自分とリーダーだけで行っていると考えて行動し、エコシステムの他のプレイヤーに対して広く対応する立場をとらないのである。

無益なリーダー争いの末、失敗にさらに金をつぎ込む者を止める存在がいないように、強みが生かせる間に、賢いフォロワーとしての立場を活かすようにアドバイスをする者も、また存在しない。

役割は永続しない――パーソナルコンピューティング

エコシステムが成熟し、新たなフォロワーが加わり、かかわり合いがパターン化し、どのプレイヤーが抜けても全体の力が衰えない場合、どんなフォロワーであっても影響力が低下する可能性がある。それでもフォロワーであることは、依然として選択肢の一つとなる。複数のフォロワーがその選択肢に疑問を持てば、フォロワーの力は復活する。そして、リーダーに競争を仕掛けてリーダーの力を弱めたり、役割の逆転を図るなどして、フォロワーがリーダーの役割を担うこともある。

第2章で、音楽ストリーミングにおけるスポティファイとアップルの競争を考察した際、ライバル関係にある二つのリーダーに触れ、難易度の高いリーダーシップについて考察した。アップルはiTunesストアでデジタル音楽を合法的に流通させ、かたくなにリーダーシップをとろうとしていた。スポティファイの隆盛を可能にしたのは、アップルに虐げられていると感じた大手レコード会社だった。大手レコード会社は、知的財産を保護するために一〇〇年続けたアプローチを捨て、売り物になる商品をストリーミング用に定義し直すことに合意した。驚くほどの変化といえる。アップルのリーダーシップがレコード会社をもっと支援するものであったら、スポティファイの急進的なアイディアは受け入れられなかった可能性がある。

フォロワーは、リーダーを追放することもできる。一九八一年にＩＢＭがパーソナルコンピューター（ＰＣ）を発売したことで、デジタル時代の商業化が幕を開けた。ＩＴのプロフェッショナルや技術マニアのものだったコンピューターが、デスクトップに形を変えて大衆向けにも間口を広げた。

ＩＢＭはＰＣ開発のスピードを上げるため、まだ小さくて脅威でもなく、喜んでフォロワーとなったマイクロソフトとインテルを招き入れた。両社はＯＳのＭＳ-ＤＯＳと、コンピューターの頭脳であるマイクロプロセッサーを提供した。ＩＢＭはこれらの要素を自社で開発できたかもしれないが、経営陣はスピードアップのために社外のパートナーに頼ることを選んだ。代わりに、ＩＢＭはコンピューター内の情報の動きを制御するＢＩＯＳ（Basic Input / Output System）を統制することにした。つまり、価値創造をコントロールしたのである。ＩＢＭはリーダーシップを確実なものとし、マイクロソフトとインテルはフォロワーとして満足した。

しかし、ＩＢＭがＢＩＯＳで築いた立場は、はかないものとなった。数年のうちにライバルらがリバースエンジニアリング[4]によってプロトコルを明らかにし、ＢＩＯＳを真似た「一〇〇％互換性のある」コンピューターに、マイクロソフトのＭＳ-ＤＯＳ ＯＳとインテルのプロセッサーを搭載して発売したのである。

このクローンコンピューターの成功において、リバースエンジニアリング以上に重要な要因となったのが、マイクロソフトが最初に行った選択であった。マイクロソフトはコンピューター一台ごとにＩＢＭからロイヤリティを受け取って独占されるのではなく、ＭＳ－ＤＯＳのライセンスをＩＢＭに八万ドルで販売して永続的に使用を許可することを選んだ。当時としては大胆な選択だったが、この柔軟性があったからこそ、マイクロソフトはＢＩＯＳのクローンからも効用を得ることになったのである。

しかし、ウィンドウズが出るまで、マイクロソフトがインテルとのパートナーシップで明らかなリーダーとなることはなかった。ソフトウェアやコンピューターのメーカー、そして周辺機器メーカーすべてが、マイクロソフトとインテルが決めた方向とペースに追随した。ＰＣエコシステムのリーダーが明らかに変化したのは、互換性の中心地点が「ＩＢＭと互換性がある」から、「インテルが入ったウィンドウズ」に変化した瞬間であった。

マイクロソフト創業者のビル・ゲイツは、自社のソフトウェアの販売権を他社に譲らなかった理由を、「時間が経つとメインフレームに互換性のあるマシンが登場するようになったが、それこそがコンピューター業界で得た教訓だった」とはっきり述べている。[28]

この野心は、インテルの元ＣＥＯ、アンディ・グローブの言葉とよく似ている。「熱力学の法則をコンピューター業界に応用すると、すべては最終的にコモディティ化される。（つまり）

最後までコモディティ化されないものが勝つ、というのがグローブの法則である」[29]。これこそが、単なるフォロワーではなく、大きな野心を持ったフォロワーとなる。

6 エコシステムのリーダー vs. エゴシステムのリーダー

エコシステムで成功するためには、エゴシステムの罠を乗り越える必要がある。モバイル決済、プレディックス、電子健康記録、コンピューターのOSのケースからは、自社だけでなく、自社の成功を担うパートナーの役割や構造を理解して戦略を練る重要性が読み取れる。

賢いリーダーは、自社がリーダーとなることを当たり前だとは考えない。リーダーシップのリトマス試験は、フォロワーを集めて維持するために役立つ。すでにある連携構造の中で活動すべきときと、連携の構築が必要なときをはっきり区別する必要がある。つまり、既存のエコシステムを拡張することと、新たなエコシステムを構築する違いを理解するのである。また、リーダーシップを発揮することだけが自分の役割だと、狭量にならないようにする必要もある。

賢いフォロワーは、広い視野で考える。他者の仕組みの中で連携することで、自らのポジ

[4] 製品などを分解、解析し、技術情報や製造方法を明らかにする手法。

ションが得られるからである。そして、その選択の柔軟性から力を得る。ただし、力を持つこととそれを賢く使うことは別の問題である。フォロワーの戦略は、リーダーが連携を実現するために依存するフォロワーの力を利用したものでなければならない。賢いフォロワーは、その力がエコシステムの成熟に伴って衰えることを理解しているし、また、フォロワーとなって当たり前だと考えられるリスクに対しては、新たな選択肢で対抗できることも理解している。

リーダーになるつもりなら、フォロワーは努力して獲得するものであり、その後も獲得し直す必要があることを理解しなければならない。リーダーであり続けるためには、配慮と感謝を忘れず、何事も当たり前だと思わず謙虚でいることが必要だ。言うことは易しいが、実行は難しい。次章では、成功の維持がいかに難しいかを考察する。

第6章

Mindsets Matter:
Establishing Leadership Is Different from Exercising Leadership

重要なのはリーダーシップのマインドセット

“誰だって、自分の人生という物語の主人公なんだ。 ——ジョン・バース”

素晴らしい戦略は素晴らしいスタートとなるが、最終的に何かを成し遂げるには、リーダーへ挑戦することを選択した人、そしてフォロワーとなることを選択した人、あるいは選択しなかった人など、個々の存在に行き着く。

現実の世界では、戦略とリーダーシップは絡み合っている。しかし、経営企画会議やMBAの授業の戦略に関する議論では、個人のリーダーシップは議題から外されることが多い。それは戦略立案者が個人を軽んじているからではなく、「優れたリーダーとなれ」という彼らのアドバイスが具体性に欠けているためである。

エコシステム戦略では、「優れたリーダーとなれ」というアドバイスが必ずしも適切でないからこそ、リーダーシップの原則を個人レベルで考える必要がある。さまざまなエコシステムの状況ごとに、異なるタイプのリーダーが求められる。優秀なランナーでも水泳チームのコーチはできないし、優れた水泳選手でも陸上チームを率いることはできない。

本章では、成熟したエコシステムでリーダーシップを発揮するために不可欠な「遂行マインドセット」と、新たなエコシステムでリーダーシップを構築するために不可欠な「連携マインンドセット」の違いについて考察する。自分がリーダーを選ぶのか、リーダーの下で活動するのか、あるいは自分が成長してリーダーをめざすのかにかかわらず、これらのマインドセットの間での適切なバランスや、エコシステム・サイクルにおけるポジション取りの方法を知ることは重要である。

こうしたマインドセットの移行を乗り切るためには、個々のリーダーや組織、ガバナンスボードレベルでのトレードオフをうまく行う必要がある。マイクロソフトが、元CEOのスティーブ・バルマーとその後継者であるサティア・ナデラの下で発展してきた道のりは、この移行が誤解されやすい理由や、うまく対処する手立てをわかりやすく示している。

本章の終盤では、社内エコシステムを進める意義や、組織でCEO以外の存在が直面する課題について考察する。最後に、社内エコシステムがリーダーシップの移行や組織の変革にもたらす影響を考察する。しかし、まずはリーダーシップのさまざまな課題を明らかにする必要がある。

1 権限がない中での連携

形式的なリーダーシップモデルは、報告体系、組織図、リーダーを頂点とするシステムなど、ヒエラルキー内で成り立つものである。初期段階のスタートアップであっても、誰がＣＥＯで、誰がそうでないかは明白である。

管理職であれば誰でも、決められた構造の外や、直接的な主導権を持たない報告系統やサイロを超えたところで仕事をする難しさは理解している。そして誰もが、組織内で権力を持たなくても影響力を行使する方法を見つけるようアドバイスされてきたはずである。しかし、権限を持つ上司がいて、こちらも（影響力を行使する）相手も最終的にはその上司が責任を負っていることはわかっている。つまり、緊急ボタンが用意されていて、問題があれば上の階層に訴えることができる。自分も、そして上司もそれを望みはしないが、必要があればガラスを割ってレバーを引けるのである。

対照的に、エコシステムの連携は、組織内での連携とは異なる。なぜなら、決定的な権限を持つ存在がいないからである。[1] したがって、立場が上の存在に訴えることもできない。

組織とエコシステムにおける権限の違いを整理すると、次のようになる。

- 組織では、経営トップの許可をもらって主導権を握れば、誰も拒否できない。一方、新たなエコシステムでは、プロジェクトの途中であってもパートナーに拒否され、今までの努力が中断させられることもありうる。
- 組織では、周囲の協力不足のせいで結果を出せなかった場合、全員が同じように面目を失う。一方で新たなエコシステムでは、失敗の代償は経済的にも信用面でも、立場によって大きく異なる。

- 組織では誰もが決まった役割に同意し、組織図内での立場を受け入れる。一方、新たなエコシステムでは、パートナー候補はリーダーシップに反発することが可能で、同盟の方向性を、リーダーの意に反する方向に変える可能性もある。

2 企業ファースト vs. 同盟ファースト

第5章では、群れのリーダー企業が新たなモバイル支払いエコシステムのリーダーの座を狙ったものの、結果的にその構造や役割について反発を受けたケースを考察した。アップルとウォルマートはそれぞれの業界で食物連鎖のトップに君臨し、それぞれの領域で権力を行使していた。新たな価値提案を進めるためには、両社が一丸となる必要があったが、どちらもフォロワーとなることを拒否した。その結果、一〇年にわたって活動したが連携することはなく、投資は無益に終わり、約束は達成されず、かかわるすべての者の価値創造の可能性を損なうことになった。

CEOは自社では君主であり、社内エコシステムのヒエラルキーの頂点にいるために敬意を払われる。そのようなCEOが、他のCEOに対して同盟への参加を求めるのは、支配者が別の王国を訪れるようなものである。サーバントリーダーシップのアプローチを採用するCEOは、気遣いと謙虚さを示すことで部下のモチベーションを高めている。しかし、このアプローチを用いることができるのは、こちら側に権限がある場合に限られる。部外者は、見知らぬ土地でそのような力を発揮することはできない。[1]

したがって、優秀な企業リーダーが、できて間もないエコシステムで連携をとるのに四苦八苦したとしても不思議はない。そこでは彼らに権限はないからである。エコシステムでは、権威を持つリーダーから外交術を持つリーダーへと転換する必要がある。

当然ながら普通は、皆の模範となるべく自分の関心よりも組織の繁栄を優先し、チームのモチベーションを目標に向けて高められるリーダーが支持される。しかし、新たなエコシステムで「自社ファースト」のアプローチをとれば、自分たちの利益が損なわれるのではないかと懸念する、潜在的パートナーを遠ざける可能性がある。

新たなエコシステムで連携をとろうとする場合、本章の冒頭に掲げた「誰もが、自分の物語ではヒーローとなる」という言葉が、大きな意味を持つ。リーダーシップを確立するということは、自社が選択した目標に独立したパートナーを導きながら、同時にそれぞれのストーリーで彼らがヒーローであり続けるよう配慮することである。そのためには共感、つまり他者の考えを理解し、分かち合う能力が欠かせない。

共感とは、個人レベルでは感情を分かち合うことを意味するが、戦略レベルでは考え方を分かち合うことを指す。これが同盟パートナーにとっての勝利を理解する鍵となる。つまり、それぞれのパートナーが異なる目標に向かって異なるゲームを行っているという事実から、可能性を見出すのである。これは、パートナーとウィン・ウィンの解決策を見出し、成熟したエコシステムを規定する安定した連携構造に落ち着くために不可欠なことである。

新たなエコシステムでリーダーシップを確立するためには、必然的に他者の価値創造の保護を優先する必要がある。しかし、自己の能力とアイデンティティが、企業価値の最大化とつながっているようなリーダーにとって、これは簡単なことではない。それでも、まだ連携されていない状態においては、同盟を作り固めることが重要なのである。

ここで、遂行に集中するものと、連携に集中するもの、これら二つのマインドセットについて考えてみたい。良いか悪いかではなく、それぞれの状況に合うかどうかということである。どちらかに長けたリーダーや、経験や成功体験が一つに偏るリーダーは、もう片方に変化するのは難しいと感じるかもしれない。実際、二つの間には多くの矛盾がある。構造が明確な場合には、同じような視点と組織的コミットメントを持つことは強みとなる。一方で、これから構

［1］リーダーは、使用人（サーバント）として、相手に奉仕し、その後に相手を導くとするリーダーシップの考え方。

造を築き、目先のトレードオフよりも、より大きな同盟をサポートすることを迫られる組織では重荷となってしまうのである。

3 エコシステムのサイクルと合致したリーダーシップのマインドセット

新たなエコシステムで連携がとれるまでは、価値提案をもたらすパートナーとの関係構築に戦略的に集中しなければならない。リーダーシップの課題は、価値創造に不可欠なパートナー間の規則や役割に関する合意をとることにある。

連携がとれれば、戦略上の焦点は構造内でのかかわりや優位性に関する交渉に移る。リーダーシップの課題も、確立したエコシステムの枠組みの中での遂行や管理に移る。これは成功には不可欠なことで、連携を求めるあまり遂行が中途半端になれば、可能性を無駄にするという歯がゆい結果になるからだ。

既存のエコシステムの枠組みの中にも、成長のチャンスは大いにある。リーダーが成長の「フライホイール効果を推し進める」[2]と語る際には、成熟した構造の中での前向きなフィードバックサイクルを進めることを意味している（たとえば、模倣されることの多いウォルマートの「安値で販売→売上増→低コスト経営→安値で仕入れ→安値で販売……」のループがこれにあたる）。また、新たな価値提案が素晴らしいイノベーションを遂げ、確立されたエコシステムの連携構造を強化することもありうる（たとえば、iPhoneからiPad、アップルウォッチへ）。

長期にわたり、既定のエコシステム内で成長し、繁栄することは可能である。しかし、企業の野心が変化して成長を求めるようになり、それに伴って新たな協働の仕組み（たとえばモバイル決済）が必要になると、エコシステムの枠組みを超える課題に直面し、連携のマインドセットが再び不可欠となる。

図6－1は、このエコシステムサイクルと、それぞれの段階での課題を示している。最初のハードルは、新たなエコシステムでまだ連携されていないプレイヤーを、安定して構造化されたやり取りのパターンに移行させることだ。これには連携のマインドセットが不可欠となる。構造が確立されると、規模の拡大や価値提案の拡大など、成熟した状況の中で成長することに課題が変化する。

エコシステム1からエコシステム2への移行は、企業自らの拡大意欲が動機となることもある。この場合、元のエコシステムは成功を維持できる（たとえば、スマートフォンが登場して新たな機会が生まれても、PCは大きな市場のままである）。あるいは、外部要因によって既存のエコシステ

［2］弾み車がうまく回り始めると、回転が持続するように、ビジネスでの小さな成功体験の蓄積が大きな力となって、最終的に成長が実現される現象。

図6-1　新たなエコシステムサイクルと成熟したエコシステムサイクル。
それぞれのエコシステムサイクルの段階に伴う
リーダーシップの課題

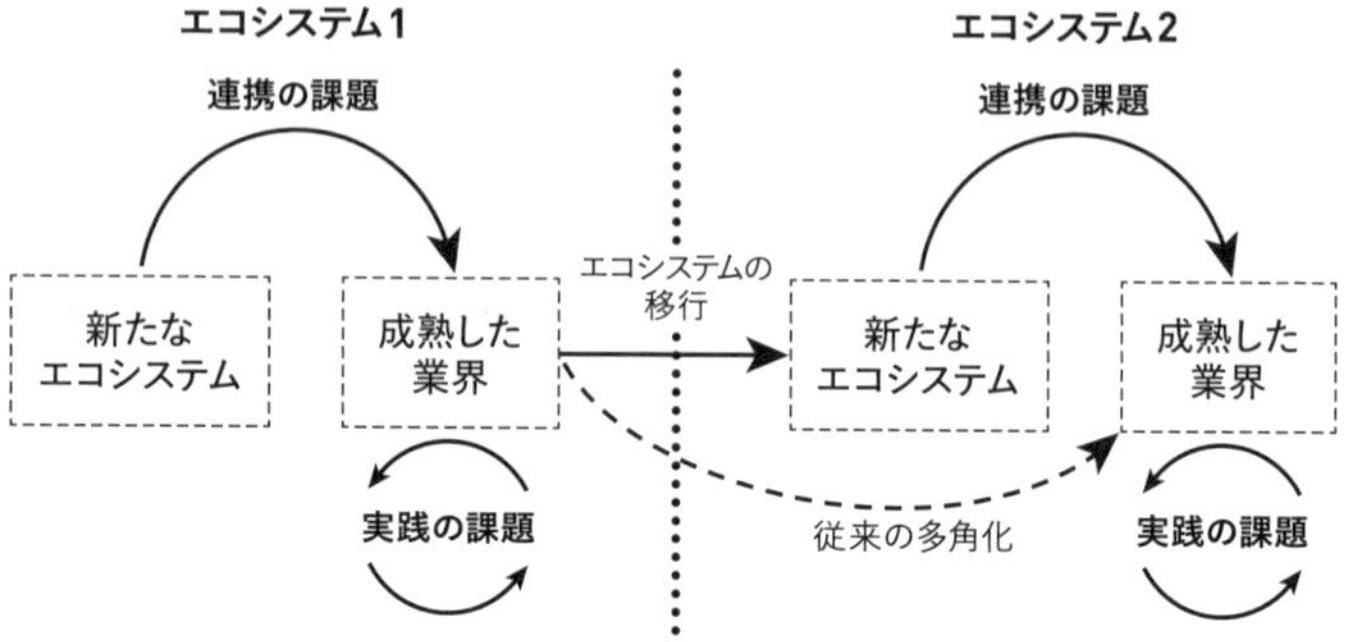

ムが破壊され、移行を余儀なくされる場合もある（たとえばグーグルは、パーソナルナビゲーション機器の市場でトムトムの立場を覆した）。この場合は、エコシステム1の健全性に疑問が持たれることになる。

この二つのシナリオの大きな違いは、最初のシナリオでは変化を起こそうとして失敗しても成長の機会を失うだけなのに対して、二つ目のシナリオでは、外部から押しつけられた移行にうまく適応できなければ、永続的な衰退に直面するという点である。[2]

従来の多角化は（図の破線で示された部分）、必然的に、すでに連携が整っている既存の業界に直接入るものである（たとえば、この後で考察するマイクロソフトのビデオゲーム機器への参入など）。ここでは、新たな市場における成功は、成熟した市場同様に、遂行のマインドセットが鍵を握る。

各段階の違いや、リーダーシップのマインドセットが生む軋轢については、マイクロソフトの事業の共進化や、スティーブ・バルマーとサティア・ナデラのリーダーシップの歩みに見ることができる。

4 マイクロソフトにおけるリーダーシップの変遷

スティーブ・バルマーは、二〇〇〇年一月一三日にマイクロソフトのCEOに就任した。そして、一四年間の在任中に売上を三倍の七八〇億ドルに、利益を倍以上の二二〇億ドルに成長させ、世界最大のソフトウェアメーカーの座を確立した。(3) バルマーは同社の一三番目の社員であり、初の事業マネジャーだったが、彼がマイクロソフトや社員、開発者、さらに広範に及ぶエコシステムに捧げた献身は、伝説的な偉業といえる。世界有数のテクノロジー企業のCEOが汗だくになり、部隊を鼓舞する様子が目に浮かぶほどだ。バルマーは「私の人生のすべては、家族とマイクロソフトだった」とCEO時代を振り返ったが、(4) これぞ献身である。

しかし、客観的に見た市場での成功にもかかわらず、マイクロソフトの時価総額は、バルマーのCEO就任時の六〇四〇億ドルから、二〇一三年八月の退任発表前（正式な退任は二〇一四年二月）には二六九〇億ドルに減少していた。それがバルマー退任のニュースが報じられると、株価は七・五%上昇した。(5) メディアは、バルマーは「失敗だった」と騒ぎ立てた。(6)

図6－2と図6－3の違いには、目を見張るものがある。バルマーは遂行で天才的な手腕を

図6-2　マイクロソフトの売上高の変遷（2000〜20年度）

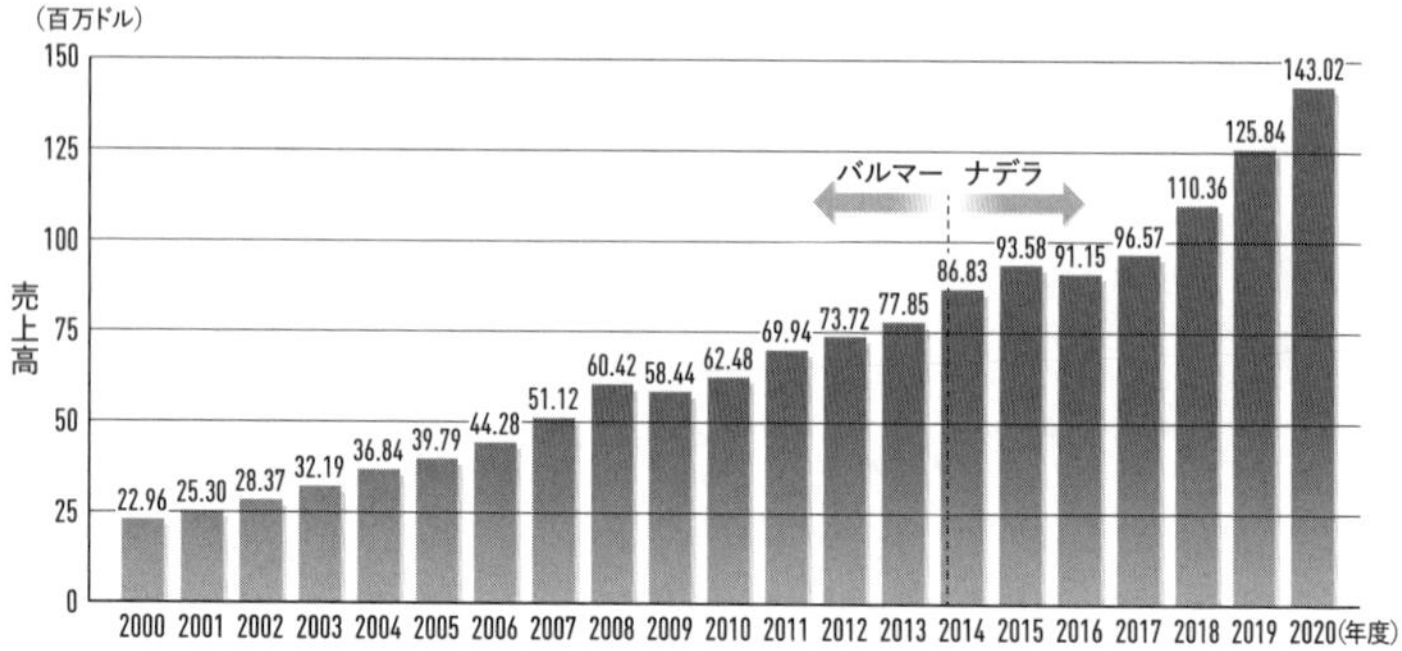

発揮し、中核事業で素晴らしい売上成長を遂げた（図6－2）。その一方で、低迷する株価は、バルマーのリーダーシップの下ではイノベーティブな成長は期待できないと見る、ウォール街の不信感を物語るものだった（図6－3）。

バルマーの下、マイクロソフトはPCとサーバーで独占的な立場に就いていたが、スマートフォン、タブレット、クラウドの革命に乗じることはできなかった。屈指のテクノロジー企業が、数々の重要な変革を見逃すことなどありうるのだろうか。他社が見事な未来を発明する一方で、マイクロソフトはなぜ狭いビジョンに閉じこもり、傍観していただけだったのだろうか。いや、ビジョンが狭かったわけでも、傍観していたわけでもなかった。

二〇〇〇年にCEOを引き継いだバルマーは勢いよくこう宣言していた。「わが社には素晴らしいチャンスがある。（中略）インターネットのユーザー体験に革命を起こそう」(7)。マイクロソフトのソフトウェアがスマートホームやモバイル機器の中心となり、デジタル医療の要となるという将来

図6-3　マイクロソフトの株価の変遷

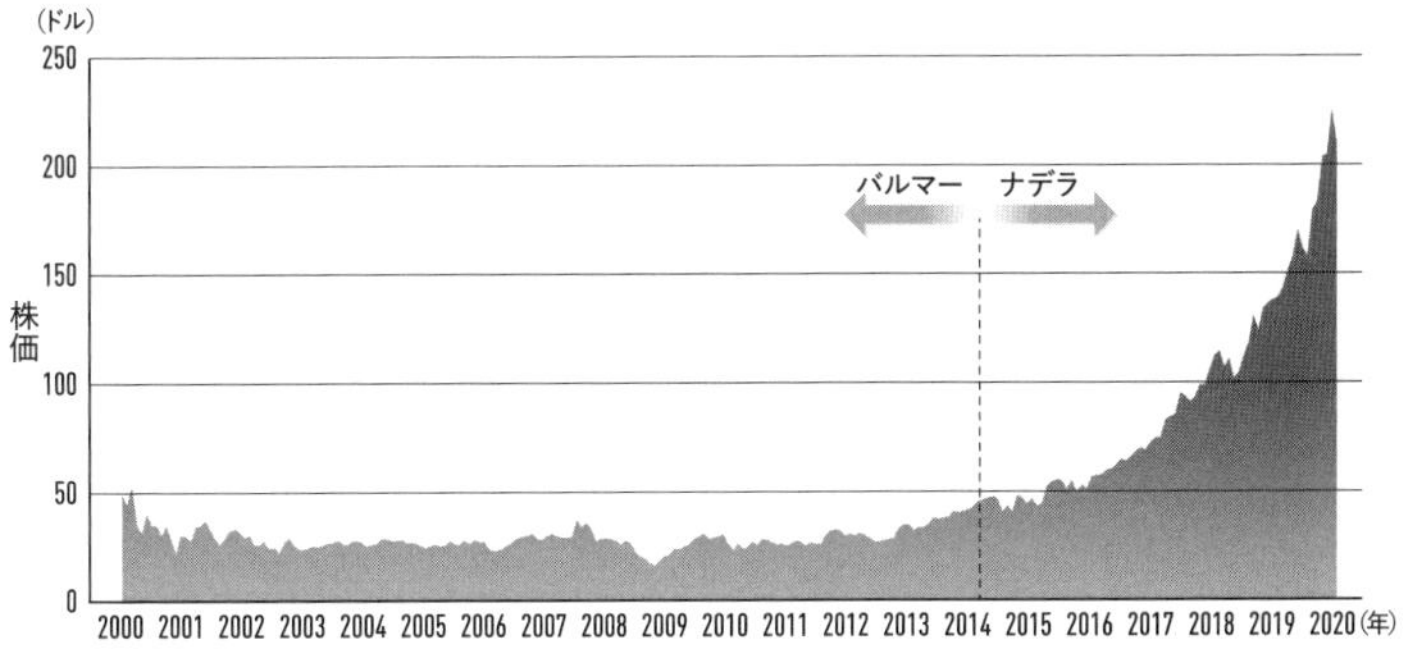

像を描いたのである。しかも、それは始まりにすぎないというのがバルマーのビジョンだった。彼は、さまざまな個人向け機器の発売や大きな買収、大胆な賭けをすることになる。

二〇一〇年には、三年を超える開発を経てウィンドウズアジュール（Windows Azure）を発表した。クラウドコンピューティングへの大きな賭けだった。「クラウドがマイクロソフトに火をつけ、マイクロソフトがクラウドに火をつける。わが社では、世界各地で四万人がソフトウェア開発に携わっているが、そのうちの七割はクラウドを専業にしている」[8]。こうしてバルマーは、将来に向けた刺激的かつ確かなビジョンに、数百億ドルをつぎ込むことになった。

ところが、これらのほとんどが、バルマーの監督の下で失敗する結果になった。それは、ビジョンやコミットメント、熱意、資源がなかったからではない。それよりも、ビジョンを実現するのに不可欠なエコシステムの連携がとれなかったからである。マイクロソフトのPCエコシステムでの圧倒的な成功を考えると、このような失敗は意外に思えるかもしれない。しかし、その成功があったからこそ、希望するさまざまなエコシステムにおいてもウィンドウズが基盤となり、マイクロソフトがリーダーとなるのは当たり前だとする考えが生まれてしまった。これは明らかなエゴシステムの罠である。

エコシステムの成功が生んだエゴシステム

第5章の終わりで、PCのエコシステムにおいて、マイクロソフトがフォロワーからリーダーに変化した事例を考察した。ビル・ゲイツはウィンドウズのオペレーティングシステム（OS）を武器に、IBMをリーダーの座から下ろした。以降マイクロソフトは、ゲイツの「すべてのデスクにコンピューターを」というビジョンを推進する開発者や、付加価値を備えた販売事業者を抱えた大きなエコシステムの要となり、威力を増し続けた。

バルマーはこれをさらに拡張させ、マイクロソフトをインターネット時代へと、そしてウィンドウズサーバー（Windows Server）、SQLサーバー、シェアポイント（SharePoint）で法人市場へと邁進させた。ここでは、コンピューターのエコシステムで築いた連携構造の範囲内で拡大を成功させた。段階を踏むたびに、マイクロソフトのリーダーシップがさらに認識され、強化された。

リーダーシップは獲得するのは難しいが、慣れるのは簡単だ。さらに、あまりに当然視されすぎると、狙われやすくなる。たとえば米国政府は、自社のウェブブラウザを特別扱いしてライバル社のブラウザを排除したとして、マイクロソフトを独占禁止法違反で提訴した(二〇〇一年に和解)[9]。しかし、ライバル企業を代表した政府による提訴以上に重要だったのは、潜在的パートナーの一部が躊躇の姿勢を見せたことだった。

マイクロソフトは強硬なリーダーである。成長への強い執念があったからこそコンピューター市場を拡大し、関連するさまざまな分野に対して獲得可能な市場規模を拡大した。しかし、新たな機能を自社の独占的プラットフォームとバンドルすることにより、ソフトウェアのライバル企業の商品を「覆い隠し」[10]、さらに互換性の裁定者となってハードウェアメーカーの立場をコモディティ化してきたその歴史は、潜在的なパートナーを遠ざけることになった。

実際にバルマーの下では、コンピューターエコシステムの砦の外でマイクロソフトがとる行動は、躊躇や敵対心をもって迎えられることがほとんどだった。そして、ソフトウェア革命を新たな分野で起こそうとしたマイクロソフトの試みは失敗に終わることとなった。

なぜXboxは成功し、ウィンドウズフォンは失敗したのか

バルマーの指揮の下、コンピューターのエコシステム以外で成功したのは、ゲーム機器のX

box（エックスボックス）である。このケースについて考えると、同社が他の分野ではなぜ失敗したかが理解できる。

マイクロソフトは二〇〇一年、ソニーと任天堂が独占する市場でXboxを発売した。自社でハードウェアを開発し、ゲームソフトメーカーを買収して専用のゲームシリーズを制作し（なかでも、ファーストパーソン・シューティングゲームである「Halo（ヘイロー）」シリーズが有名）[3]、さらにフリーランスのゲーム開発者らを呼び込んだ。

発売から四年でXboxシリーズに投じられた資金は三七億ドル以上とされる[11]（その分、利益が相殺された）。ゲーム機で首位の座を狙うというマイクロソフトの目標は達成され、二〇〇六年までに初代Xboxを二四〇〇万台売り上げた。その後、Xboxシリーズは数世代にわたってイノベーションを遂げ（Xbox360、Xbox One、XboxシリーズX）、さらにハードウェアでのイノベーションも実現し（ジェスチャーや音声認識によってプレイを可能とするKinect［キネクト］センサー）、オンラインサービス（Xbox Live）なども発表した。

マイクロソフトは、Xboxの成功の要因となった果敢な活動を維持していた。しかし、それとは無関係に、ここでの同社の中心的な課題は、新たなエコシステムを連携させることではなく、既存のテンプレートを複製して、その中でうまく立ち回ることにあったことがわかる。Xboxの発売は、エコシステムのイノベーションではなく、多角化の動きだったのである。後に、タブレットコンピューターのサーフェス（Surface）シリーズで、コンピューターハードウェアに参入したのも同じである。見事に立ち回って業界に競争をもたらしたが、ゲーム自体を変化させることはなかった。

すでに確立された業界に参入することと、新たなエコシステムで連携をとることの違いは、モバイル機器におけるマイクロソフトの動きと対比すれば明らかである。同社は一九九六年にウィンドウズCE（Windows CE）を発売した当時から、モバイルコンピューティングの未来で勝利することに焦点を当てていた。（コンピューターと比べると）メモリ容量の小さい機器用に最適化されたOSであるウィンドウズCEは、PDA（携帯情報端末）やテレビのセットトップボックス、タブレットPC、そしてアップルのiOSやグーグルのアンドロイドに対抗するために位置づけられたウィンドウズモバイル（Windows Mobile）やウィンドウズフォン（Windows Phone）のプラットフォームとして生まれ変わり、活路を見出そうとしていた。

従来のレンズから見ると、マイクロソフトがスマートフォンで直面した状況は、ゲーム機器で直面したものと似ていないわけではない。市場にはすでにリーダーがいた。そのため、ソフトウェア開発者を引き入れてユーザーを取り込み、それが開発者を引き入れるといった具合に、無限に続く建設的なフィードバックのループを作る必要があった。製品を構成する要素はすでに明らかになっていたし、マイクロソフトには、ポジションを築くための熱意と資金もあった。

［3］操作する本人の一人称の視点でプレイができるシューティングゲーム。

重要な違いは、ゲーム機器に関しては構造や役割、リーダーシップが確立され、受け入れられていた点である。ゲーム機メーカーは各エコシステムを率い、小売店が商品を販売し、ソフトメーカーは追随して有望な企業、あるいは、働きに見合う金銭的保証をしてくれる法人向けに進んでゲームを開発した。ここでの課題は調整に関するものであり、金銭で解決することができる。

対照的にスマートフォンでは、ずっと複雑なパートナーと連携をとる課題があった。パートナーには携帯機器メーカー、通信事業者、広範に及ぶソフトウェア(アプリ)開発会社がおり、複数のプレイヤーが複数の役割を担い、目標達成やリーダーシップをとる夢を抱いている状況だった。

バルマーは、ウィンドウズフォンで人気の高い携帯電話を取り入れられなかったことに失望し、二〇一三年にノキアの携帯電話部門を七二億ドルで買収することを取締役会に了承させた。[12] その後、スマートフォンでルミア(Lumia)シリーズを出すなど、ウィンドウズフォンの強化活動の一部は好意的な評価を受けたものの、重要なソフトウェアアプリが欠けていたため、ユーザーへの普及は失敗に終わった。

たとえばグーグルは、ウィンドウズフォン・プラットフォームでYouTubeアプリを開発することを拒否している。マイクロソフトでOS部門のヴァイスプレジデントを務めるジョー・ベルフィオーレは、不機嫌な顔をした絵文字を入れて、次のようにツイートしている。

「私たちは、アプリ開発会社のやる気を引き出すため、最大限に努力した。対価も払った。アプリも作った。(中略)しかし、彼らが投資をするには、ユーザー数が少なすぎたのである」[13]

グーグルなどの巨大企業は以前、アンドロイド(あるいはiOS)版の主要アプリケーションとして、オフィス(Office)をはじめとするアプリ開発をマイクロソフトに拒否されたことがあった。この経緯を考えると、グーグルの対応は納得できるものだった。

ミッションは同じでも、マインドセットは異なる

バルマーのビジョンは広範にわたるもので、多数のエコシステムを横断する適切な可能性を正確に見据えていた。しかしそのマインドセットは、連携に必要な第一歩を進むものではなく、自社のエコシステムで采配を振ることを目的としていた。

二〇一三年、バルマーは「ワン・マイクロソフト」と銘打った新戦略を発表し、価値創造を行うより大きく広範な目標に注力することとした。

「今後、当社の戦略は、個人や法人向けの機器やサービスファミリーを作ることに注力する。世界中の人々が、家庭、企業、そして外出先で、価値ある活動を行うことを可能にしていきたい」[14]

その後、バルマーの後継者となったサティア・ナデラは対照的に、検討の機会を提供した。それは彼が「より優れた」リーダーだったからではなく、彼が予想して狙ったアプローチとマインドセットが、エコシステムの連携に適したものだったからだ。比較のために、二〇一五年にナデラが掲げ、広く讃えられた企業理念を紹介する。

「地球上のすべての個人とすべての組織が、より多くのことを達成できるようにする」[15]

掲げられた目標という観点から見れば、マイクロソフトが掲げる「達成できるようにする」というミッションは、バルマーもナデラもほぼ同じものだ。しかし、その目標を達成する方法には、昼と夜ほどの違いがある。バルマーは、マイクロソフトの機器やサービスを通じて行おうとした。一方のナデラは手立てを具体化していない。つまり、オープンなのである。オープンなことこそが、ナデラのリーダーシップの下でマイクロソフトが変革を遂げた鍵なのである。ナデラは、マイクロソフトファーストのアプローチをとるのではなく、価値創造を優先した。マイクロソフトがどこでもリーダーになれるとは限らないし、（なるべきではない）場合もあることも明示していた。

「現実を見る必要がある。ビング（Bing）、オフィス、コルタナ（Cortana）などの製品は素晴らしいものだが、他社のサービスや機器が市場で盤石な立場を築いてるのだ。単に何もせずに脇でじっとしていることはできない」[16]。ナデラは、長きにわたってマイクロソフトのタブーとされてきたものを破った。オープンソースのソフトウェアのトレンドを受け入れてインターフェースを解放し、ライバルのプラットフォームとの統合を受け入れたのである。

ほどなくして、アップルのiOSに向けたオフィススイート(Office Suite)が発売された。二〇一五年に行われたメディア向けの発表は、顧客関係管理(CRM)大手のセールスフォース・ドットコム(SFDC)が主催するドリームフォース開発者会議で行われた。この変化は、計り知れないほど大きなものである。

マイクロソフトのCEOが、かつての最大のライバルが主役のステージに立ち[17](マイクロソフトのダイナミクスCRM[Dynamics CRM]は、セールスフォースに直接競合するために発売された。つまり、バルマーの時代のマイクロソフトでは、セールスフォースは「敵」として捉えられていた)、ウィンドウズが入っていない電話を手にし、プラットフォーム間の統合について語ったのである。ナデラが新時代のパートナーシップと宣言したことが、具体的に行動で示されたのだ[18]。

この変化に対して、セールスフォースの創業者でCEOのマーク・ベニオフは次のように述べている。「以前であれば、とてもではないがマイクロソフトとはパートナーにはなれなかった。閉ざされて鍵を掛けられ、バリケードが組まれていたマイクロソフトのドアを開いたのは、サティア(・ナデラ)だ[19]」

二〇一七年、ＣＥＯとなって三年も経たないうちに、ナデラは著書を出版し、マイクロソフトの企業文化や価値観を新たに定義しようとした。通常であれば、タウンホールミーティングやメモを通じて社内で行われることである。この本と丹念に計画されたプロモーションは、マイクロソフトの社外顧客やパートナーに対するコミュニケーションを目的としていた。[4]

自伝の要素も経営哲学の要素も、そして、一部だがテクノロジーロードマップの要素もあるこの本により、堅実的で家族を大切にし、思いやりがあって謙虚でオープン、そして何よりも共感的だというナデラの人物像が確立された。彼はこう記している。「私は自分が新顔、つまり、新しい血であるというちょっとした事実に助けられている。過去を捨てたことで、それまであった不信の壁を崩せたのだ[20]」

実際、本のタイトル『ヒットリフレッシュ』は、「自分は前任者とは異なり、自分が率いるマイクロソフトも以前とは違う存在である」ことを宣言するものだった。そして、謙虚なリーダーがプロモーションツアーを行い、共感と人間性のマインドセットを訴えたことにより、エコシステムのリーダーシップの二面性を見事に示した一冊となった。

これは皮肉ではない。疑念を抱くパートナーと仕事を行うためには不可欠なことだった。「もう一度チャンスをください。今までと違う、われわれの行動で判断してください」という宣言なのである。

しかし、オープンなことと与しやすいこととは異なる。マイクロソフトは直接のライバルにとっては、手強い競合であることには変わりがない。たとえば、スラックはマイクロソフトがチームズ（Teams）のアプリを他の機能と抱き合わせたことが独占禁止法違反だと訴えているが[21]、これは一九九〇年代のブラウザをめぐる激しい戦いを彷彿とさせる。補完財を提供する企業は、第1章で考察したエコシステムの価値逆転を常に頭に入れておくべきだろう。しかし、パートナーや「フレネミー」[5]と連携をとるナデラの新たなアプローチが、マイクロソフトの地位と成功に変革を起こしたことには、疑いの余地はない。

可能性を現実にさせる——適切な役割と適切なマインドセット

ナデラがCEOに就任してから二〇二〇年までに、マイクロソフトの時価総額は一兆ドルを超えた。$1,000,000,000,000——ゼロがいくつも並ぶ、途方もない数字だ。密かに世界で最も価値のある企業の一つとなっていたことに多くの人が驚いたが、ここが重要なのである。マイクロソフトは密かに、そして謙虚に成長していたのである。

時価総額は企業の将来の成長を反映したものだが、マイクロソフトの場合は、クラウドコ

---

［4］経営陣と社員が対話できる形態のミーティング。
［5］友人を装いながら、実際には敵である存在。

ンピューティング・プラットフォームに対する期待が大きく影響している。思い返すと、アジュールに投資して開発し、そして事業を立ち上げたのはバルマーのリーダーシップの下でのことだった。さらにクラウドベースのオフィス365（Office 365）を開発して立ち上げたのも、バルマーがリーダーのときである。ナデラはそれを法人顧客向けに利用し、アジュールのMVEのきっかけとした。これらの事業は、ナデラのCEOとしての手腕によって、初めて花開いたのである。

バルマーが同じ目標に何百億ドルを投資したことを考えると、両者の違いは野心や熱意、力、あるいはコミットメントでもなかったことがわかる。違いは、連携のマインドセットにあった。アジュールで成功するには、重要なプレイヤーと新たな連携を求める必要があった。ナデラはオフィス365をエコシステムの継承として利用し、保守的な企業のIT部門にクラウドを慎重に導入させた。さらにそれまでとは違い、マイクロソフトから直接サービスを購入させることにした。マイクロソフトから直接購入する機会を作ることは、販売事業者にとっては、目の前の果実を奪われることを意味した。同時に、アジュールを基盤とする性能への投資に乗り気でなかった営業チャネルに刺激を与えてテコ入れをし、より価値の高い機能を積極的かつ効率的に売る方法を探させることになった。その結果、マイクロソフトのポジションは変化し、顧客にとって、ソフトウェアの仕入れ先から、コンピューターのエンジン、分析パートナー、そしてAIによる意思決定を支援する存在となったのである。

本書にとって特に重要なのは、ナデラ自身が二〇一一年以降、クラウド事業のプレジデントとなり、直接バルマーにレポートしていたという事実である。人と製品は同じでも、役割が異なれば、結果も異なる。つまり、マインドセットも重要だが、組織での立場も重要だということである。

ナデラはCEOとして、マイクロソフトファースト、ウィンドウズファーストのマインドセットでは実現できなかった以下のトレードオフを行うことができた。群れの長であるアップルやグーグル、セールスフォースとの付き合いや、フリーランス開発者たちによる新機能への投資の促進、マイクロソフトの盤石な営業チャネルに変化をもたらすこと、そして、保守的な法人顧客にクラウドベースのオペレーションを推進する。つまり、これらすべての動きにおいて、連携を重視するリーダーの存在が、モバイルファースト、クラウドファーストというマイクロソフトのビジョンを、約束から現実へと変化させるために必要だったのである。

ナデラは見事なバランスをとり、アジュールのエコシステムを連携させた。そこではマイクロソフトが明らかにリーダーだった。一方でエコシステムのパートナーに対しては、彼らがアジュールに参加していることを武器にして、別の分野で進化することを認めた。つまり、ナデラは目標をスマートカーのOSを作ることではなく、情報処理のインフラとなることとしたのだ(少なくとも現在のところは)。

米国の非営利の病院運営大手であるプロビデンス・セント・ジョセフ・ヘルスのロッド・

ホックマンCEOは、傘下の五一病院のシステムのデータとアプリケーションをアジュールクラウドに移行すると発表した。その際、アマゾン、アップル、グーグルではなくマイクロソフトを選んだ理由を、「(マイクロソフトは)医療事業に進出しようとはせず、医療事業をより良いものにしようとしたからだ」と語っている。[22]

ナデラは、広範囲に及ぶエコシステムを築く野心は、同盟に合うように調整すれば支持されることを示した。つまり、他社が進んで追随するような分野でエコシステムをリードするのである。そして、自社がフォロワーとなることがより生産的な場合は、他社のリーダーシップを支援する。エゴシステムを解決する賢い方法は、皆がそれぞれの道のりでヒーローとなれるように、連携構造を築くことにある。

5 連携のマインドセットと遂行のマインドセット

企業の停滞に関する議論では、リーダーシップにおけるビジョンの欠如、技術的な不全、リスク回避、さらに探索と深化との間の緊張関係を抑えられないことなどが強調される。これらはもちろん大切なことで、コダックの失敗の理由としてよく挙げられることでもある。マイクロソフトのケースでも同様の議論がなされた。しかし、どちらのケースも間違っているばかりか、逆効果をもたらすような説明である。失敗の原因を誤って解釈すれば、的外れな解決策を求めることになる。間違った薬を飲めば、さらに症状が悪化することになりかねない。

マイクロソフトのケースに説得力があるのは、ありふれた理論では、バルマーの下での停滞を説明できなかったからにほかならない。バルマーにはビジョンがあり、技術を開発し、何十億ドルを賭けるというリスクをとり（そして、失い）、さらに新たな機会を探索し追求するにあたって、中核事業に負担をかけることを厭わなかった。

バルマーのリーダーシップ（そして、彼のリーダーシップに関してよく行われる説明）に欠けていたのは、野心のためにエコシステムの枠組みを超える動きをとったときに、連携のマインドセットへとシフトすることだった。

本書で紹介する成功と失敗は、エコシステム・サイクルの、ある段階での戦略にかかっている。それは、いつ既存のエコシステムの枠組みの中で事業を行うのか（遂行を優先させる）、枠組みを超えるのか（エコシステムの連携を優先させる）を認識することである。

戦略と同様に、リーダーのマインドセットも、エコシステムのサイクルに沿って変化させる必要がある。果たして、同じ人間が何から何まで行うことは可能なのだろうか。課題は個人的なものにとどまらない。人材配置やスキルの再教育の方法、さらにどのような能力に重き《ヽヽ》を置くかという問題もある。エコシステムのサイクルが進むにつれ、分断や不連続があると予想しなければならない。

エコシステムの構築には、連携のマインドセットが欠かせない。しかし、連携が実現すると、連携のマインドセットやスキルセットは客観的に見て以前ほど重要ではなくなる。その時点で重要なのは、エコシステムの枠組みの中での遂行、つまり、列車を時刻どおりに運行させるための経営的課題、比喩的にいえば路線から最大限のものを得る機会、たとえば新サービスの拡張、周辺事業の追加などのすべてを、エコシステム内の既存の関係性を管理しつつ、より大きな規模と優れた効率性で行うことである。

成長過程にあるベンチャー企業をリードするにしても、確立した企業をリードするにしても、連携を考えていないとしたら、それは連携するのが当然の、確立したエコシステムの構造内にいるせいである。戦略的目標が、既存の業界の中の既存の価値提案を再現すること、たとえばレストランをフランチャイズする、放射線科のクリニックを経営する、家具を製造するといったことであれば、遂行に注力することは理にかなっているだろう。

しかし、そのような状況でも、かなり先のことにも注意を向けておく必要がある。新たな連携構造は外部から課されることもありうる。たとえば、新たなプレイヤーやソーシャルプラットフォームとのデジタル的な関係、CVSヘルスといった新たなプレイヤーに門戸を開いた規制の変化、ウェイフェアのような存在が作る新たな状況などが、これにあたる。そうした中、自らを連携のマインドセットに変えられるかどうかが、変革を成し遂げるか、あるいは重要でない存在になるかの分かれ道となる。

遂行のマインドセットを大切にすることは、エコシステムの旅では必要なことである。それなしに連携が実現されることはない。しかしそれ以上に、第3章で考察したように、エコシステムを超えた変化を効率的かつ効果的に行うことは、新たな分野へエコシステムを継承できるかにかかっている。エコシステムの継承は、元の分野でうまく遂行できているかどうかによる。もしナデラに、（バルマーの下で開発された）優れた要素がなければ、彼の行動はこれほど成功していないだろう。

個々のリーダーのマインドセットが自然に変化することはない。マインドセットを変えるように指示する明らかな道路標識はないし、エコシステムの連携に長けた人が、同時に遂行と管理能力を備えている保証もない。

新たな企業では、状況は大きく異なる。もちろん例外はあるが、リーダーシップの課題の変化は、リーダーの変化とかかわりがあることが多い。たとえば、創業者自らまたは他の経営陣の意向で創業者が退き、「プロフェッショナルな」CEOが後継者となるような場合である。そうではなく創業者が指揮を執り続ける場合は、新たな幹部チームのサポートを受けつつ、遂行のマインドセットを重要視するよう変化しなくてはいけない。

遂行のマインドセットを持つリーダーは、中核事業を成長させること、さらにイノベーションを推し進めることに長けている。スティーブ・バルマーの成功ではっきりと考察したように、遂行のマインドセットは、成長を推進するのに秀でている。しかしその成功は、既存のエコシステムの枠組みの中に限られる傾向がある。

成長へのプレッシャーがかかって野心が広がると、成功した企業の成功したリーダーたちは、自社のエコシステムの外に新たな価値提案の目標を設定することが多い。ここまで見てきたように、この二つは異なるゲームである。新たな市場や事業モデル、さらに新たな収益機会への期待が広がる。その一方で、新たな活動は、エコシステムの枠組みを超え、新たな協働を進め、既存の領域の外にリーダーシップを築けるかどうかにかかっている事実は、しばしば忘れられてしまう。連携のマインドセットがリーダーシップの必要条件として再び必要かどうかを見極めるのに、ここで第5章のリトマス試験の質問が役立つ。

遂行を離れて連携の方向へ戻る振り子は、逆の方向へ振れる場合よりも受け入れるのが難しい。エコシステム成熟後の最初の振りで、連携は問題とならずに消えてしまう。優先順位を下げることは容易なのである。第二の振りでは、中核事業が成功を続けていれば、新たな機会では連携が優先されるにしても、遂行も引き続き重要となる。トレードオフが必要な際に、最適な遂行からやや劣る遂行へと移行して連携を有効にするには、規律と犠牲が必要になる。

ガバナンスの観点からは、連携には投資が必要なことを理解したうえで、近い将来を超えて広がる目標を設定することになる。つまり、将来の潜在的なリターンのために、現在の資源をコミットすることを意味する。ナデラのCEO就任後に売上が落ち込んだのは(図6－2を参照)、アジュールのエコシステムという新たな事業モデルのサポートのために積極的に犠牲をとった証なのである。

リーダーについて言えば、連携から遂行への変化が自然に起きるわけでも、自動的に始まるわけでもないように、マインドセットも遂行から連携へと自然に変化するわけではない。実際、当人たちにとってその変化は容易なものではないはずである。それは、強みや成功、力を持つ立場から出発するためである。

初期のベンチャー企業においては、懸命に事業を立ち上げようとするリーダーが、価値提案のためには他社を集めることが必須だとはっきり考えていれば、謙虚さを奮い立たせることはそれほど難しいことではない。しかし、いったん成功して、リーダー(創業者だったかもしれないが、現在は成功企業のトップである)が賞賛と同意に慣れてしまえば、CEO以下が連携のマインドセットと謙虚さを取り戻すのは非常に難しくなる。

成功から変革へ

遂行のマインドセットを備えて成功したCEOは、自社を当初のエコシステムの中でかなりの高みへと引き上げることができる。変革をもたらすCEOは、エコシステムを超えて新たな構造や設定の中で、自社の価値創造や競合を再定義することができる。バルマーとナデラのように、どちらのタイプであっても、最初のエコシステムを成功させるためには、必然的に遂行のマインドセットを打ち出すことになる。ただし、伝説となるのはナデラのタイプである。その違いは、その次のエコシステムで成功するのに不可欠な連携のマインドセットを発見し直す能力にある。

企業の変革の根底にある構造を考察する際、特に社内のエコシステムを連携し直す際には、第3章で、外部のエコシステムに関して考察した原則と同じ論理が働くことがわかる。それはつまり、MVE、段階的拡張、そしてエコシステムの継承である。連携を進めるためには、異なる考え方だけではなく、短期リターンを犠牲にして連携や同盟の構築、ともに価値創造を行うことを優先させるといった、トレードオフに対するさまざまなアプローチが求められる。そのような犠牲を帳消しにしても余りある長期リターンがあると自信を持つことも欠かせない。

このような分析ツールを用いて、実際の変革にインパクトを与えられるかどうかは、そのときのリーダーにかかっている。個人のレベルでは、新たなトレードオフを受け入れて効果的な連携を実現させるためには、必然的に謙虚さと共感が重要な要素となる。連携のマインドセットは、他者が何も考えなしに従うことはないという現実を受け入れる謙虚さ次第であり、それにより生産的なフォロワーシップが作られて刺激され、持続可能なエコシステム構造の基盤となる。そうすれば信頼が構築され、どのトレードオフが、どのパートナーに、いつ効果を発揮するのかを知るための重要な道標ともなる。

勢いのある企業があらゆる方面で大胆にリーダーシップを宣言することは止められない。し

図6-4　エコシステム・サイクル。エコシステムの境界を超えて移行するために、リーダーシップの役割を移行し、エコシステムの継承を用いることを強調

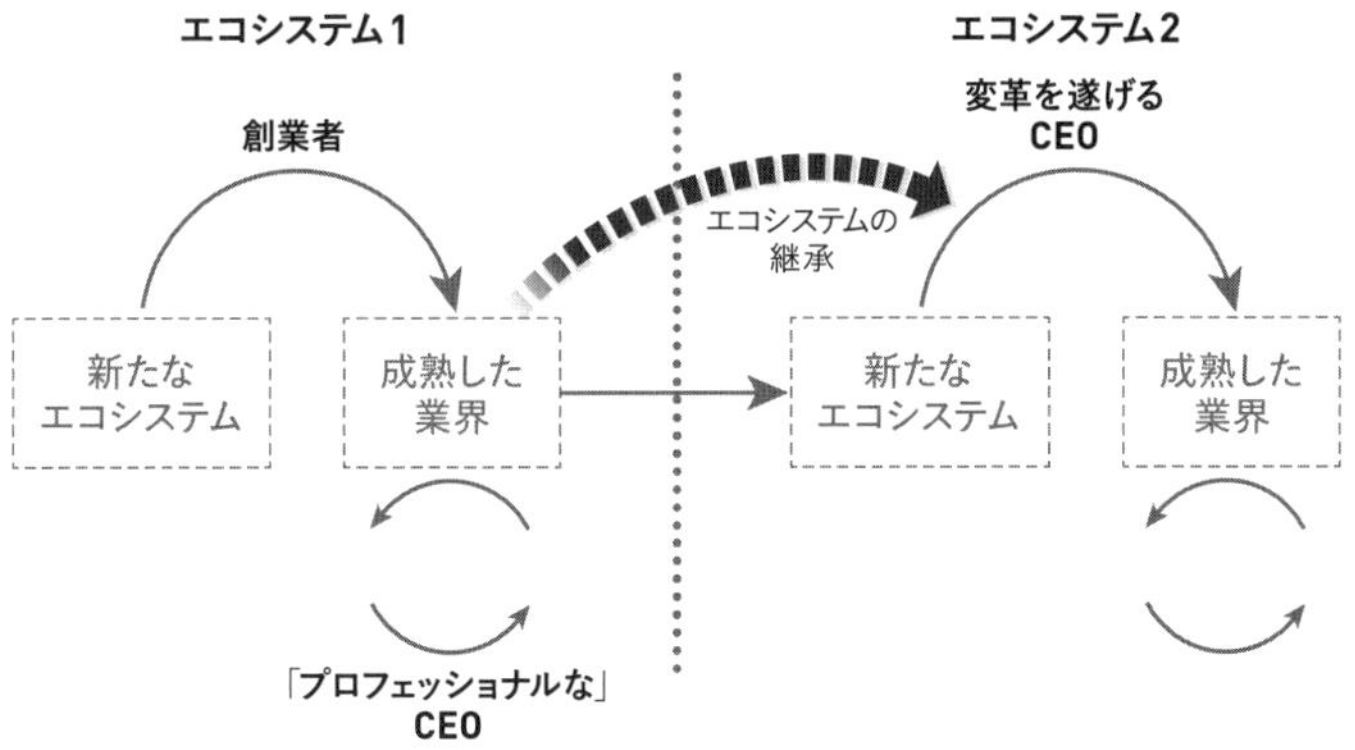

かし、本書で考察してきたように、リーダーシップを宣言することとフォロワーを魅了すること、つまり、中身のない野心と意義ある価値創造の違いは、連携と連携のマインドセット次第ということに尽きる。

伝説のCEOとなるための特性は、図6－4で示されたエコシステム・サイクル全体を通じて、自らと自らの組織を舵取りする能力を持っていることであり、エコシステムの継承を行い、業界の枠組みを超えて新たな市場を作り出すことにある。それも何度も行う。

変革のケースには事欠かない。アップルのスティーブ・ジョブズは音楽プレイヤー（iPod）、電話、インターネットアクセス機器の価値提案を統合してiPhoneを作り出し、パーソナル・コネクティビティの概念を変革させた。

アマゾンのジェフ・ベゾスはスマートスピーカー、音声アシスタント、そして、スマートホームのコントロールを統合してエコースピーカーとし、以前は別々

だった業界のゲームを決定的に変化させ、そして、さらに広範に及ぶアレクサのエコシステムを登場させた。オプラ・ウィンフリーは自身の影響力をテレビのパーソナリティーからプロデューサー、放送局、出版、ウェルネスへと事業を広げた。イーロン・マスクは電気自動車、充電インフラ、そして自動運転技術を統合し、モビリティ・エコシステムに新たな地平を広げた。皆さんも、他にも思いつくケースがあるだろう。

これらの創業者はいずれも有名だが、どのエコシステムにおいても、変革する企業にとって創業者であることは必要不可欠なものではない。私が、変革を主導するリーダーとしてサティア・ナデラに着目したのは、彼が創業者ではないからにほかならない。社歴二二年でCEOになったナデラは、連携のゲームをうまく戦った。ナデラだけではない。カレン・リンチは、CVSを小売薬局から医療サービスの巨大企業へと変革させた。ヨハン・モリンはアッサアブロイを、機械式ロックのメーカーからアクセス管理エコシステムのリーダーへと変革させた。ハロルド・ゴディンはパーソナルナビゲーション機器市場の激変を誘導して、地理データのエコシステムでトムトムのポジションを再構築した。ナンシー・マッキンストリーは、ウォルターズ・クルワーを専門書の出版社からデジタルソリューション企業へと変えた。アンダース・グスタフソンはゼブラ・テクノロジーズを、資産追跡からワークフローを変革させる存在へと導いた。

それぞれのケースは、大企業でも、創業者が去って時間が経ってからでも、そして、株式市場の注目や株主の圧力がある場合でも、ゲームチェンジは可能なことを示している。重要なのは、創業者であってもなくても、成功しても連携のマインドセットを失わないこと、そして、個人レベルでエコシステムの罠に陥らないことである。これは組織のトップに限った話ではない。構えを決めるのはCEOだが、内外パートナーとの行動の詳細やかかわり方を決めるのはチームリーダーである。組織全体で連携のマインドセットを持つことが必要となる。

6 社内エコシステムも、またエコシステムである

ここでは、社外のパートナーを扱うことに焦点を当てて、エコシステムのリーダーシップについて考察した。出発点は、組織内部とは異なり、外部のエコシステムでは絶対的な権威を持つ存在がないことだった。しかし、この違いは不動のものではない。エコシステムが社内にある場合、CEOという最終的に権威を持つ存在が頂点に立つが、そのCEOに気軽に近づけない限り、組織内においても連携の戦略が必要となる。実際、賢明なCEOは権力を単独で行使するのをできる限り避けようとする。

外部のエコシステムを連携し直す際には、ほとんどの場合、社内のエコシステムについても同様の変化が必要になる。社内と社外のどちらにも重要なのは、確立された業界の枠の中で起

こっているのか、それを超えたものであるかという点だ。社内ではCEOだけが組織全体に及ぶ権威を持っており、その他のCスイート[6]では、それぞれの権威が及ぶ範囲はサイロ化してどんどん小さくなる。

新たな取組みでサイロを横断する必要が生じると、社内エコシステムも変化させなければならない。そうなれば、連携のマインドセット、共感、同盟の優先といった、今まで考察してきたこととまったく同じことを、新たなエコシステムでも考慮する必要が生じる。たとえば、エンジニアリング部門と購買部門が連携してデザインを刷新したり、サプライチェーン部門と営業部門が一緒になってレジリエンス[7]を強化させたり、人事部門が全社員と連携して持続性を向上させたというようなイノベーションである。このような取組みを成功させるためには、事業部や部署を横断して再連携を進めるリーダーが必要となる。

「イノベーションと競合は、わが社のサイロや組織の枠組みとは関係ない。だから、境界を超える必要がある」と、ナデラは述べている。「社内で心地よく実行できることに終始してはならない。安全地帯を超えて、顧客に最善を尽くすために手をのばすのだ」[23]。アジュールの成長機会を解き放つには、カスタマーインサイトやパートナーとの協働を再発見する必要があった。同時に、マイクロソフトという組織、企業文化、さらには社内ガバナンスを考え直す必要もあったのである。

数十年にわたって認められてきた知見に従って、アジュールは長い間、マイクロソフトの社内で別組織として管理されていた。このような分離は、コア事業からの要求や影響を避け、社内ベンチャーがブレークスルーを起こせるように保護し、厚い支援を受けられるという点では評価される。その一方で、真の変革が果たせないという欠点もある。バルマーの下で、巨大なマイクロソフト本体からアジュールを分離したのは、技術的な利点や事業ビジョンにかかわらず、価値提案がその潜在能力に見合う形で拡大できなかったからである。マイクロソフトがクラウドベースのサービスプロバイダーの第一人者となるためには、営業、財務、組織運営に変化が必要だったが、皆それぞれのサイロに閉じこもってしまっていた。社内の他のすべてのエコシステムを、アジュールの価値提案に沿った形で構築し直さない限り、アジュールの成功は実現できなかった。

ソフトウェアの開発と販売を中核事業としていたマイクロソフトは、アジュールの登場により、クラウドベースで顧客のプロセス管理を担うことになった。つまり、技術基盤にも大きな変化が求められたのである。ナデラの下、マイクロソフトのＩＴグループはＣＳＥＯ（Core Services Engineering and Operations）として命名されて再構築され、[24]他の部門と、新たな手順や優

[6] ＣＦＯ（最高財務責任者）、ＣＨＲＯ（最高人事責任者）、ＣＩＯ（最高情報責任者）などのＣから始まる役職の経営陣。
[7] 有事の際も事業継続や早期の復旧を可能にする強靭性。

先順位、予算関係を持ってかかわることになった。[25] 同様に、アジュールに法人顧客を呼び込むためにはオフィススイートをクラウドベースとする必要があったが、オフィス製品群はアジュールの事業ユニットの管轄外だったため、新たな協働が求められた。社内のコーイノベーションである。

アジュールによるクラウドサービスへのアプローチがマイクロソフトにしかできない理由は、エコシステムの継承を利用しているからにほかならない。この差別化によってアマゾンＡＷＳ（業界初であり、いまだに同市場で最も成功を収める存在である）に追いつこうとするレースで競合他社を一気に抜き去ることができた。中核事業と切り離せば新たな社内ベンチャーは保護できるが、その代償として、中核事業の資源にアクセスしてそれを活用し、ＭＶＥを大規模に展開するのを後押しできないケースが多い。

イノベーティブな取組みは、社内グループが連携できるテストとして始まることが多い。優秀なマネジャーがいれば、部門を超えたチームが形成され、大胆で新しい行動によって未来が切り開かれる。しかし、テストが成功して祝福されても、そこからどこへ向かうわけでもないケースが多い。これは、担当マネジャーがテストには力を注ぐのに、規模を大きくして成功させるための計画を立てないからである。彼らは自分が持つネットワーク、評判、一時的な資源配分などを利用してテストを成功させるが、属人的な努力や行動は再現しにくいことに気づかない。

そのようなテストは、経営陣の注目を短期間集め、守られた水槽の中では成功するものの、広い組織という開かれた水の中では、規模を拡大して長く影響を及ぼすことはできない。テストは、エコシステムを成功するようにお膳立てするものであって、連携し直して恒常化するものではないのだ。

大企業で働いた経験のある人なら誰しも、部門を横断して成功したのに、終わった途端に消えてしまったテストプロジェクトの末路をよく知っているだろう。この運命を避けるには、長期的な変化をもたらそうとするマネジャーのマインドセットが最も重要となる。社内エコシステムでイノベーションを遂げるには、社外エコシステムと同じアプローチが求められる。すなわち、MVE、段階的拡張、そして、取組みの最初の一歩を探すヒントとなる継承があるかどうかということである。

この意味合いを考えてみよう。マインドセットを取組みに合わせることは、あらゆるレベルの経営陣にとって重要なことである。プロジェクトには、既存の組織構造が必要なのだろうか、あるいは社内エコシステムにおける新たなかかわりが必要なのだろうか。CEOを選任するのと同じく、新たな取組みの役割を割り当てる（あるいは自ら進んで行う）際には、遂行力と連携マインドセットのトレードオフをしっかりと考えなければならない。このことを認識したうえで任命する前に、そのような人材を育成することが重要となる。

しかし依然として、いつ、どこで、誰を選ぶかという疑問は残る。

7 リーダーの選択におけるトレードオフ

多くの企業は、同時にいくつもの取組みを行っている。新たなエコシステムとの連携が必要なものもあれば、既存のエコシステムにおいて確固とした地位を築くものもある。遂行と連携の両方に長けた最適なリーダー候補がいない場合、これら二つの能力をどう考えるべきだろうか。またそれは、リーダーの選択にどのように影響するのだろうか。

第5章で、エコシステムには勝者の具体的なヒエラルキーがあることを考察した。成功するエコシステムのリーダーは、大きな勝利を手にする。失敗に終わるエコシステムのリーダーは、何も手に入れられない。業界の枠の中での成功にはグラデーションがあるが、エコシステムの結果は勝ちか負けのどちらかしかない。連携がとれているか否かはそのまま成功と失敗につながり、部分点として評価される余地はほとんどない。

組織内でリーダーを指名する立場にある者は、新たなエコシステムと成熟したエコシステムでリーダーシップに必要なものの違いを理解し、新たなトレードオフを認めることを余儀なくされる。皆さんなら、リーダーシップのどちらの側面を優先し、どちらを犠牲にしてもかまわないと考えるだろうか。

答えは、組織がエコシステムサイクルのどこに位置するかによって決まる。組織の急を要するニーズ、最大の機会、最大の弱点は、既存の枠組みの中での優れた遂行力と関連するものなのか、それとも新しい市場を創造するための連携を構築することなのだろうか。

既存の業界で成功を継続させることと、エコシステムの成功が黒か白であることとの違いを認めれば、より深い見方ができるようになる。優れた遂行から並外れて素晴らしい遂行へと移ることには、新たなエコシステムでの連携に完全に失敗するリスクを相殺するのに十分といえるだろうか。

その答えは、自社の規模と中核事業の成長軌道、そしてエコシステムの機会の可能性にかかっている。たとえば、自動車のイノベーションと競争は、一〇〇年以上にわたって成熟したエコシステムの中で起こってきた。つまり、「自動車業界」と呼べる確立した構造においてのものであった。その一〇〇年の間に自動車業界で成功したのは、経営と遂行力に優れたCEOたちだった。しかし今日では、自動運転、電動化、コネクティビティ、インフラの再構築など、複数の枠組みを超えた課題と機会に直面している。そのような状況では、新たな「モビリティ」エコシステムを作るため、連携のマインドセットを育成できるリーダーたちのほうが優先度が高い。

重要なのは、中核事業での収益を犠牲にするのを正当化できるほど、エコシステムの機会に十分な価値がないと考えれば、エコシステムのリーダーとしては、おそらく「何もするべきではない」ということである。また、個人的なレベルでは、遂行に伴う困難を乗り越えるための必要な支援が得られそうにないと考えるなら、その機会が本当に自分の求めるものかを再考したほうが賢明だろう。

新たなエコシステムでは、最初からリーダーシップをとる厳しい戦いに挑むよりも、賢いフォロワーとなることを受け入れるほうがよい。言い方を変えれば、リーダーシップをとる挑戦を諦められるのなら、連携をもたらす手腕よりも遂行の手腕を優先させるべきなのである。そうでなければ、エコシステムの失敗で身動きがとれなくなってしまう。同僚を説得する場合は、ノキアの買収に七二億ドルを投じ、その後で減損処理をしたマイクロソフトのケースを挙げるとよいだろう。

8 重要なのはマインドセット

どんな業界や事業においても、エコシステムの力学の重要性はますます高まっている。どのような企業の経営陣であれ、選任するリーダーのマインドセットをよく考える必要がある。CEOの観点からは、自らが導くトレードオフ、文化、能力を考えることがより重要となる。CEO以外の組織の全員にとっては、連携の必要性という観点から自社の取組みと立場を考え直することが、より重要になっている。

どこでも通用する適切な戦略がなくても、それぞれの組織にとって適切な戦略はあるように、唯一の適切なマインドセットも存在しない。したがってリーダーシップのマインドセットは、状況、組織、人に合ったものとしなければならない。なぜならば、外部のエコシステムに対する新たな戦略を有効なものとするには、ほぼ必ず社内エコシステムの調整が必要となるからである。社内であっても変化の目標を達成するには、効果的な連携を果たすための計画が必要となる。つまり、成功はリーダーの戦略とマインドセットだけではなく、そのアイディアを理解し、その遂行にかかわる組織の能力にかかっている。これについては、第7章で考察する。

第7章

Strategic Clarity Is Collective

理解されてこその戦略

“
自分が説明できないことは、相手も理解できない。

——マルコム・グラッドウェル
”

“
自社の戦略であっても、社員が自ら説明できなければ、
理解されていないということだ。

——アドラーの推論
”

優れた戦略と素晴らしい運のどちらかが選択できるとしたら、絶対に運を選択すべきである。ただし、いうまでもなく、運は選択肢のリストに挙がらない。したがって戦略の役割は、成功に必要な運の割合を減らすことにある。あるいは逆に、巡ってきた運を最大限に活用することにある。

業界からエコシステムへの変化を成功させるには、新たなアプローチで戦略を策定する必要がある。戦略の効果をあげるには、広く理解されなければならない。従来の破壊は業界の枠の中で競合の順位を逆転させたが、エコシステム・ディスラプションはその枠を壊し、価値提案そのものを覆す。新たな世界では、単に自社が勝つだけではなく、確実に適切なゲームで勝つことも戦略の目標となる。成功に必要なのは、組織に共通の言葉をもたらし、ゲームの変化や勝利の定義を組織の全員が理解することである。

エコシステムの崩壊を進める側であっても、その対応を検討している側であっても、変化しつつあるゲームで確かな戦略を策定するには、自社の価値構造をはっきり理解することから始める。その理解を顕在化させてどう活用するかは、皆さんが組織でどのような立場にあるかで異なるだろう。

▼成長過程にあるベンチャーをリードする役割

成長過程にあるベンチャーでは、価値構築を明確に示す代わりに、小さなチームだからこそできる、直接的なやり取りや直感の共有に頼りがちだが、価値提案自体がリーダーの頭の中で進化している可能性が高い。潜在的な概念をはっきり示すことは、内的および外的な調整を行う際に大きな利益を生む。それによってエコシステムの構築、つまり、自社のMVEが明確になるからである。段階的拡張はどのようなものか。乗り越えるべき課題を片づけるタイミングとその進め方をどう考えるか。自社のエコシステムで生産的なポジションを築き、さらに拡張するためには、どういった手立てが適切だろうか?

ベンチャーの成功に必要な重要な課題の一つは、理解の基準を変化させることにある。チームが拡大して新たなメンバーが加わるたびに、彼らに理解できるような言葉で伝えなければ、まとまりが乱れても不思議ではない。成長期間にできるだけ前に進むためには、成長に先立って、わかりやすい戦略的な伝達手段を準備することが重要である。

▼既存企業をリードする役割

既存企業は、確立された市場での地位やエコシステムにおける他社とのつながり、さらに収益源という揺るぎない強みを持っている。しかし、企業や業界が成熟するにつれて効率性と遂行力に注目が集まることで、中心にある価値構造とエコシステムの構造の理論的な根拠は影が薄くなり、当たり前のものだと考えられるようになる。すると、業界の枠の外で起こる脅威や機会が見えなくなりかねない。

まずは、「自社の価値構築とは何か？」という最も大切なことに向き合うことから始めよう。この変化はあらゆる要素を横断して、どのような影響を及ぼすのか、現在のエコシステムの中で、防御のために最優先すべき要素やつながりは何か、攻撃のために最優先すべき要素やつながりは何か、などを問うのだ。

これは、啓蒙的でもあり、挑戦的ともなりうる議論となる。社員たちが、「なぜこれをこの方法で行うのか」と考える根拠となる具体的な要素や関係性を説明しようと格闘しているのである。「自分で評価できないものは管理できない」のと同様に、「自分が特定できないものも評価できない」のである。

価値構築を明確に提示できれば、自社のポジションを奪われる前に、業界の枠を超えた脅威が出現する可能性を特定できるだろう。同時に、エコシステムの継承をうまく利用して境界を移動させ、自らが新たなディスラプターとなる機会もできるだろう。そうすることにより、エゴシステムの罠を避け、いつどこで遂行のマインドセットを連携のマインドセットに変え、また戻すのかを知ることもできる。

▼リーダーに影響を与える役割

ほとんどの人は（今のところは）組織をリードする立場にはない。そして、ほとんどの人は（今のところは）価値構造をはっきりと示す組織に属していない。「トップ」で働くことが、価値構造を創造あるいは創造し直すことに焦点を置くものであるなら、「ミドル」での仕事は、その範囲の中でどう働くかを理解することになる。

あらゆる組織には、絶対的な価値構築、つまり、価値をどう作るかについての根本的な考え方がある。しかし組織と業界が成熟すると、価値要素とエコシステムの構造について積極的に考えなくなってしまう。（ミドルで働く）皆さんの仕事は、たとえ自分のチームに限ったものでも、それらを再び顕在化させることだ。たとえば、自分が行う取組みに反映されているのは、組織の価値構築のどの要素なのか、その取組みにより、要素の理解は変わるのか、組織全体の価値構造と整合性のある価値構造とすることは可能か、対処すべき矛盾点はないか、といったことである。

自身が取り組むプロジェクトや提言を、要素やカテゴリーに応じて位置づけられれば、「理解される」確率は劇的に上がる。これは、経営資源の配分を受けるだけでなく、組織内外の他者と調整しながら仕事を遂行するためにも重要なことである。さらに自身の提案が価値構造と矛盾する場合、それを前もって知っておけば、例外や反対意見に対して適切に準備することが

第4章 エコシステム・ディスラプションのタイミング	第5章 「エゴ」システムという罠	第6章 重要なのはリーダーシップのマインドセット	第7章 理解されてこその戦略
• テスラと自動運転 • ウォルターズ・クルワー • 23アンドミー • ゼブラ・テクノロジーズ	• アップルとモバイル決済 • 電子書籍 • GEプレディックス • 電子健康記録 • マイクロソフト vs. IBM	• マイクロソフト「ウィンドウズ・アジュール」	
• 軌道のプロット • タイミングのフレームワーク	• リーダーシップのリトマス試験 • 勝者のヒエラルキー	• エコシステムのサイクル	
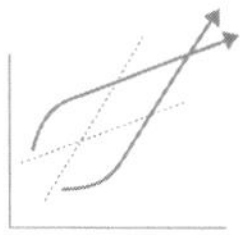	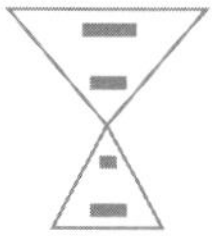	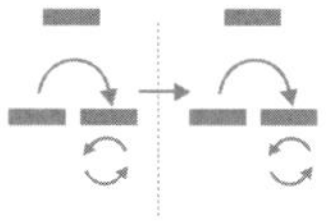	

可能となる。

▼社会的影響を目標とする場合

エコシステム戦略は、価値創造に使える幅広い選択肢を解き放つことから始まる。価値構造は、変化する環境で戦う道標となるだけでなく、重要な環境を検討するためのツールとなる。つまり、どの要素で競争するのか、そして、依存するつながりに対し、どうアプローチするかを決めるのだ。これにより価値構造は強力なレンズとなり、それを通して通常の枠組みの中だけでなく、それを超えてかかわりを再構築することになる。

エコシステムの観点から考えれ

表7-1　適切なゲームで勝つ

	第1章 誤ったゲームでの勝利は、敗北を意味する	第2章 エコシステムで防御する	第3章 エコシステムで攻撃する
主な事例	コダック	• ウェイフェア vs. アマゾン • トムトム vs. グーグル • スポティファイ vs. アップル	• アマゾン「アレクサ」 • オプラ・ウィンフリー • アッサアブロイ
ツール	• 価値構造 • 価値逆転	• エコシステム防御の3原則	• MVE • 段階を踏んだ拡張 • エコシステムの継承
	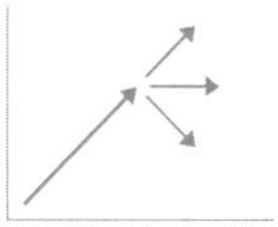	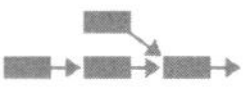	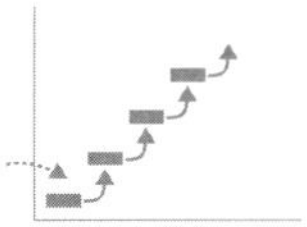

ば、企業目標を株主価値向上という狭量なものから、より広範囲の価値創造へと焦点を動かすための首尾一貫した方法がわかる。自社の価値要素は、地域社会や一般社会にいるパートナーに、どう伝えられているだろうか。要素別に見て、自社の価値構造を強化し、分野を拡大する機会はどこにあるのか。それに伴い、どのようなウィン・ウィンの解決策が生まれるのか。これらのつながりを明確にすることは、ステークホルダーの関心を、組織の周辺から戦略の中心へとしっかりと動かすための第一歩となる。

　本書で紹介した概念やフレーム

ワークを表7－1に示す。これらは今あるツールキットの置き換えではなく、新たに追加すべきものである。エコシステム戦略をしっかり理解すれば、従来の戦略ツールを適用するタイミングと調整の方法が理解できるだろう。

1 戦略を言語化する意義

リーダーの多くは戦略に対して、才能と経験によって鍛えられた直感を持っている。一方で、その戦略をわかりやすく示すことには苦戦するかもしれない。

戦略検討会議が予算や売上予想を話し合う場になりがちなのは、戦略を説明して議論するための効果的な言葉が存在しないためである。予算や売上予想は、面倒だが安心材料となる。つまり目標やターゲットを説明するためのお馴染みの方法であり、「数値をクリアしているか？」と尋ねて、進捗状況や課題を測る方法なのである。

企業は平時には予算を戦略の柱として用い、現行の方法で、現行の事業の進捗状況を確認して、何とか切り抜けている。しかし状況が変化した場合には、予算編成の意味はなくなり、不毛な言葉となってしまう。解決しようとしている課題の次元と比べて、かなり低い次元のものだからだ。

予算編成の平板さを埋め合わせるために、訴えや情熱に頼ろうとするリーダーも多い。情熱はエネルギーを与え、不確実な状況でコミットをするためのやる気を生むこともできる。しかし、情熱は個人的なものなのであり、道標にはならない。多様に解釈されやすいため、さまざまなグループに一貫して持続した行動をとってもらうには不向きなのである。人は、同じレベルの情熱を持っていても、自分が適切だと信じるほうへと向かうものである。そのギャップをどう埋めるか。さらに重要なのは、情熱を持った人が、自分が適切だと信じていた考えが採用されなかったときに熱意を失わないようにすることである。

情熱は、最初の刺激になり、動機にもなるが、道標にはならない。特製のソースや隠し味にはなっても、それだけでは食事にはならないのである。大規模で組織的な解決策が必要となる。

戦略立案者でなくても、戦略に精通する

本書で紹介した概念やツールが、戦略立案・分析のためだけに使われるのなら、その効果は半減するだろう。エコシステムの環境では、本書で考察した主題や構造、フレームワークは、戦略を説明して理解するための言語を提供するものだと理解すれば、その価値は倍増する。

正確に言うと、戦略は十分に練られる必要がある。さらに、影響を及ぼすためには、しっかりと理解される必要があるのだ。

こう自問してみよう。戦略は、組織のどの範囲の人に理解される必要があるのだろうか。組織の全員に戦略を考えてもらいたいとは思わないだろう。しかし、理解してほしいとは思うはずである。つまり、賛同（「戦略に賛成する」）は、理解（「戦略の裏にある理論をはっきり理解したことで、決断を迫られる際には、理路整然とした選択ができる」）を伴って初めて意味を持つのである。

しかし、戦略に従うとされる人が、それを伝えるための言葉を持たなければ、戦略は、埃をかぶったままで引き出しに眠るメモ書きで終わってしまう可能性もある。

つまり、戦略を開発するために、自分だけが鋭敏なアプローチをとっていても、十分とは言えない。チームにこちらの意図を正確に理解してもらうためには、相手も同じ言葉を理解する必要がある。つまり、「相手が戦略について説明できないとしたら、その戦略は理解されていないということになる」。

では、自分の考えをどうやって組織に広めればよいのだろうか。どのように伝え、かかわり合いを導くためにどう使えばよいのだろうか。その答えによって、本書の考えを使って個人がより賢明になるか、それとも集団でより効果を上げるかが分かれてくる。(1)

2 不確実な世界における信頼の限界

過去の世界も見かけほど単純なものではなかったが、現在のほうがより複雑で動きも早いと感じるにはそれなりの理由がある。多くの組織にとって、不確実性の高い状況で苦労しながら切り抜けるようなことは、今後さらに増えていく。

そのような中では、一貫した行動に対する一貫した理論が、今まで以上に求められる。もし深い洞察に基づく戦略があっても、それをわかりやすく説明ができないとしたら、せいぜい「適切なチーム」を探すくらいが関の山である。「理解する」人が見つかったとしても、それは彼らがおおむね適切な直感を持っているために、あまり説明する必要がないにすぎない。優れた戦略があってもそれを伝える言葉がなければ、歯がゆい思いをすることになるのだ。

この世界では、信頼は理解の代わりとなる。リーダーに見えていることが自分には見えないために、リーダーのビジョンを信じる必要があるのだ。しかし、リーダーの考えや行動がはっきり理解できたらどうだろうか。計画に対して今どこにいるかがはっきりとわかれば、信頼に頼る必要はなく、客観的な見方ができるだろう。

信頼は、困難な状況の中で忍耐強くあるための鍵となる。大きな価値があるが、非常に限られた資源でもある。問題は、信頼を、①進む方向やその理由を決める戦略に用いるか、それとも、②信念や良心の形で、不可避な障害や方向転換を切り抜ける実践に用いるかである。論理を説明するための言葉を持てば、①の部分ではあまり信頼を使わずに、②の部分に温存できるのだ。

3 終わりに

エコシステムの世界は、さまざまな可能性を作り出す。戦うべきゲーム、協力する手立て、リーダーとフォロワー双方が成功する立場などをこれまで以上に生み出す。多くを生み出す一方で、さらなる力学や複雑性の課題も出現し、失敗に終わる選択肢も増える。

旅の出発点は、成功と失敗の違いが、もはや勝ち負けの違いほど単純ではなくなったことを認めることにある。複雑な世界では、正しいゲームを選ぶことは、戦いの結果よりも大きな意味を持つ。間違ったゲームに勝つことは、負けることと変わらないからである。逆に、戦いを賢く選んでゲームを変える方法を見出せば、競争で大きな強みを得ることになる。

スリルに満ち、同時に困難な現在の状況を進む際に、本書が役立ってくれたら嬉しく思う。運が良くなるとか、運が味方をしてくれるというようなことは保証できない。その代わり、本書の考え方がきっかけとなり、読者の皆さんが、あまり運に頼らなくてもすむ戦略を策定し、あるいは、運の良い状況にいると気づいたときには、自分の決断を強化する自信を持てることを願っている。

あとがき

公共セクターに迫るエコシステム・ディスラプション

Confronting Ecosystem Disruption beyond the Private Sector

価値創造の力学、つまり、進化に力を与えて繁栄を後押しすることは、すべての組織にとって重要である。本書で取り上げたケースは、そのほとんどが営利組織のものだが、エコシステム・ディスラプションは、より広範な社会的ミッションを追求する組織にも差し迫っている。

公共セクターは長年、相互依存の上に存在してきた。一般的な価値提案をめざす非営利団体（NPO）、政府関係機関、基金、活動家たちは、あるときは一致団結して、あるときは対立しながらも、組織内や組織を超えた協働でしか対処できないような課題に直面している。

社会問題は複雑な構造を持っており、その性質上、複数の「枠」にまたがっている。社会問題の根本的な原因や、それがもたらす結果についての理解が深まるにつれて、枠の中に閉じたアプローチでは解決できないことが明らかになってきた。

- 医療の概念は従来の臨床医療の範囲を超えて、公衆衛生の課題に取り組むために広がっている。現在では医療提供者や保険会社が取り組むべき事柄には、ライフスタイルや食生活、生鮮食品入手の手段、管理不足の建物に潜む喘息の原因となる菌の除去などが含まれる。

- 人種差別や精神衛生、経済格差などに取り組むため、警察組織のあり方が再検討されている。法の執行やコミュニティのつながり、社会サービス自体が議論され、再び協議されている。
- 環境問題に対する懸念は、目に見える形で現れている。環境破壊の影響は、汚染された水や空気から、海面上昇や大規模火災にまで拡大している。世界的な課題に影響を与えるには、地域の行動をまとめる必要がある。

こうしたリストは長く、さらに増えつつある。このような課題への対応は、啓発的な選択（たとえば公衆衛生を、幸福への実り多いアプローチとして考える）から、強制的な対応（海面上昇を「選択した」人はいない）まで、さまざまである。しかしすべてにおいて、価値提案を定義し直し、活動の枠組みを引き直すものとなる。これらの変化により、内在する価値構築や立場、役割を新たに検証する必要が出てくる。これらの課題に対して、エコシステムのレンズを通したアプローチをとれば、効果的に対応することが可能となり、成功する確率が上がるのだ。

本書で紹介した考え方を、NPOや政治家、規制当局、あるいは社会変革に貢献しようとする営利団体の観点から見直すこともできる。自組織のエコシステムを理解し、協働を考え直し、リーダーシップを再検討し、今までのような戦いではなく適切な戦いをしていることを確認しようというメッセージは、成功の指標が個人の利益にあるか社会福祉にあるかにかかわらず当てはまる。実際、NPOや制約を抱える政府機関など、さらに多数の資源に頼る機関が、緊急性のある社会的ニーズに対応している。

公共セクターのプレイヤーは、エコシステム内の組織や立場によって、さまざまな手段を利用できる。たとえば、他者の環境を作る能力、資源を管理する能力、権威を加えたり除いたりする能力などである。これらの手段を発揮するには努力と時間が必要であり、いったん発揮させれば、それを撤回することは難しい。思ったよりも動きが遅く反応も遅いが、うまく作動すれば、素晴らしい結果を生む。これらの手段が持つ力は、非常に重要な戦略に対するアプローチの効力をさらに高めてくれる。

本書を執筆している二〇二一年一月現在、世界は新型コロナウイルス(COVID－19)のパンデミックと戦っている。これは、エコシステム・ディスラプションの事例としては控えめなものだが、グローバルな出来事であるために、各国間の関係や国内での関係を変化させている。COVID－19はウイルスであり、通常であれば医療システムの課題ではあるが、世界のほぼすべての活動に影響を与えている。そして、今までにない方法でのかかわりや協働によって対応することが迫られている。その範囲は社会機関や政府機関を超えて、商業や通商、司法、国際関係、労使関係、教育、住宅、交通などに及んでいる。

パンデミックにより、一組織の権限を超えた大きな目標を求める際、役割やコミュニケーションを考え直すことが求められるようになった。事態の収束は、多くの人や組織がともに協力して勇敢な行動をとり、イノベーションを起こせるかどうかにかかっている。ただし、この危機を超えた後も、今後直面する課題と機会は、引き続き一層複雑で境界を横断するものとなるだろう。

社会的使命の緊急性は増す一方であり、使命を達成する複雑性そのものも増しつつある。しかし一方で、協働を可能にするツールや技術も早いペースで進化している。より効果的な戦略とそのような資源を統合することができれば、未来に向けて希望を持つことができる。

謝辞

私は本を執筆する際に、まず書き連ねて、あとから手を入れる方法をとっている。草稿を見返して、最終稿との大きな変化を比べるのは、執筆者の醍醐味である。草稿の執筆は一人で行うが、書き直しの段階では、同僚や友人が質問し、背中を押し、アイディアを引き出し、議論をし、ケースを提供してくれるなどして、彼らとのかけがえのないやり取りが生まれる。彼らに時間をとってもらい、知見や判断を仰げたことは大変な名誉で、ありがたく思う。

勤務先の大学の同僚である教員、過去から現在にかけての生徒たち、さまざまな企業トップや経営幹部たちから、多くのヒントを得た。特に、次の方々に感謝を捧げる。

ジョディ・アキン、エリザベス・アルトマン、エリック・アンダーソン、ピノ・オーディア、グル・バンデーカー、マニッシュ・バンダーリー、マイク・ケイヒル、キュー・デララ、ポール・ダノス、ブレイク・ダーシー、アリソン・エプスタイン、ダン・フェイラー、シドニー・フィンケンシュタイン、ピーター・フィッシャー、ジョバンニ・ガベッティ、モートン・ハンセン、コンスタンス・ヘルファト、ビル・ヘルマン、マーティン・ハダート、スティーブ・カール、ラーフル・カプール、ケビン・ケラー、アダム・クレインバウム、スレーシュ・クマール、トレバー・レイヒー、J・レイモン・レクオナ、リンゼー・レニガー、ダニエル・レビンソール、マービン・リーバーマン、アメリア・ルービー、ジョン・リンチ、ベツアバ・マダニ・ハーマン、キャシー・マリタン、ロブ・メッシーナ、マーカス・モーガン、デビッド・ニコルズ、スティーブ・オブラック、ウォルト・オコ、ジェフ・ラルストン、スブラマニアン・ランガン、ダン・ライヒャー、アプルバ・サチェティ、スティーブ・サッソン、ジョセフ・セジウィック、ウィリー・シー、ピーター・シソン、カレン・スランスキ、アルバ・テイラー、ジェルシー・トロサ、ドン・トリグ、テレス・ヴァン・ライン、ウィリアム・ビンセント、ジム・ワインスタイン、シドニー・ウィンター、ブライアン・ウー、ピーター・ゼムスキー。

ダートマス大学タックビジネススクールのマット・スローター学長とリーダー諸氏、そしてダートマス大学が、このうえない研究と教育の環境を維持し高めてくれたことで、本書のアイディアを結実させることができた。そして、ストラテジー・インサイト・グループの同志であるジェニファー・エンディコットとブランドン・スミスも、私の考察に貢献し、それを実際に組織に応用し、優れた成果をあげてくれた。そして、本書の素晴らしいグラフィックデザインを提供してくれたスティーブ・スタンキーウィックにも御礼申し上げる。

そして、本書執筆の最初から最後まで、かけがえのない行動力、創意工夫、知見を持って貢献してくれたアレクシア・ポールにも大いに感謝する。

著作権代理人であり、人柄も知性も誠実で尊敬するエスモンド・ハームスワースは、本書執筆のさまざまな段階で、知恵と助言を与えてくれた。ＭＩＴプレスの優秀な編集者であるエミリー・タバーは、パートナーシップの基準を再定義するほどに、言葉では表せなかったアイディアを掘り下げ、時間と知見を十二分に尽くして、原稿を本にしてくれた。

最後に、何よりも大切な家族に、この場を借りてありがとうと伝えたい。

原注
Notes, Sources and Citations

ディスカッションのためのガイド，用語集，図表は著者のウェブサイト（www.ronadner.com）で入手できる．

第1章

(1) Ernest Scheyder, "Focus on Past Glory Kept Kodak from Digital Win," *Reuters*, January 19, 2012 (https://www.reuters.com/article/us-kodak-bankruptcy-idUSTRE80I1N020120119).

(2) Ben Dobbin, "Digital Camera Turns 30—Sort of," *NBC News*, updated September 9, 2005 (http://www.nbcnews.com/id/9261340/ns/technology_and_science-tech_and_gadgets/t/digital-camera-turns-sort/#.XKt2UxNKjFw).

(3) コダックは米連邦破産法11条の適用を申請して経営破綻した後，2013年に再生を果たして以前とは異なる企業になっている．再生後の動きは，本書では扱わない．

(4) Kodak press release, September 25, 2003. Reposted in Digital Technology Review, "Kodak Unveils Digitally Oriented Strategy" (https://www.dpreview.com/articles/1030464540/kodakdigital).

(5) "Kodak Is the Picture of Digital Success," *Bloomberg*, January 4, 2002 (http://www.bloomberg.com/bw/stories/2002-01-03/kodak-is-the-picture-of-digital-success).

(6) "Mistakes Made on the Road to Innovation," *Bloomberg*, November 27, 2006 (http://www.bloomberg.com/bw/stories/2006-11-26/mistakes-made-on-the-road-to-innovation).

(7) Amy Yee, "Kodak's Focus on Blueprint for the Digital Age," *Financial Times*, January 25, 2006 (https://www.ft.com/content/c04a65cc-8de0-11da-8fda-0000779e2340).

(8) Emily Bella, "The 10 Most Expensive Liquids in the World," *BBC News Hub*, December 15, 2017.

(9) HPのヴァイスプレジデントのビル・サリバンの発言。以下の社内報の記事から引用。Sam Lightman, "Creating the Tools for the Pioneers," *Measure*, March-April 2000, pp.18-19 (http://hparchive.com/measure_magazine/HP-Measure-

2000-03-04.pdf).

(10) William M. Bulkeley, "Kodak Sharpens Digital Focus on Its Best Customers: Women," *Wall Street Journal*, updated July 6, 2005 (http://www.wsj.com/articles/SB112060350610977798).

(11) "Kodak Investor Review—Kiosks," WW Kiosk SPG Consumer Digital Group, November 2006, p.2 (http://media.corporate-ir.net/media_files/IROL/11/115911/reports/consumer1106.pdf).

(12) Marcia Biederman, "Meet You at the Photo Kiosk," *New York Times*, March 17, 2005 (https://www.nytimes.com/2005/03/17/technology/circuits/meet-you-at-the-photo-kiosk.html).

(13) Eastman Kodak Company, 2007 Annual Report, December 31, 2007, p.5 (http://www.annualreports.com/HostedData/AnnualReportArchive/e/NASDAQ_KODK_2007.pdf).

(14) Willy Shih, "The Real Lessons from Kodak's Decline," *MIT Sloan Management Review*, May 20, 2016 (https://sloanreview.mit.edu/article/the-real-lessons-from-kodaks-decline/).

(15) Andrew Martin, "Negative Exposure for Kodak," *New York Times*, October 20, 2011 (http://www.nytimes.com/2011/10/21/business/kodaks-bet-on-its-printers-fails-to-quell-the-doubters.html).

(16) ポーターは2008年に「５つの競争要因（ファイブフォース）」フレームワークに立ち戻り，業界の境界には，主に２つの面があるという見方を明らかにした．それは「製品・サービスの範囲」と，「地理的な範囲」である．Michael E. Porter, "The Five Competitive Forces That Shape Strategy," *Harvard Business Review* 86, no. 1 (2008): 25-40; 38［編集部訳「改訂 競争の戦略」『DIAMONDハーバード・ビジネス・レビュー』2011年６月号：32-59］を参照．これはリトマス試験として利用できるものである．この２つの範囲で競合が定義できると考えるなら，従来の業界分析のアプローチで十分だ．もしそうでなければ，エコシステム的なアプローチが必要となる．

(17) Clayton Christensen, *The Innovator's Dilemma: When New Technologies Cause Great Firms to Fail* (Boston: Harvard Business School Press, 1997)［玉田俊平太監修，伊豆原弓訳『イノベーションのジレンマ（増補改訂版）——技術革新が巨大企業を滅ぼすとき』翔泳社，2001年］.

(18) Ellie Kincaid, "CVS Health CEO Larry Merlo Says Completed Purchase of Aetna Will Create 'A New Healthcare Model,'" *Forbes*, November 29, 2018 (https://www.

forbes.com/sites/ elliekincaid/2018/11/29/cvs-health-ceo-larry-merlo-says-buying-aetna-will-create-a-new-healthcare-model/#529463d842c1).

(19) この定義の内容は以前，Ron Adner, “Ecosystem as Structure: An Actionable Construct for Strategy,” *Journal of Management* 43, no. 1 (2017): 39-58 (https://doi.org/10.1177/0149206316678451 open access) で紹介している．この論文では，本書で定義する「構造としてのエコシステム」の概念と，「プラットフォーム」や「多面性のある市場」を論じる際に用いる「アフィリエーションとしてのエコシステム」の概念とを，はっきりと区別している．

「構造」の文脈では，具体的なパートナーが価値提案に向けて明確ではっきりした貢献を行うことにより，つながりを構築することに注目している．最大の課題は連携にあり，それが本書の焦点でもある．一方で「アフィリエーション」の文脈では，他のプレイヤーとの仲介的なポジションを作り出すことが課題となる．ここでの主な論点は，新たに生まれるつながりを可能にするためのアクセス，開放性，支払い条件，ネットワーク効果の促進である．この視点で考えると，プラットフォームと産業は，やり取りが生まれる場には確立した構造のようなものが存在するとした点で類似している．このような理由からプラットフォームは，一般的にエコシステムの基礎が確立されて初めて構築されるものとなる．

構造的側面とアフィリエート的側面は，所与の状況で共存できるが，運用に際しては異なる戦略が使われる．エコシステムの構築が相互依存に至る他のアプローチとどのようにかかわるかに関して（たとえばビジネスモデル，サプライチェーン，バリューチェーン，プラットフォーム，オープンイノベーション，バリューネットなど），戦略の観点から関心のある読者は，”Ecosystem as Structure: An Actionable Construct for Strategy”を参照してほしい．また，プラットフォームに関する詳しい考察については，Geoffrey G. Parker, Marshall W. Van Alstyne, and Sangeet Paul Choudary, *Platform Revolution: How Networked Markets Are Transforming the Economy and How to Make Them Work for You* (New York: W. W. Norton & Company, 2016)［妹尾堅一郎監訳，渡部典子訳『プラットフォーム・レボリューション——未知の巨大なライバルとの競争に勝つために』ダイヤモンド社，2018年］を参照．

(20) エコシステムのサイクルは，連携の構造の進化と退化に注目したものだ．その点で，技術的選択のライフサイクルモデルとは異なり（たとえば，William J. Abernathy and James M. Utterback, “Patterns of Industrial Innovation,” *Technology Review* 80, no. 7 [1978]: 40-47; Philip Anderson and Michael L. Tushman, “Technological Discontinuities and Dominant Designs: A Cyclical Model

of Technological Change," *Administrative Science Quarterly* 35, no. 4 [1990]: 604-633)，技術的進化のライフサイクルモデルとも異なる(たとえば，Richard Foster, *Innovation: The Attacker's Advantage* [New York: Summit Books, 1986]［大前研一訳『イノベーション――限界突破の経営戦略』TBSブリタニカ，1987年］)．エコシステムのサイクルは，かかわりがパターン化した状況の出現や(たとえば，Brian Uzzi, "Social Structure and Competition in Interfirm Networks: The Paradox of Embeddedness," *Administrative Science Quarterly* 42, no. 1 [1997]: 35-67; Thomas P. Hughes, *Networks of Power: Electrification in Western Society, 1880-1930* [Baltimore, MD: Johns Hopkins University Press, 1993]［市場泰男訳『電力の歴史』平凡社，1996年］)，破綻の可能性にかかわるものである．

(21) 価値提案と活動とをつなぐ価値要素をまとめた価値構造は，コンセプト，定義ともにここで初めて紹介する．前著である*The Wide Lens: What Successful Innovators See That Others Miss* (New York: Penguin/Portfolio, 2013)［清水勝彦監訳『ワイドレンズ――イノベーションを成功に導くエコシステム戦略』東洋経済新報社，2013年］では，「価値設計図(バリュー・ブループリント)」の概念と手法について紹介している．これはエコシステムのマップであり，プレイヤー間の相互依存の構造を明らかにするとともに，戦略的盲点を生む，適応およびコーイノベーションに関する課題が存在する位置を特定するものとなる．図1-3では，価値設計図は「活動」レベルのツールキットとなっている．

(22) 本書で紹介する価値構造の構築は，戦略的な考え方で用いられてきた「構造(アーキテクチャー)」の概念とは異なるものだ．これは既存の流れと対比すれば，はっきり理解できるだろう．

価値構造は，技術や活動，機能の特性あるいは物理的な構成要素を用いて具体的に明示するというより，価値要素の観念的，表象的な選択に根差したものである．したがって，レベッカ・ヘンダーソンとキム・B・クラークによる画期的な論文"Architectural Innovation: The Reconfiguration of Existing Product Technologies and the Failure of Established Firms," *Administrative Science Quarterly* (1990): 9-30で考察される製品アーキテクチャーの概念とは異なる．製品アーキテクチャーの概念は，実際の製品の構成要素間のつながりに注目したもので，構成要素のかかわりの変化に注目するものだ．「構造上の革新は，そのデザインの大きさや従属的なパラメーターなど，構成要素の変化がきっかけとなるケースが多い．その構成要素が，既存の製品の別の構成要素と新たなかかわりやつながりを作るのだ．重要なのは，各製品を支える中心的なデザインの概念

や，関連する科学や工学に関する知見は変化しない点だ」(p.12)．たとえば，情報フィルターやコミュニケーションチャネルの役割といった変化に関する組織的な意味合いを議論する場合でも，この文脈では物理的な技術の役割に回帰することになる．この表象的な選択と物理的なインターフェイスとの区別は同様に，本書でのアプローチとモジュラーデザインの考え方とを区別するものでもある．たとえば，Carliss Y. Baldwin and Kim B. Clark, *Design Rules: The Power of Modularity*, vol. 1 (Cambridge, MA: MIT Press, 2000)［安藤晴彦訳『デザイン・ルール――モジュール化パワー』東洋経済新報社，2004年］；Karl Ulrich, "The Role of Product Architecture in the Manufacturing Firm," *Research Policy* 24, no. 3 (1995): 419-440を参照してほしい．

また，価値構造の考えは，インダストリーアーキテクチャー(IA)の考えとも異なる(たとえば，Michael G. Jacobides, Thorbjørn Knudsen, and Mie Augier, "Benefiting from Innovation: Value Creation, Value Appropriation and the Role of Industry Architectures," *Research Policy* 35, no. 8 [2006]: 1200-1221)．IAとは，労働分野が産業バリューチェーンをまたぐ利益分野に大きな影響を及ぼすことに注目するものだ．

これとは異なるが，活動システムを表すものは，財やサービスを生産する企業の供給側の活動に注目している．たとえば，Nicolaj Siggelkow, "Evolution toward Fit," *Administrative Science Quarterly* 47, no. 1 (2002): 125-159を参照．対照的に，価値構造を構成する価値要素は，生産に必要な活動よりも，より広範囲かつ高レベルに存在する．さらに，価値要素は既定の価値提案の構築にかかわる複数のパートナー企業の活動を積極的に取り入れることが可能である．つまり，1社のみの活動，あるいは認識と結びついたものではないのだ．

最後に，価値構造に置かれた価値要素は，具体的な製品やサービスに対する顧客の好みをマッピングするための特性とは異なる．それぞれの価値要素は，互いに明確な関係を持ち価値構築を導いている．つまり，価値構造は製品やサービスの機能を細分類したリストではない．価値構造は，W. Chan Kim and Renée Mauborgne, *Blue Ocean Strategy: How to Create Uncontested Market Space and Make the Competition Irrelevant* (Boston: Harvard Business School Press, 2005)［入山章栄監訳，有賀裕子訳『[新版] ブルー・オーシャン戦略――競争のない世界を創造する』ダイヤモンド社，2015年］で示される価値曲線の考察とは対照的なものである．この観点から，価値構造は，価値曲線における顧客に注目を置く特性と，バリューチェーンの供給サイドの活動とを橋渡しする存在であると考えられる．

(23) 価値は，戦略の議論で必ず登場する概念である．学術的な考察においては，価値創造と価値獲得とのバランスについて深く掘り下げられている．これは，バリューチェーンの性質と力学である．「価値に基づく戦略（バリューベース・ストラテジー）」というサブフィールドがあるほどだが，その第1原則が，付加価値と支払意思額（WTP）の概念である．WTPは強力な概念で，価値に基づく戦略を，顧客が認める価値に関する活動の影響に着目させるものである．このアプローチは，企業の業績にとって，補完財をサプライヤーやバイヤー（買い手）と同じくらい重要な存在にするためには必須であり，価値獲得の範囲を考察する新たなレンズを提供してくれるものでもある．価値に基づく戦略の成り立ちに関しては，Adam M. Brandenburger and Barry J. Nalebuff, *Co-opetition* (New York: Currency/Doubleday, 1996)［嶋津祐一・東田啓作訳『ゲーム理論で勝つ経営――競争と協調のコーペティション戦略』日経ビジネス人文庫，2003年］；Adam M. Brandenburger and Harborne W. Stuart Jr., "Value-Based Business Strategy," *Journal of Economics & Management Strategy* 5, no. 1 (1996): 5-24を参照．

一方で，価値の概念は常に登場するものの，決まって抽象的でもある．WTPは，理論的な需要曲線の個々の地点や，その動きを明らかにする強力な抽象概念だ．その意味では需要サイドにおける，供給サイドの「製品」と同等な存在である．WTPは実際に価値を構成しているものを抽象化するが，そうすることで価値創造の性質そのものをひっくり返す可能性のある，より高次の変化といった目に見えない重要な力学を説明するものだ．価値構造の構築により，企業が戦略の中核に据える価値創造の固有の理論につながることが可能となる．したがって，「具体的な企業」が，WTPの基盤となるドライバーに対してとるアプローチを精査することができる．要素の間にある構造を取り入れることで，プラットフォームができる．プラットフォームがあることで，余剰をめぐって交渉する補完財企業やコーペティター（競合関係にあるが互いに利益を得るために協力する企業）といった全般的な役割を超えて，価値創造の目標や構造をまとめる際に生まれる具体的な関係性や緊張関係を考えることにシフトすることになる．このようなアプローチは相互に一貫したものであり，なおかつ相互にプラスとなる．つまり，ここには検証すべき，実り多いかかわりがあるのだ．

(24) 価値創造が中心的企業の価値を高めるようなパートナーを「補完財企業」と定義するなら，サプライヤーも分析の対象にするべきということになる．これは今までのアプローチとは大きく異なり，枠を超えた脅威を認識するために重要となる．補完財企業が中核企業をひっくり返す可能性がある３つの状態については，Ron Adner and Marvin Lieberman. "Disruption through Complements," *Strategy*

Science 6, no. 1 (2021): 91-109 (https://pubsonline.informs.org/doi/10.1287/stsc.2021.0125) で詳細に考察を行っている．この論文では，この理論を用いてモビリティエコシステムにおけるシナリオを考察している．

(25) Statista Research Department, "Sales of Digital Photo Frames in the United States from 2006 to 2010," *Statista*, July 31, 2009 (https://www.statista.com/statistics/191937/sales-of-digital-photo-frames-in-the-us-since-2006/).

(26) Rick Broida, "Does It Still Make Sense to Buy a Digital Photo Frame?," *cnet*, May 4, 2012 (https://www.cnet.com/news/does-it-still-make-sense-to-buy-a-digital-photo-frame/).

(27) Lexmark International, Inc., 2010 Annual Report, December 31, 2010, p.6 (https://www.sec.gov/Archives/edgar/data/1001288/000119312513077056/d475908d10k.htm).

(28) "Lexmark International: Why Is a Printer Company Trying to Reduce Print?," *Seeking Alpha*, June 3, 2013 (https://seekingalpha.com/article/1477811-lexmark-international-why-is-a-printer-company-trying-to-reduce-print?page=2).

(29) 買収価格については，ビューロー・バンダイク社によるデータベースZephyrを参照(アペックス・テクノロジー，PAGアジア・キャピタルが率いる投資家連合によるレックスマーク買収，取引番号1909300149［https://zephyr-bvdinfo-com/　2021年１月26日アクセス］．企業価値に関する情報は，S&PキャピタルIQより(レックスマーク・インターナショナル・インクの業績，資本実績［https://www.capitaliq.com/　2021年1月26日アクセス］．

(30) Ron Adner, "Many Companies Still Don't Know How to Compete in the Digital Age," *Harvard Business Review*, March 28, 2016 (https://hbr.org/2016/03/many-companies-still-dont-know-how-to-compete-in-the-digital-age).

(31) この部分は，Ron Adner, "Many Companies Still Don't Know How to Compete in the Digital Age," *Harvard Business Review*, March 28, 2016 (https://hbr.org/2016/03/many-companies-still-dont-know-how-to-compete-in-the-digital-age)［邦訳「コダック破綻のケースから学ぶ，IoT時代の破壊的変化に対応する方法」DIAMONDハーバード・ビジネス・レビュー・オンライン，2016年6月21日(https://www.dhbr.net/articles/-/4340)］を参考にしている．

(32) Tiernan Ray, "Apple, RIM: A Kodak Win Could Mean $1B Settlement, Says RBC," *Barron's*, June 23, 2011 (https://www.barrons.com/articles/BL-TB-33151).

(33) Ron Adner and Daniel Snow, "Bold Retreat: A New Strategy for Old Technologies," *Harvard Business Review* 88, no. 3 (March 2010): 76-81 (https://

hbr.org/2010/03/bold-retreat-a-new-strategy-for-old-technologies).

(34) Kim Brady, "Photo Printing Is on the Rise," *Digital Imaging Reporter*, January 10, 2018 (https://direporter.com/industry-news/industry-analysis/photo-printing-rise).

(35) 2020年5月6日に行われた，スティーブ・サッソン（デジタルカメラの発明者）と著者との会話.

第2章

(1) Kasey Wehrum, "Special Report: Wayfair's Road to $1 Billion," *Inc.*, April 3, 2012 (https://www.inc.com/magazine/201204/kasey-wehrum/the-road-to-1-billion-growth-special-report.html).

(2) Jeffrey F. Rayport, Susie L. Ma, and Matthew G. Preble, "Wayfair," Harvard Business School, June 12, 2019, Case Study 9-819-045, p.7.

(3) Abram Brown, "How Wayfair Sells Nearly $1 Billion Worth of Sofas, Patio Chairs and Cat Playgrounds," *Forbes*, April 16, 2014 (https://www.forbes.com/sites/abrambrown/2014/04/16/how-wayfair-sells-nearly-1-billion-worth-of-sofas-patio-chairs-and-cat-playgrounds/).

(4) ベンチャー企業スパーク・キャピタルでジェネラルパートナーを務めるアレックス・フィンケルスタインの発言．ケーシー・ウェラムによる以下の記事から引用．"Special Report: Wayfair's Road to $1 Billion."

(5) Janice H. Hammond and Anna Shih, "Wayfair: Fast Furniture?," Harvard Business School, May 10, 2019, Case Study 9-618-036, p.8.

(6) Wayfair, Inc., "Third Quarter Fiscal Year 2014 Earnings Conference Call," November 10, 2013, p.2 (https://s24.q4cdn.com/589059658/files/doc_financials/quaterly/2014/q3/final-111014-wayfair-inc-3q-results.pdf).

(7) Wayfair, Inc., "Wayfair Announces First Quarter 2017 Results," September 5, 2017 (https://investor.wayfair.com/news/news-details/2017/Wayfair-Announces-First-Quarter-2017-Results/default.aspx).

(8) Makeda Easter, "Amazon Hopes to Dominate Yet Another Market—Furniture," *Los Angeles Times*, May 12, 2017 (https://www.latimes.com/business/la-fi-amazon-furniture-push-20170512-story.html).

(9) Anita Balakrishnan, "Wayfair Shares Tumble amid Report of Amazon Furniture

Push," *CNBC*, April 24, 2017 (https://www.cnbc.com/2017/04/24/wayfair-stock-moves-amid-report-of-amazon-competition.html).

(10) Tyler Durden, "Wayfair Tumbles after Amazon Launches Furniture Seller Program," *Zero Hedge*, April 24, 2017 (https://www.zerohedge.com/news/2017-04-24/wayfair-tumbles-after-amazon-launches-furniture-seller-program).

(11) Carl Prindle, "Amazon's New Furniture Seller Program: What It Means for Wayfair and Furniture Retailers." *Blueport Commerce*, April 28, 2017 (https://www.blueport.com/blog/amazons-new-furniture-seller-program-means-wayfair-furniture-retailers/).

(12) Chris Sweeney, "Inside Wayfair's Identity Crisis," *Boston Magazine*, October 1, 2019 (https://www.bostonmagazine.com/news/2019/10/01/inside-wayfair/).

(13) 2017年1月～3月期に9億6080万ドルだったウェイフェアの売上は，2020年7月～9月期には38億ドルとなった．同期間に時価総額は，33億7200万ドルから303億4000万ドルとなった．

(14) 2020年1月に行われた，ウェイフェアのCMOスティーブ・オブラクと著者との会話．

(15) オブラクと著者との会話．

(16) Wayfair Inc., 2016 Annual Report, December 31, 2016, p.5 (https://www.annualreports.com/HostedData/AnnualReportArchive/W/NYSE_W_2016.pdf).

(17) Wayfair Inc., 2018 Annual Report, December 31, 2018, 4 (https://www.annualreports.com/HostedData/AnnualReportArchive/W/NYSE_W_2018.PDF).

(18) ウェイフェアでアルゴリズムおよびアナリティクス・グローバルヘッドを務めるジョン・キムの発言．スマン・バッタチャリアによる以下の記事から引用．"How Wayfair Is Personalizing How You Buy Your Furniture Online," *Digiday*, August 24, 2018 (https://digiday.com/retail/wayfair-personalizing-buy-furniture-online/).

(19) "Wayfair Launches Visual Search, Lets Shoppers Instantly Find and Shop the Styles They See and Love," Wayfair Inc. press release, May 16, 2017 (https://www.businesswire.com/news/home/20170516005302/en/Wayfair-Launches-Visual-Search-Lets-Shoppers-Instantly).

(20) スティーブ・コーナインの発言．ジェフ・バウター・エンゲルによる以下の記事から引用．"Wayfair's Steve Conine on the Amazon Threat, Adopting A.I. & More," *Xconomy*, January 28, 2019 (https://xconomy.com/boston/2019/01/07/wayfairs-steve-conine-on-the-amazon-threat-adopting-a-i-more/2/).

(21) Charles Arthur, "Navigating Decline: What Happened to TomTom?," *The Guardian*, July 21, 2015 (https://www.theguardian.com/business/2015/jul/21/navigating-decline-what-happened-to-tomtom-satnav).
(22) "Global Market Size of Portable Navigation Devices from 2005 to 2015," Statista Research Department, January 2011 (https://www.statista.com/statistics/218112/forecast-of-global-pnd-market-size-since-2005/#:~:text=Forecast%3A%20global%20PND%20market%20size%202005%2D2015&text=The%20statistic%20illustrates%20the%20worldwide,be%2035%2C100%2C000%20units%20in%202015).
(23) "Global PND Market Share 2007-2009, by Vendor," Statista Research Department, May 24, 2010 (https://www.statista.com/statistics/218080/global-market-share-of-garmin-since-2007/).
(24) Paul Smith, "Google Maps Couldn't Kill TomTom, Now It Is Poised for a Driverless Future," *Australian Financial Review*, January 25, 2016 (https://www.afr.com/technology/google-maps-couldnt-kill-tomtom-now-it-is-poised-for-a-driverless-future-20160122-gmbtzu).
(25) "TomTom CEO Has No Regrets about Tele Atlas Buy." *Reuters*, February 24, 2009 (https://www.reuters.com/article/idUSWEA868520090224).
(26) "TomTom to Buy Tele Atlas Digital Mapper," *UPI*, July 23, 2007 (https://www.upi.com/TomTom-to-buy-Tele-Atlas-digital-mapper/98291185220104/print).
(27) Daniel McGinn, "Can Garmin Maintain GPS Lead?," *Newsweek*, November 9, 2007 (https://www.newsweek.com/can-garmin-maintain-gps-lead-96469).
(28) Keith Ito, "Announcing Google Maps Navigation for Android 2.0," *Google Official Blog*, October 28, 2009 (https://googleblog.blogspot.com/2009/10/announcing-google-maps-navigation-for.html).
(29) ソシエテ・ジェネラルのアナリストによる発言．サラ・ターナーの以下の記事から引用．"TomTom Stock Loses Its Way," *MarketWatch*, November 23, 2009 (https://www.marketwatch.com/story/tomtom-stock-loses-its-way-2009-11-22).
(30) Arthur, "Navigating Decline: What Happened to TomTom?"
(31) Toby Sterling, "TomTom CEO Says Its Maps Destined for Use in Self-Driving Cars," *Reuters*, May 4, 2015 (https://www.reuters.com/article/us-tomtom-autos/tomtom-ceo-says-its-maps-destined-for-use-in-self-driving-cars-idUSKBN0NP0DZ20150504).
(32) 役員会メンバーであるアライン・デ・タイの発言．ナタリア・ゾロズディアッ

クの以下の記事から引用．“TomTom Maps Out Revamp with Bet on Self-Driving Cars,” *Transport Topics*, September 4, 2019 (https://www.ttnews.com/articles/tomtom-maps-out-revamp-bet-self-driving-cars).

(33) TomTom, “TomTom Group Strategy,” September 24, 2019, p.2 (https://corporate.tomtom.com/static-files/63c51b37-d16c-40a1-9082-af7436da5bdb).

(34) TomTom, “TomTom Group Strategy,” September 24, 2019, p.4, およびキャピタル・マーケット・デイのプレゼンテーション (https://corporate.tomtom.com/static-files/63c51b37-d16c-40a1-9082-af7436da5bdb).

(35) Drozdiak, “TomTom Maps Out Revamp with Bet on Self-Driving Cars.”

(36) Ingrid Lunden, “Taylor Swift Would Have Made $6M This Year on Spotify (1989 Pulled in $12M in 1st Week),” *Tech Crunch*, November 11, 2014 (https://techcrunch.com/2014/11/11/taylor-swift-was-on-track-to-make-6m-this-year-on-spotify-says-ceo-daniel-ek/?ga=2.253692553.1604568107.1610556440-2057245517.1610556440&guccounter=1).

(37) Janko Roettgers, “Spotify Has Become the World's Most Popular Music Streaming App,” *Variety*, December 1, 2015 (https://variety.com/2015/digital/news/spotify-has-become-the-worlds-most-popular-music-streaming-app-1201650714/).

(38) マシュー・ジョンソンによる以下の記事から引用．“Investing in Apple Stock (AAPL).” *Investopedia*, October 21, 2020 (https://www.investopedia.com/investing/top-companies-owned-apple/).

(39) Micah Singleton, “Apple Pushing Music Labels to Kill Free Spotify Streaming Ahead of Beats Relaunch,” *The Verge*, May 4, 2015 (https://www.theverge.com/2015/5/4/8540935/apple-labels-spotify-streaming).

(40) Michael Bizzaco and Quentyn Kennemer, “Apple Music vs. Spotify,” *Digital Trends*, February 18, 2021 (https://www.digitaltrends.com/music/apple-music-vs-spotify/).

(41) “Spotify Technology S.A. Announces Financial Results for Fourth Quarter 2020,” Spotify Technology S.A. press release, February 3, 2021 (https://investors.spotify.com/financials/press-release-details/2021/Spotify-Technology-S.A.-Announces-Financial-Results-for-Fourth-Quarter-2020/default.aspx).

(42) Alison Wenham, “Independent Music Is a Growing Force in the Global Market,” *Music Business Worldwide*, July 21, 2015 (https://www.musicbusinessworldwide.com/independent-music-is-a-growing-force-in-the-global-market/).

(43) ワーナーミュージックのヴァイスプレジデントを務めるポール・ヴィディッチの発言．スティーブ・ノッパーの以下の記事から引用．“ITunes' 10th Anniversary: How Steve Jobs Turned the Industry Upside Down,” *Rolling Stone*, June 25, 2018 (https://www.rollingstone.com/culture/culture-news/itunes-10th-anniversary-how-steve-jobs-turned-the-industry-upside-down-68985/).

(44) Tim Arango, “Despite iTunes Accord, Music Labels Still Fret,” *New York Times*, February 2, 2009 (https://www.nytimes.com/2009/02/02/business/media/02apple.html).

(45) Knopper, “ITunes' 10th Anniversary.”

(46) U.S. Sales Database, “U.S. Recorded Music Revenues by Format, 1973–2019,” Recording Industry Association of America, accessed February 11, 2020 (https://www.riaa.com/u-s-sales-database/).

(47) ゲイリー・スティフェルマン弁護士の発言．ジョン・ヒーリーとジェフ・リードの以下の記事から引用．“Online Music Alters Industry's Sales Pitch,” *Chicago Tribune*, August 27, 2018 (https://www.chicagotribune.com/news/ct-xpm-2004-04-30-0404300079-story.html).

(48) Paul Bond, “Warner Music Group CEO: Steve Jobs Got the Best of Us,” *Hollywood Reporter*, February 1, 2012 (http://www.hollywoodreporter.com/news/steve-jobs-apple-itunes-warner-music-group-286265).

(49) James Sturcke, “Microsoft ‘Ends Music Download Talks,’” *The Guardian*, October 5, 2005 (https://www.theguardian.com/technology/2005/oct/05/news.microsoft).

(50) ガートナーG2で アナリストを務めるマイク・マクガイヤーの発言．チャールズ・デュイグの以下の記事から引用．“Apple Renews 99-Cent Song Deals,” *Los Angeles Times*, May 3, 2006 (https://www.latimes.com/archives/la-xpm-2006-may-03-fi-apple3-story.html).

(51) 匿名の情報筋による．グレン・ピープルの以下の記事から引用．“Fight between Apple and Spotify Could Change Digital Music; Labels Said to Reject Pricing below $9.99,” *Billboard*, March 9, 2015 (https://www.billboard.com/articles/business/6494979/fight-between-apple-and-spotify-could-change-digital-music-labels-said-to).

(52) 匿名の情報筋による．ティム・インガムの以下の記事から引用．“Spotify Is Out of Contract with All Three Major Labels—and Wants to Pay Them Less,” *Music Business Worldwide*, August 23, 2016 (https://www.musicbusinessworldwide.

com/spotify-contract-three-major-labels-wants-pay-less/).

(53) David Lidsky, "The Definitive Timeline of Spotify's Critic-Defying Journey to Rule Music," *Fast Company*, August 13, 2018 (https://www.fastcompany.com/90205527/the-definitive-timeline-of-spotifys-critic-defying-journey-to-rule-music).

(54) Stuart Dredge, "Spotify Closes Its Direct-Upload Test for Artists," *Music Ally*, July 1, 2019 (https://musically.com/2019/07/01/spotify-closes-its-direct-upload-test-for-artists/).

(55) "How Much Do Record Labels Spend on Marketing Their Artists?," *Stop the Breaks*, May 5, 2020 (https://www.stopthebreaks.com/diy-artists/how-much-do-record-labels-spend-on-marketing-their-artists/).

(56) 産業アナリストであるマーク・マリガンの発言．チャールズ・レインの以下の記事から引用．"Spotify Goes Public Valued at Nearly $30 Billion—But Its Future Isn't Guaranteed," *NPR*, April 3, 2018 (https://www.npr.org/sections/therecord/2018/04/03/599131554/spotify-goes-public-valued-at-nearly-30-billion-but-its-future-isnt-guaranteed).

(57) 産業アナリストであるマーク・マリガンの発言．アナ・ニコラの以下の記事から引用．"Revenue Streams: Spotify's Bid to Generate a Profit," *Financial Times*, March 14, 2018 (https://www.ft.com/content/974206c0-2609-11e8-b27e-cc62a39d57a0).

(58) Anna Nicolaou, "Spotify Drops Plan to Pull in Independent Artists," *Financial Times*, July 3, 2019 (https://www.ft.com/content/c15d5124-9d15-11e9-9c06-a4640c9feebb).

(59) ダニエル・エクによる発言．ロバート・レビンの以下の記事から引用．"Billboard Cover: Spotify CEO Daniel Ek on Taylor Swift, His 'Freemium' Business Model and Why He's Saving the Music Industry," *Billboard*, June 5, 2015 (https://www.billboard.com/articles/business/6590101/daniel-ek-spotify-ceo-streaming-feature-tidal-apple-record-labels-taylor-swift).

(60) 某音楽会社幹部の発言．ティム・インガムの以下の記事から引用．"The Major Labels Could Block Spotify's Expansion into India Due to Direct Licensing Fallout," *Music Business Worldwide*, June 15, 2018 (https://www.musicbusinessworldwide.com/the-major-labels-could-block-spotifys-expansion-into-india-this-year/).

(61) Amy X. Wang, "Spotify Is in Trouble with Record Labels (Again)," *Rolling Stone*, September 10, 2018 (https://www.rollingstone.com/music/music-news/

spotify-record-labels-dispute-720512/).

(62) Jem Aswad, "Spotify's Daniel Ek Talks Royalties, Data-Sharing, the Future: 'I Was Never a Disrupter,'" *Variety*, April 11, 2019 (https://variety.com/2019/biz/news/spotify-daniel-ek-talks-royalties-future-freaknomics-disrupter-1203186354/).

(63) Jem Aswad, "Spotify's Daniel Ek Talks Royalties, Data-Sharing, the Future: 'I Was Never a Disrupter,'" *Variety*, April 11, 2019 (https://variety.com/2019/biz/news/spotify-daniel-ek-talks-royalties-future-freaknomics-disrupter-1203186354/).

(64) Lauren Feiner, "Spotify Makes Another Podcast Acquisition, Buying Bill Simmons' The Ringer," *CNBC*, February 5, 2020 (https://www.cnbc.com/2020/02/05/spotify-spot-earnings-spotify-acquires-the-ringer-to-boost-podcasts.html).

(65) Juli Clover, "Apple CEO Tim Cook on Apple Music: 'We Worry about the Humanity Being Drained Out of Music,'" *MacRumors*, August 7, 2018 (https://www.macrumors.com/2018/08/07/tim-cook-apple-music-humanity/).

第3章

(1) この3原則は，拙著『ワイドレンズ』でイノベーションを考察する手立てとして紹介している．同書では，複雑なエコシステムにおいて，革新的なテストによる開発と，MVEによる市場参入アプローチによる開発とを対比して，3原則がどのように影響しているかを考察している．一方で本書では，競争やディスラプションを理解する手立てとして利用する．これら2つの議論は相互補完的なものであり，どちらも有用だと考える．

(2) Farhad Manjoo, "Amazon Echo, a.k.a. Alexa, Is a Personal Aide in Need of Schooling," *New York Times*, June 24, 2015 (https://www.nytimes.com/2015/06/25/technology/personaltech/amazon-echo-aka-alexa-is-a-personal-aide-in-need-of-schooling.html).

(3) David Pierce, "Amazon Echo Review: Listen Up," *The Verge*, January 29, 2015 (https://www.theverge.com/2015/1/19/7548059/amazon-echo-review-speaker).

(4) Trefis Team, "Why Smart Home Devices Are a Strong Growth Opportunity for Best Buy," *Forbes*, July 5, 2017 (https://www.forbes.com/sites/greatspeculations/

2017/07/05/why-smart-home-devices-are-a-strong-growth-opportunity-for-best-buy/# 798aa5b24984).

(5) "Control4 Launches Amazon Alexa Skill for Voice-enabled Whole-Home Automation," Control4 press release, September 14, 2016 (https://www.control4.com/press_releases/2016/09/14/control4-launches-amazon-alexa-skill-for-voice-enabled-whole-home-automation/).

(6) Walt Mossberg, Mossberg: Five Things I Learned from Jeff Bezos at Code," *Recode*, June 8, 2016 (https://www.vox.com/2016/6/8/11880874/mossberg-jeff-bezos-code-conference).

(7) "Is the Amazon Echo All Talk?," *Consumer Reports*, December 19, 2014 (https://www.consumerreports.org/cro/news/2014/12/is-the-amazon-echo-all-talk/index.htm).

(8) Jason Fell, "Why Amazon's Voice-Activated Speaker 'Echo' Isn't Worth Your Time or Money," *Entrepreneur*, June 23, 2015 (https://www.entrepreneur.com/article/247655).

(9) Harry McCracken, "Echo and Alexa Are Two Years Old. Here's What Amazon Has Learned So Far," *Fast Company*, November 7, 2016 (https://www.fastcompany.com/3065179/echo-and-alexa-are-two-years-old-heres-what-amazon-has-learned-so-far).

(10) Todd Bishop, "Amazon Echo Adds Voice Controls for Spotify, iTunes, and Pandora, plus new 'Simon Says' Feature," *GeekWire*, January 13, 2015 (https://www.geekwire.com/2015/amazon-echo-adds-voice-controls-spotify-itunes-pandora-plus-new-simon-says-feature/).

(11) Mark Bergen, "Jeff Bezos Says More Than 1,000 People Are Working on Amazon Echo and Alexa," *Recode*, May 31, 2016 (https://www.recode.net/2016/5/31/11825694/jeff-bezos-1000-people-amazon-echo-alexa).

(12) "Amazon Introduces the Alexa Skills Kit—A Free SDK for Developers," Amazon press release, June 25, 2015 (https://www.businesswire.com/news/home/20150625005699/en/Amazon-Introduces-the-Alexa-Skills-Kit%E2%80%94A-Free-SDK-for-Developers).

(13) Bret Kinsella, "There Are Now 20,000 Amazon Alexa Skills in the U.S.," voicebot.ai, September 3, 2017 (https://www.voicebot.ai/2017/09/03/now-20000-amazon-alexa-skills-u-s/).

(14) Bret Kinsella, "Alexa Skill Counts Surpass 80K in US, Spain Adds the Most

Skills, New Skill Rate Falls Globally," voicebot.ai, January 14, 2021 (https://voicebot.ai/2021/01/14/alexa-skill-counts-surpass-80k-in-us-spain-adds-the-most-skills-new-skill-introduction-rate-continues-to-fall-across-countries/).

(15) Jonathan Vanian, "Amazon Has a Stunning Number of People Working on Alexa," *Fortune*, September 27, 2017 (https://fortune.com/2017/09/27/amazon-alexa-employees/).

(16) "Tech Giants Will Probably Dominate Speakers and Headphones," *The Economist*, December 2, 2017 (https://www.economist.com/business/2017/12/02/tech-giants-will-probably-dominate-speakers-and-headphones).

(17) Liv VerSchure, vice president for GE Applicances, quoted in Teena Maddox, "Amazon Alexa Will Now Talk to GE's Connected Appliances in Smart Home Push," *TechRepublic*, September 13, 2016 (https://www.techrepublic.com/article/amazon-alexa-will-now-talk-to-ges-connected-appliances-in-smart-home-push/).

(18) Dieter Bohn, *The Verge*, January 4, 2019 (https://www.theverge.com/2019/1/4/18168565/amazon-alexa-devices-how-many-sold-number-100-million-dave-limp).

(19) Ben McInnis, "Use the Alexa Connect Kit, Now Available, to Build Alexa-connected Devices More Easily, Quickly, and Economically," *Alexa Blogs*, September 25, 2019 (https://developer.amazon.com/blogs/alexa/post/03376e48-f33a-4664-b668-a94d5025dd8e/use-the-alexa-connect-kit-now-available-to-build-alexa-connected-devices-more-easily-quickly-and-economically).

(20) 産業アナリストであるマーク・ヴィーナによる発言．パーミー・オルソンの以下の記事から引用．"At CES, Amazon Is Beating Google in the Smart Home Battle," *Forbes*, January 11, 2018 (https://www.forbes.com/sites/parmyolson/2018/01/11/amazon-is-beating-google-in-the-smart-home-battle-for-now/# 43e40a183f99).

(21) Jamie Grill-Goodman, "Amazon to 'Double Down' on Alexa Investment," *RIS News*, February 5, 2018 (https://risnews.com/amazon-double-down-alexa-investment).

(22) アマゾンのジェフ・ベゾスCEOは，以下を含む多数の特許の発明者として登録されている．"Movement recognition as input mechanism"（特許権第8,788,977号，2008年11月20日出願），"Viewer-based device control"（特許権第8,922,480号，2010年3月5日出願），"Utilizing phrase tokens in transactions"（特許権第9,390,416号，2013年3月14日出願）．

(23) 某開発者の発言．ジョシュア・ブルスタインの以下の記事より引用．"The Real

Story of How Amazon Built the Echo," *Bloomberg*, April 19, 2016 (https://www.bloomberg.com/features/2016-amazon-echo/).
(24) Gene Munster and Will Thompson, "Smart Speaker Macro-Model Update," June 13, 2019 (https://loupventures.com/smart-speaker-market-share-update/).
(25) Monica Nickelsburg, "Microsoft to Sunset Cortana on iOS and Android in Pivot to 'Productivity-focused' Assistant," *GeekWire*, July 31, 2020 (https://www.geekwire.com/2020/microsoft-sunset-cortana-ios-android-pivot-productivity-focused-assistant/).
(26) サムスンでエグゼクティブ・ヴァイスプレジデントを務めるインジョン・リーの発言．アルジュナ・カーパルの以下の記事から引用．"Samsung Bixby Expands to over 200 Countries in Battle with Amazon Alexa, Apple Siri," *CNBC*, August 22, 2017 (https://www.cnbc.com/2017/08/22/samsung-bixby-expands-to-over-200-countries-in-battle-with-alexa-siri.html).
(27) S. A. Blank, *The Four Steps to the Epiphany: Successful Strategies for Products That Win* (San Mateo, CA: CafePress.com Publishing, 2005); Eric Ries, *The Lean Startup* (New York: Crown Business, 2011)［井口耕二訳『リーン・スタートアップ――ムダのない起業プロセスでイノベーションを生みだす』日経BP社，2012年］を参照．
(28) ウィンフリーは自身のブランドに名前を冠しているため，本書では「オプラ」と名前で表記する．
(29) "The Oprah Winfrey Show to End September 2011," Harpo Productions, Inc. press release, November 9, 2009 (http://www.oprah.com/pressroom/oprah-announces-plans-to-end-the-oprah-winfrey-show-in-september-2011/all).
(30) Brian Stelter, "Daytime TV's Empty Throne After 'Oprah'," *New York Times*, June 10, 2012 (https://www.nytimes.com/2012/06/11/business/media/end-of-oprahs-show-tightens-races-for-tv-ratings.html).
(31) Virginia Postrel, "Oprah, American Girls and Other Binge Dreamers: Virginia Postrel," *Bloomberg Opinion*, May 26, 2011 (https://www.bloomberg.com/opinion/articles/2011-05-26/oprah-american-girls-and-other-binge-dreamers-virginia-postrel).
(32) Zach Stafford, "The Oprah Winfrey Show: 'Hour-Long Life Lessons' That Changed TV Forever," *The Guardian*, September 8, 2016 (https://www.theguardian.com/tv-and-radio/2016/sep/08/oprah-winfrey-show-30-year-anniversary-daytime-tv).
(33) コートニー・ウォースマンの発言．チェイビー・リーバーの記事から引用．

"Oprah Is the Original Celebrity Influencer," *Racked*, March 6, 2018 (https://www.racked.com/2018/3/6/17081942/oprah-celebrity-influencer).

(34) Patricia Sellers and Noshua Watson, "'The Business of Being Oprah. She talked her way to the top of her own media empire and amassed a $1 billion fortune. Now she's asking, 'What's next?,'" *Fortune*, April 1, 2002 (https://archive.fortune.com/magazines/fortune/fortune_archive/2002/04/01/320634/index.htm).

(35) Sellers and Watson, "The Business of Being Oprah."

(36) Mark Lacter, "The Case of the Ungrateful Heirs," *Forbes*, December 25, 2000 (https://www.forbes.com/global/2000/1225/0326028a.html#511b00825407).

(37) "Harpo, Inc.," *Reference for Business*, accessed October 22, 2020 (https://www.referenceforbusiness.com/businesses/G-L/Harpo-Inc.html).

(38) Sellers and Watson, "The Business of Being Oprah."

(39) David Lieberman, "Oprah Joins Discovery to Create Her OWN Cable Channel," *ABC News*, January 15, 2008 (https://abcnews.go.com/Business/story?id=4137536&page=1).

(40) Jill Disis, "How Oprah Built Oprah Inc.," *CNN Money*, January 9, 2018 (https://money.cnn.com/2018/01/09/media/oprah-winfrey-career-history/index.html).

(41) Jonathan Van Meter, "Oprah Winfrey Is on a Roll (Again)," *Vogue*, August 15, 2017 (https://www.vogue.com/article/oprah-winfrey-vogue-september-issue-2017).

(42) J. J. McCorvey, "The Key to Oprah Winfrey's Success: Radical Focus," *Fast Company*, December 8, 2015 (https://www.fastcompany.com/3051589/the-key-to-oprah-winfreys-success-radical-focus).

(43) McCorvey, "The Key to Oprah Winfrey's Success."

(44) "Oprah Winfrey and Weight Watchers Join Forces in Groundbreaking Partnership," Weight Watchers International press release, October 19, 2015 (https://www.prnewswire.com/news-releases/oprah-winfrey-and-weight-watchers-join-forces-in-groundbreaking-partnership-300161712.html).

(45) Paul Schrodt, "How Oprah Winfrey Rescued Weight Watchers—and Made $400 Million in the Process," *Money*, May 7, 2018 (https://money.com/oprah-winfrey-weight-watchers-investment/#:~:text=Weight%20Watchers%20had%20an%20image,a%20seat%20on%20its%20board).

(46) "How You Can Get Tickets for Oprah's '2020 Vision' Tour with WW," *O, The Oprah Magazine*, January 9, 2020 (https://www.oprahmag.com/life/a28899378/oprah-ww-tour/).

(47) "How You Can Get Tickets for Oprah's '2020 Vision' Tour with WW."

(48) Michelle Platt, "10 Things to Know About Oprah's 2020 Vision Tour: Your Life in Focus WW Wellness Event," *My Purse Strings* blog, January 24, 2020 (https://www.mypursestrings.com/oprah-2020-vision-tour/).

(49) Rachel George, "Oprah Winfrey Launches Free Virtual Wellness Tour to Help People Cope with COVID-19," *Good Morning America*, May 13, 2020 (https://www.goodmorningamerica.com/culture/story/oprah-winfrey-launches-free-virtual-wellness-tour-people-70656111).

(50) David Carr, "A Triumph of Avoiding the Traps," *New York Times*, November 22, 2009 (https://www.nytimes.com/2009/11/23/business/media/23carr.html).

(51) 親会社の名前であるAugust Stenman Stenman August (ASSA) とAb Låsfabriken Lukkotehdas Oy (ABLOY) を縮めてすべて大文字で社名としている．マーケティング的にもひねりの利いた社名である．

(52) ASSA ABLOY, 1996 Annual Report, p.5 (https://www.assaabloy.com/Global/Investors/Annual-Report/1996/EN/Annual%20Report%201996.pdf).

(53) ASSA ABLOY, 2018 Annual Report, p.3 (https://www.assaabloy.com/Global/Investors/Annual-Report/2018/EN/Annual%20Report%202018.pdf).

(54) ASSA ABLOY, 2018 Annual Report, p.59.

(55) Paul Ragusa, "ASSA ABLOY: An Innovation and Sustainability Leader," *Security Systems News*, December 20, 2017 (http://www.securitysystemsnews.com/article/assa-abloy-innovation-and-sustainability-leader).

(56) "HID Global Announces Support for Student IDs in Apple Wallet," HID press release, August 13, 2019 (https://www.hidglobal.com/press-releases/hid-global-announces-support-student-ids-in-apple-wallet).

(57) "Smart Lock Market Worth $3.4 billion by 2025," MarketsandMarkets press release, October 2017 (https://www.marketsandmarkets.com/PressReleases/smart-lock.asp).

(58) クレイトン・クリステンセンの『イノベーションのジレンマ』は，（従来の典型的な）破壊を理解するうえで大きく貢献した．従来の破壊に関する議論や考え方全般については，Joshua Gans, *The Disruption Dilemma* (Cambridge, MA: MIT Press, 2016)を参照．また，ディスラプションのドライバーとなる経済分析や，企業が産業の枠を破壊する経済的要因の初期段階の分析については，Ron Adner and Peter Zemsky, "Disruptive Technologies and the Emergence of Competition," *RAND Journal of Economics* 36, no. 2 (2005): 229–254を参照．

(59) 関係性に関するシナジーの概念は，Jeffrey H. Dyer and Harbir Singh, "The Relational View: Cooperative Strategy and Sources of Interorganizational Competitive Advantage," *Academy of Management Review* 23, no. 4 (1998): 660-679で紹介された「relational rents（関係性の収益）」の概念とは異なるものだ．関係性の収益とは，具体的な企業の関係性とかかわる結果であり，「各企業単独ではなく，関係性によって共に生み出されるものであり，具体的な連携パートナーと共に今までとは異なる役割を担ったことで生まれた超常的な利益」と定義される．対照的に，エコシステム継承の根本となる「関係性のシナジー」の概念は，拡張されつつある企業および状況の両方に特有のものである．状況が重要となるが，これは具体的な価値創造の目標が，具体的なパートナーとのつながりを継承する力を決定するからだ．具体的なパートナーは，価値構造の具体的な要素を埋めることになる．

継承を通じた関係性のシナジーの考えは，MVEを構築するという目標によって動機づけられる．このシナジーは，エンドユーザーよりもパートナーを引きつける目的によって展開される．したがって，多角化の際につながりの資源を用いる従来の参入戦略とは異なる参入戦略を示す．

第4章

(1) 本章は，Ron Adner and Rahul Kapoor, "Innovation Ecosystems and the Pace of Substitution: Reexamining Technology S-Curves," *Strategic Management Journal* 37, no. 4 (2016): 625-648; Ron Adner and Rahul Kapoor, "Right Tech, Wrong Time," *Harvard Business Review* 94, no. 11 (2016): 60-67［有賀裕子訳「技術戦略はエコシステムで見極める」『DIAMONDハーバード・ビジネス・レビュー』2017年6月号：30-40］における考え方に基づいている．本研究では，1972年から2009年まで10世代にわたって，半導体製造にかかわるリソグラフィ装置エコシステムの変化から裏づけと分析を示し，代替のタイミングを調査している．

(2) コーイノベーション・リスクとアダプションチェーン・リスクの概念については，先に拙著『ワイドレンズ』で紹介している．そこでは，実践の際に直面する課題を超えたリスクを理解し管理することは，市場参入戦略を成功させる基本だという点に着目した．本書では，これらの要因が競合の力学に与える影響に着目している．

(3) Nathan R. Furr and Daniel C. Snow, "Intergenerational Hybrids: Spillbacks, Spillforwards, and Adapting to Technology Discontinuities," *Organization Science* 26, no. 2 (2015): 475-493を参照.

(4) Bill Gates, *The Road Ahead: Completely Revised and Up-to-Date* (New York: Penguin Books, 1996), p.316［西和彦訳『ビル・ゲイツ未来を語る』アスキー出版局, 1995年］.

(5)『ワイドレンズ』の第2章を参照. 電話通信の3Gへの移行での期待に大きな影響を与えた, コーイノベーションの課題を考察している. 4Gから5Gへの移行にも, 驚くほどの類似点が見られる.

(6) Curt Nickisch, "How One CEO Successfully Led a Digital Transformation," *Harvard Business Review*, April 8, 2020 (https://hbr.org/podcast/2019/12/how-one-ceo-successfully-led-a-digital-transformation).

(7) Curt Nickisch, "HBR's Curt Nickisch and Nancy McKinstry Talk Digital Transformation," Wolters Kluwer, January 17, 2020 (https://www.wolterskluwer.com/en/expert-insights/curt-nickisch-and-nancy-mckinstry-talk-digital-transformation).

(8) Nickisch, "HBR's Curt Nickisch and Nancy McKinstry Talk Digital Transformation."

(9) Nickisch, "How One CEO Successfully Led a Digital Transformation."

(10) Wolters Kluwer, 2004 Annual Report, December 31, 2004, p.13 (https://www.wolterskluwer.com/en/investors/financials/annual-reports).

(11) Wolters Kluwer, 2019 Annual Report, December 31, 2019, p.6 (https://www.wolterskluwer.com/en/investors/financials/annual-reports).

(12) "Zebra Technologies Corporation," *FundingUniverse*, accessed October 21, 2020 (http://www.fundinguniverse.com/company-histories/zebra-technologies-corporation-history/).

(13) "Zebra Technologies Completes Acquisition of Motorola Solutions' Enterprise Business," Zebra Technologies Corporation press release, October 27, 2014 (https://www.prnewswire.com/news-releases/zebra-technologies-completes-acquisition-of-motorola-solutions-enterprise-business-108625228.html).

(14) 足がかりとする市場は, その市場の特異性をうまく利用したものとなる. 詳しくは, Ian C. MacMillan and Rita Gunther McGrath, "Crafting R&D Project Portfolios," *Research-Technology Management* 45, no. 5 (2002): 48-59; Ron Adner and Daniel Levinthal, "The Emergence of Emerging Technology,"

California Management Review 45, no. 1 (2002): 50-66を参照.

(15) David P. Hamilton, "23andMe Lets You Search and Share Your Genome—Today," *VentureBeat*, January 23, 2018 (https://venturebeat.com/2007/11/17/23andme-lets-you-search-and-share-your-genome-today/).

(16) Andrew Pollack, "F.D.A. Orders Genetic Testing Firm to Stop Selling DNA Analysis Service," *New York Times*, November 25, 2013 (https://www.nytimes.com/2013/11/26/business/fda-demands-a-halt-to-a-dna-test-kits-marketing.html).

(17) Stephanie M. Lee, "Anne Wojcicki's Quest to Put People in Charge of Their Own Health," *San Francisco Chronicle*, March 1, 2015 (https://www.sfchronicle.com/news/article/Anne-Wojcicki-s-quest-to-put-people-in-charge-6108062.php).

(18) Elizabeth Murphy, "Inside 23andMe Founder Anne Wojcicki's $99 DNA Revolution," *Fast Company*, October 14, 2013 (https://www.fastcompany.com/3018598/for-99-this-ceo-can-tell-you-what-might-kill-you-inside-23andme-founder-anne-wojcickis-dna-r).

(19) Charles Seife, "23andMe Is Terrifying, But Not for the Reasons the FDA Thinks," *Scientific American*, November 27, 2013 (https://www.scientificamerican.com/article/23andme-is-terrifying-but-not-for-the-reasons-the-fda-thinks/).

(20) Denise Roland, "How Drug Companies Are Using Your DNA to Make New Medicine," *Wall Street Journal*, July 22, 2019 (https://www.wsj.com/articles/23andme-glaxo-mine-dna-data-in-hunt-for-new-drugs-11563879881).

(21) Barry Greene, "+MyFamily Program with 23andMe Aims to Increase Awareness of TTR-Related Hereditary Amyloidosis in Families," Alnylam Pharmaceuticals, September 17, 2019 (https://news.alnylam.com/patient-focus/articles/myfamily-program-23andme-aims-increase-awareness-ttr-related-hereditary).

(22) "23andMe Signs a Strategic Agreement with Almirall," 23andMe press release, January 13, 2020 (https://mediacenter.23andme.com/press-releases/23andme-signs-a-strategic-agreement-with-almirall/).

(23) Anadiotis, "Why Autonomous Vehicles Will Rely on Edge Computing and Not the Cloud."

(24) Fred Lambert, "Tesla Reaches 10 Billion Electric Miles with a Global Fleet of Half a Million Cars," *Electrek*, November 16, 2018 (https://electrek.co/2018/11/16/

tesla-fleet-10-billion-electric-miles/).
(25) 時間圧縮の不経済については，インゲマー・ディレックスとカレル・クールがその画期的論文 “Asset Stock Accumulation and Sustainability of Competitive Advantage,” *Management Science* 35, no. 12 (1989): 1504-1511において，企業の競争優位性の持続可能性を評価する際の重要な要素として，戦略の文脈で紹介している．時間圧縮の不経済を拡張して，潜在的な破壊に直面した際の技術投資に応用し，革新の文脈でも考察を行っている．
(26) Justin Bariso, “Tesla Just Made a Huge Announcement That May Completely Change the Auto Industry. Here's Why It's Brilliant,” *Inc.*, September 3, 2019 (https://www.inc.com/justin-bariso/tesla-just-made-a-huge-announcement-that-may-completely-change-auto-industry-heres-why-its-brilliant.html).
(27) Kirsten Korosec, “Tesla Plans to Launch an Insurance Product ‘in about a Month,’” *TechCrunch*, April 24, 2019 (https://techcrunch.com/2019/04/24/tesla-plans-to-launch-an-insurance-product-in-about-a-month/).
(28) Fred Imbert, “Buffett Knocks Elon Musk's Plan for Tesla to Sell Insurance: ‘It's Not an Easy Business,’” *CNBC*, May 5, 2019 (https://www.cnbc.com/2019/05/04/warren-buffett-on-tesla-id-bet-against-any-company-in-the-auto-business.html).

第5章

(1) “Apple—September Event 2014,” *YouTube* video, 55:00, posted by Apple, September 10, 2014 (https://www.youtube.com/watch?v=38IqQpwPe7s).
(2) Dave Smith, “This Might Be the Only Recent Apple Product Steve Jobs Would Have Loved, “*Business Insider*, July 9, 2015 (https://www.businessinsider.com/apple-pay-is-the-best-new-service-from-apple-2015-7).
(3) Ingrid Lunden, “Google Is in Talks with Mobile Payments Company Softcard,” *TechCrunch*, January 16, 2015 (https://techcrunch.com/2015/01/16/softcard/).
(4) Stephanie Mlot, “Isis Mobile Wallet Finally Launches Nationwide,” *PC*, November 14, 2013 (https://www.pcmag.com/news/isis-mobile-wallet-finally-launches-nationwide).
(5) Steve Kovach, “Retailers like Wal-Mart Have Started a War against Apple That They Have No Chance of Winning,” *Business Insider*, October 28, 2014 (https://www.businessinsider.com/merchant-customer-exchange-blocking-apple-

pay-2014-10).

(6) Walt Mossberg, "What Are the Anti-Apple Pay Merchants Afraid Of?," *Vox*, November 4, 2014 (https://www.vox.com/2014/11/4/11632560/what-are-the-anti-apple-pay-merchants-afraid-of).

(7) Josh Constine, "CurrentC Is the Big Retailers' Clunky Attempt to Kill Apple Pay and Credit Card Fees," *TechCrunch*, October 25, 2014 (https://techcrunch.com/2014/10/25/currentc/).

(8) Cara Zambri, "At-a-Glance: JPMorgan Chase Joins Apple in Launch of Apple Pay," *Media Logic*, September 23, 2014 (https://www.medialogic.com/blog/financial-services-marketing/glance-jpmorgan-chase-joins-apple-launch-apple-pay/).

(9) 『ワイドレンズ』の第８章では，アップルがいかにしてiPhoneのエコシステムを構築したかについて考察している．アップルはデジタル音楽プレイヤーエコシステムで築いた立場を継承し，電話エコシステムでMVEを構築した．そこから開発者，広告主，メディアパートナーを順に追加し，一貫した連携構造を築いた．

(10) アップルがこのような多彩な取組みについて自信を持って発言したことは，こうした大きな野望を示すものである．ティム・クックCEOは，同社が医療分野で行った取組みは，「人類への素晴らしい貢献」となるものだと述べていた．Lizzy Gurdus, "Tim Cook: Apple's Greatest Contribution Will Be 'About Health,'" *CNBC*, January 8, 2019 (https://www.cnbc.com/2019/01/08/tim-cook-teases-new-apple-services-tied-to-health-care.html).

(11) Derek Staples, "Apple Reinvents Home Audio with the Homepod," *DJ*, June 9, 2017 (https://djmag.com/news/apple-reinvents-home-audio-homepod).

(12) "Apple Unveils Everyone Can Create Curriculum to Spark Student Creativity," Apple press release, March, 27, 2018 (https://www.apple.com/newsroom/2018/03/apple-unveils-everyone-can-create-curriculum-to-spark-student-creativity/).

(13) S. O'Dea, "IPhone Users in the US 2012–2021," *Statista*, February 27, 2020 (https://www.statista.com/statistics/232790/forecast-of-apple-users-in-the-us/).

(14) マイクロソフトとインテルの数十年にわたる「ウィンテル」エコシステムで見られるように，エコシステムには複数のリーダーを置くことも可能だ．これは珍しいことだと思われるが，CEOが複数いながら成功することは，珍しくはあっても不可能なことではない．半導体製造におけるセマテックなどの連携コンソーシアムは，リーダーシップの共有に可能性があることを示している．こうしたコンソーシアムの中にも影響や貢献の階層があり，それがメンバーの位置づけに大きな影響を及ぼしているが，一方で価値創造の構造や選択，タイミングにはあ

まり影響を及ぼしていない．エコシステムはリーダーがいなくても成功することは(少なくとも理論的には)可能だが，リーダーの役割は，正式なものでなくとも，非常に共有性の高い環境においても出現するようだ．この事例については，Siobhán O'Mahony and Fabrizio Ferraro, "The Emergence of Governance in an Open Source Community," *Academy of Management Journal* 50, no. 5 (2007): 1079-1106を参照．

(15) Matt Rosoff, "Jeff Immelt: GE Is On Track to Become a 'Top 10 software Company," *Business Insider*, September 29, 2015 (https://www.businessinsider.com/ge-ceo-jeff-immelt-top-10-software-company-2015-9).

(16) "GE Advances Digital Leadership with Launch of $1.2 Billion Industrial IoT Software Company," *Business Wire*, December 13, 2018 (https://www.businesswire.com/news/home/20181213005339/en/GE-Advances-Digital-Leadership-Launch-1.2-Billion).

(17) James Blackman, "Regret, but No Surprise—The Market Responds to the Demise of GE Digital," *Enterprise IoT Insights*, August 25, 2018 (https://enterpriseiotinsights.com/20180821/channels/news/market-reacts-to-ge-digital-demise).

(18) John Hitch, "Can GE Innovate Innovation with Predix Platform?," *New Equipment Digest*, June 2, 2016 (https://www.newequipment.com/technology-innovations/article/22058516/can-ge-innovate-innovation-with-predix-platform).

(19) "GE to Open Up Predix Industrial Internet Platform to All Users," *Business Wire*, October 9, 2014 (https://www.businesswire.com/news/home/20141009005691/en/GE-Open-Predix-Industrial-Internet-Platform-Users).

(20) チーフ・デジタルアーキテクトを務めるジョン・ダンスドンによる発言．ジョン・ヒッチによる以下の記事からの引用．"Can GE Innovate Innovation with Predix Platform?"

(21) Dylan Martin, "GE Digital Layoffs 'Driven by Commercial Demands,' Not Spin-Off Plans," *CRN*, April 11, 2019 (https://www.crn.com/news/internet-of-things/ge-digital-layoffs-driven-by-commercial-demands-not-spin-off-plans).

(22) Sonal Patel, "GE Shelves Plans to Spin-Off Digital Business," *POWER*, November 4, 2019 (https://www.powermag.com/ge-shelves-plans-to-spin-off-digital-business/).

(23) 本ケースに関しては，出版社はどちらのエコシステムにも参加可能だろう．これにより，リーダーが，もう一方のリーダーに対して強い力を持つ可能性も生

まれる．出版社がアップルのオンライン書店（いずれ米国の司法省に独占禁止法で訴えられるだろうが）を受け入れたことは，次善の戦略だ．エコシステムの出現時に，出版社がフォロワーシップに関してより戦略的であったなら，アマゾンに対してより強固な要求をして，読者やその好みに関する貴重なデータを共有できた可能性もある．競合するプラットフォーム間の関係は興味深い論点であり，著者は以下の共同研究で考察を行っている．Jianqing Chen and Feng Zhu in "Frenemies in Platform Markets: Heterogeneous Profit Foci as Drivers of Compatibility Decisions," *Management Science* 66, no. 6 (2020): 2432-2451 (https://doi.org/10.1287/mnsc.2019.3327).

(24) 医療のアダプションチェーンを連携させてEHRを支持した事例は，非常に興味深いものだ．『ワイドレンズ』の第５章では，本事例の紆余曲折に関して，エコシステムを基盤とした分析を行っている．

(25) David Blumenthal, "Stimulating the Adoption of Healthcare Information Technology," *New England Journal of Medicine* 360, no. 15 (April 2009): 1477-1479.

(26) Blumenthal, "Stimulating the Adoption of Healthcare Information Technology."

(27) Heather Landi, "HIMSS19: ONC, CMS Officials Outline the Framework for Interoperability, the Use of APIs, FHIR," *FierceHealthcare*, February 13, 2009, accessed November 1, 2020 (https://www.fiercehealthcare.com/tech/onc-cms-officials-lay-out-framework-for-data-sharing-use-apis-fhir).

(28) Jeremy Reimer, "Half an Operating System: The Triumph and Tragedy of OS/2" (referencing an interview in the 1996 PBS documentary *Triumph of the Nerds*), *Ars Technica*, November 29, 2019 (https://arstechnica.com/information-technology/2019/11/half-an-operating-system-the-triumph-and-tragedy-of-os2/).

(29) Robert A. Burgelman, *Strategy Is Destiny: How Strategy-Making Shapes a Company's Future* (New York: Free Press, 2002), p.234［石橋善一郎・宇田理監訳『インテルの戦略——企業変貌を実現した戦略形成プロセス』ダイヤモンド社，2006年］．

第6章

(1) 連携は，組織の考え方における典型的なテーマである．その代表的なものが，組織デザインを考察して，組織構造や企業文化，仕事，社員と適合すること

が，その企業の成功を決定すると主張する，ナドラーとタッシュマンのコングルーエンスモデルである（David A. Nadler and Michael L. Tushman, “A Model for Diagnosing Organizational Behavior,” *Organizational Dynamics* 9, no. 2 (1980): 35-51を参照）．この理論では，影響力と地位を持つ組織の設計者は１人であり（たとえば，CEOや事業ユニットのリーダーなど），変化を進めて判断を下すのはその人物だという考え方をとることがほとんどである．本書での論点はそれとは対照的であり，組織外のプレイヤーとの連携を考察するものである．そこでは既定の設計者には権威がないだけでなく，競合するアイディアを持つ他組織の設計者と対立する可能性も高い．エコシステムを特徴づけるのは，①こちらの権威が通用せず，最善の構造に関してこちらとは相容れない考え方を推す外部のプレイヤー，②プレイヤー間に首尾一貫した適合を見つける必要性が続くことの，２つの組合せにある．

従来の組織デザイン論が，１人の大きな力（影響力，権限の両方）を持つ設計者の視点をとるのに対し，権威不在の影響力に関する議論は，ミドルマネジャーの視点をとる（たとえば，Allan R. Cohen and David L. Bradford, *Influence without Authority* [New York: John Wiley & Sons, 2011]［高嶋成豪・高嶋薫訳『影響力の法則――現代組織を生き抜くバイブル』税務経理協会，2007年］）．エコシステムにおける出発点は，マネジャーがアピールできる，より高い権力が存在しないことである．組織での影響力の源となるものは，既存の非公式なネットワークとつながるものになりがちだ．ここで注目するのは，そもそものネットワーク構築の方法である．この点に関して，本章の後半で考察するバルマーとナデラとの対比は，それぞれがマイクロソフトの目標に向かって進むために最適な社外および社内ネットワーク構造を構築する手法の違いとして考えられる．

(2) リーダーシップと組織の成長をつなぐ議論は，社内調整の課題が企業の大きさによってどのように変化するのかを考察し，その力学を利用して組織構造（正式でないものから，マトリックスの中央へ移行すること），経営スタイル，コントロールシステムなど，組織内部の機能の変化を説明するものである（たとえば，Larry E. Greiner, “Evolution and Revolution as Organizations Grow,” *Harvard Business Review* 76, no. 3 [1998]: 55-64）．

本書での議論はそれとは対照的に，規模の変化ではなく，組織が参加するエコシステムの成熟状態に注目するものだ．その理論は，企業内部の政治ではなく，社外パートナー環境における連携と役割の明確さにある．ここでは，外部エコシステムと連携するためのさまざまな原則があるために，さまざまなタイプのリーダーが必要となる．

マイクロソフトは，ナデラがCEOになるずっと以前から巨大で複雑な組織だった．この事例では，変革を進める要素として，効率的なマトリックス的構造が欠けていたわけではないことは明らかだ．

(3) Bill Rigby, “Steve Ballmer Ends Run as Microsoft’s Relentless Salesman,” *Reuters*, August 23, 2013 (https://www.reuters.com/article/us-microsoft-ballmer-newsmaker/steve-ballmer-ends-run-as-microsofts-relentless-salesman-idUSBRE97M0YV20130823).

(4) Mary Jo Foley, “Microsoft’s Ballmer on His Biggest Regret, the Next CEO and More,” *ZDNet*, August 23, 2013 (https://www.zdnet.com/article/microsofts-ballmer-on-his-biggest-regret-the-next-ceo-and-more/).

(5) Timothy Green, “Why Steve Ballmer Is Not a Failure,” *The Motley Fool*, August 30, 2013 (https://www.fool.com/investing/general/2013/08/30/why-steve-ballmer-was-not-a-failure.aspx).

(6) Nicholas Thompson, “Why Steve Ballmer Failed,” *New Yorker*, June 18, 2017 (https://www.newyorker.com/business/currency/why-steve-ballmer-failed).

(7) “Microsoft Promotes Ballmer,” *CNNMoney*, January 13, 2000 (https://money.cnn.com/2000/01/13/technology/microsoft/).

(8) Denise Dubie, “Microsoft’s Ballmer: ‘For the Cloud, We’re All in,’” *Network World*, March 4, 2010 (https://www.networkworld.com/article/2203672/microsoft-s-ballmer---for-the-cloud--we-re-all-in-.html).

(9) ディスカッションのために，シェーン・グリーンスタインの以下の著作を参照されたい．*How the Internet Became Commercial: Innovation, Privatization, and the Birth of a New Network* (Princeton, NJ: Princeton University Press, 2015).

(10) ディスカッションのために，トーマス・アイゼンマン，ジオフリー・パーカー，マーシャル・ヴァン・アルスタインの以下の論文を参照されたい．“Platform Envelopment,” *Strategic Management Journal* 32, no. 12 (2011): 1270–1285.

(11) Dean Takahashi, “What Microsoft CEO Steve Ballmer Did for Xbox—and What His Retirement Means for Its Future,” *VentureBeat*, December 12, 2018, (https://venturebeat.com/2013/08/23/what-ballmer-did-for-xbox-and-what-his-retirement-means-for-its-future/2/).

(12) Jason Ward, “Former and Current Microsoft Staffers Talk about Why Windows Phones Failed,” *Windows Central*, April 11, 2018 (https://www.windowscentral.com/microsofts-terry-myerson-and-others-why-windows-phone-failed-thats-fixed-now).

(13) Mayank Parmar, “Windows Phone Market Share Collapses to 0.15%, According to NetMarket-Share,” *Windows Latest*, January 3, 2018 (https://www.windowslatest.com/2018/01/04/windows-phone-market-share-collapses-0-15-according-netmarketshare/).
(14) Tom Warren, “Steve Ballmer’s Reorganization Memo,” *The Verge*, July 11, 2013 (https://www.theverge.com/2013/7/11/4514160/steve-ballmers-reorganization-memo).
(15) Eugene Kim, “Microsoft Has a Strange New Mission Statement,” *Business Insider*, June 25, 2015 (https://www.businessinsider.com/microsoft-ceo-satya-nadella-new-company-mission-internal-email-2015-6).
(16) Satya Nadella, Greg Shaw, and Jill Tracie Nichols, *Hit Refresh: The Quest to Rediscover Microsoft’s Soul and Imagine a Better Future for Everyone* (New York: Harper Collins, 2017), p.125［山田美明・江戸伸禎訳『ヒットリフレッシュ――マイクロソフト再興とテクノロジーの未来』日経BP社，2017年］.
(17) Jessi Hempel, “Restart: Microsoft in the Age of Satya Nadella,” *Wired*, December 17, 2015 (https://www.wired.com/2015/01/microsoft-nadella/).
(18) Jacob Demmitt, “New Era: Microsoft CEO Satya Nadella Speaks at Salesforce Conference, Gives iPhone Demo,” *GeekWire*, September 17, 2015 (https://www.geekwire.com/2015/microsoft-ceo-satya-nadella-keeps-playing-nice-with-bay-area-tech-scene-at-salesforce-conference/).
(19) Hempel, “Restart.”
(20) Nadella, Shaw, and Nichols, *Hit Refresh*, p.131.
(21) Sam Schechner, “Slack Files EU Antitrust Complaint against Microsoft,” *Wall Street Journal*, July 22, 2020, accessed November 1, 2020 (www.wsj.com/articles/slack-files-eu-antitrust-complaint-against-microsoft-11595423056).
(22) Jackie Kimmell, “The 4 Big Ways Microsoft Wants to Change Health Care,” *Daily Briefing*, Advisory Board, November 20, 2019 (https://www.advisory.com/daily-briefing/2019/11/20/microsoft).
(23) Nadella, Shaw, and Nichols, *Hit Refresh*, p.102.
(24) “Inside the Transformation of IT and Operations at Microsoft,” *IT Showcase*, October 30, 2019 (https://www.microsoft.com/en-us/itshowcase/inside-the-transformation-of-it-and-operations-at-microsoft).
(25) Marco Iansiti and Karim R. Lakhani, *Competing in the Age of AI: Strategy and Leadership When Algorithms and Networks Run the World* (Boston: Harvard

Business Review Press, 2020).

第7章

(1) このような考え方を自社組織に共有する際に役立つ（無料の）資料は，著者のウェブサイト（http://ronadner.com）で入手できる．

＊URLについては，原書どおりに記載している．

監訳者紹介

中川功一（なかがわ・こういち）

経営学者。1982年生まれ。2004年東京大学経済学部卒業。08年同大学大学院経済学研究科博士課程修了。経済学博士（東京大学）。駒澤大学経営学部講師、大阪大学大学院経済学研究科准教授などを経て独立。現在、株式会社やさしいビジネスラボ代表取締役、オンライン経営スクールAPS学長。専門は経営戦略、イノベーション・マネジメント。「アカデミーの力を社会に」を使命とし、APSを軸に、研修・講演、コンサルティング、書籍や内外のジャーナルへの執筆など、多方面にわたって経営知識の研究・普及に尽力している。YouTubeチャンネル「中川先生のやさしいビジネス研究」では、経営学の基本講義とともに、最新の時事解説のコンテンツを配信している。
主な著書に『技術革新のマネジメント』『戦略硬直化のスパイラル』（ともに有斐閣）、『ど素人でもわかる経営学の本』（翔泳社）、『経営戦略』（共編著、中央経済社）、『考える経営学』（共著、有斐閣）などがある。

訳者紹介

蓑輪美帆（みのわ・みほ）

翻訳家。慶應義塾大学文学部卒業、イェール大学スクール・オブ・マネジメント修了（MBA）。外資系広告企業、メーカーなどで経営企画、財務に携わる。金融・経済、ビジネス分野で日英・英日翻訳を行う。

著者紹介

ロン・アドナー (Ron Adner)

ダートマス大学タックビジネススクール教授。1993年クーパーユニオン大学工学部にて修士号、1998年ペンシルバニア大学ウォートンスクールにてPh.D.を取得。INSEAD（欧州経営大学院）准教授などを経て、2012年より現職。専門は経営戦略。INSEADとタックの両校で計7回のベストティーチャー賞を受賞。ストラテジー・インサイト・グループの創業者兼CEOでもあり、スタートアップからフォーチュン500企業まで、戦略コンサルティングを行っている。

主な著書に*The Wide Lens: What Successful Innovators See That Others Miss*（邦題『ワイドレンズ』東洋経済新報社）のほか、*Harvard Business Review*、*Forbes*、*Financial Times*などの著名ビジネスメディアや学術誌への寄稿も多数。また、*Academy of Management Review*、*Management Science*、*Strategic Management Journal*などの編集委員も務める。

『イノベーションのジレンマ』のクレイトン・クリステンセンはアドナーの研究を「革新的」とし、『ビジョナリー・カンパニー』のジム・コリンズは「21世紀で最も重要な戦略研究者の1人」と評価している。

エコシステム・ディスラプション
業界なき時代の競争戦略

2022年8月24日発行

著　者――ロン・アドナー
監訳者――中川功一
訳　者――蓑輪美帆
発行者――駒橋憲一
発行所――東洋経済新報社
〒103-8345　東京都中央区日本橋本石町1-2-1
電話＝東洋経済コールセンター　03(6386)1040
https://toyokeizai.net/

装　丁…………………新井大輔
本文デザイン・DTP……米谷　豪(orange_noiz)
印　刷…………………広済堂ネクスト
編集協力………………相澤　摂
編集担当………………佐藤　敬
Printed in Japan　ISBN 978-4-492-53454-0